公司控制视阈下
中国公司治理法律制度研究

徐晓松　著

中国政法大学出版社

2022·北京

图书在版编目（ＣＩＰ）数据

公司控制视阈下中国公司治理法律制度研究/徐晓松著.—北京：中国政法大学出版社，2022.7

ISBN 978-7-5764-0577-4

Ⅰ.①公…　Ⅱ.①徐…　Ⅲ.①公司法－研究－中国　Ⅳ.①D922.291.914

中国版本图书馆CIP数据核字(2022)第124747号

出 版 者	中国政法大学出版社
地　　址	北京市海淀区西土城路 25 号
邮寄地址	北京 100088 信箱 8034 分箱　邮编 100088
网　　址	http://www.cuplpress.com (网络实名：中国政法大学出版社)
电　　话	010-58908289(编辑部) 58908334(邮购部)
承　　印	固安华明印业有限公司
开　　本	650mm×960mm　1/16
印　　张	20.75
字　　数	250 千字
版　　次	2022 年 7 月第 1 版
印　　次	2022 年 7 月第 1 次印刷
定　　价	85.00 元

内容提要

在伯利（Berle）和米恩斯（Means）提出"经理人革命"之后，在 20 世纪 50—60 年代的英国，一系列大公司的倒闭使得大股东控制和经营者控制受到政府和学界的关注，其导致的公司关系紧张化最终演变为全球化的公司治理运动，并开启了史上最大规模、也是最具颠覆性的公司法改革。而随着公司治理理论风靡全球，20 世纪末至今，英美公司治理模式和制度为各国纷纷仿效，大规模的制度移植使得本土公司治理问题日益突出，成为包括中国在内的许多国家面临的重要问题。本书的主旨在于：从公司控制这一全新的视角把握公司治理理论，进而揭示中国公司治理的本土性，并探寻适合中国国情的公司治理路径。

本书认为：公司是由控制关系主宰的企业形态，所谓公司治理问题源自公司控制发展演化所导致的公司关系失衡。由于公司控制状态不仅取决于公司类型，更受制于经济格局、经济体制以及市场环境，因此公司治理具有国别差异。在当下的中国，公有制基础上多种经济成分并存及共同发展的经济格局，国有企业的全面公司制改革以及非公有制经济的迅猛发展，都使得对中国公司治理的研究必须在法定公司类型基础上区分国有公司和民营公司以进行。与此同时，基于中国公司治理问题的特殊性，利益相关者理论应该成为中国公司治理的重要理论基础，在公司法层面，公司治理范畴不局限于公司机构制度改革，还应当被拓展到公司资本制度的改革。

本书从以下几方面论证了上述命题：

第一部分，从公司控制视阈展开对公司治理的再认识，确定中国公司治理法律制度研究的逻辑起点，即本书第一、二章。作者认为，基于与公司基本制度及其变革之间的密切联系，公司控制成为公司本质研究的重要范畴。从这一角度展开的研究，其意义在于从法律层面探索公司法框架下公司法人运作以及公司关系演变的规律，为公司治理问题的分析、公司治理路径的选择以及相关公司法变革奠定理论分析平台。在公司法结构分析的基础上，作者提出了"公司控制产生以及存在的制度根源在于立法者对公司的制度安排"这一基本观点。通过史料分析，作者论证了：公司控制的发展演变是影响公司关系的重要因素，无论控制权被掌握在谁手中，为避免控制主体与被控制主体之间的利益冲突及其对公司和社会的负面影响，进而约束控制主体的行为或者重新分配控制权是公司法改革的基本内容，此即公司法意义上公司治理的基本含义。随后，作者从公司控制这一全新的视角展开，提出并论证了以下观点：公司治理是一个由"治理问题（对象）"和"治理结构（体制或模式）"组成的体系，所谓公司治理问题（对象）即处于紧张状态的公司关系。从公司控制角度考量，在一国公司治理路径的选择和确定中，具有决定性意义的并不是使用公司制度的事实，而是由公司控制状态失衡引发的公司关系紧张化，因此对公司控制影响因素的分析是中国公司治理研究的逻辑起点。以此为出发点展开，作者提出，在改革开放以来的经济发展过程中，对中国公司控制状态影响最大的因素是中国经济体制由高度集中的计划经济向社会主义市场经济的转型以及在这一过程中形成的特定经济发展格局。其中，特殊融资渠道对中国公司控制资本来源、公司类型及规模的影响，最终造就了中国公司与众不同的控制状态以及公司关系的紧张状态，进而对中国公司治理路径以及公司法改革产生重要影响。

第二部分，即本书第三章。在第一部分搭建的理论平台基础之上，作者从影响公司控制的本土因素出发，对当下中国公司的不同控制状态以及相应的公司治理问题（对象）进行了详细分析，并对公司治理路径进行思考。作者认为，在当今的中国，对公司控制状态影响最大的因素首推中国经济体制由高度集中的计划经济向社会主义市场经济的转型。在这一过程中，由于党和国家坚持公有制基础上多种经济成分并存及共同发展的方针，在国有企业公司制改革顺利进行的同时，也带来了非公有制经济的迅猛发展，这使得中国公司的融资渠道以及资本结构具有独特性。以此为标准，作者在公司法律分类的基础上，将中国公司划分为国家股份控制的公司、家族股份控制的公司以及创始人经营者控制的公司，从其不同的控制状况切入，分别对相应的公司治理问题展开研究。作者提出了以下观点：

首先，在中国国有企业公司制改造所形成的国家股份控制状态下，目前为止的国有资产管理体制改革仅仅是在国家层面确立了相对统一的股权行使机构，以"两权分离""政企分开"为目标对国家股份控制下的公司内部权利配置尚未完成，公司内部制衡关系尚未伴随"新三会"的建立而如期而至，国有公司也没有通过内部机构的建立健全获得新的行为模式。这就是当下中国公司中国家股权控制的公司面临的治理问题。因此立法者应当考虑如何以权、义、责统一为原则，在国家股东与公司董事会之间进行公司权利的科学合理配置，并以种类股份为基础建立多层次的政府与企业的关系。

其次，对于中国家族公司而言，其发展过程中将面临家族控股股东与职业经理人之间、家族控股股东与中小投资者之间以及公司治理规范与家族公司自主治理之间的冲突。对于经营者创始人控制的公司，由于平台经济与传统经济的不同，以平台为连接的股东、经营者、消费者、劳动者等利益相关者的关系发生了变化，其中，大股东与经营者协商产生的控制最为引人注目，由此产生的中小投资者保护问题、平台经营者与劳动者之间的利益冲突问题、处于弱势中的消费者权益保护问题成为当下此类公司面临的治理问题。

第三部分，由本书第四、五、六、七章组成。在第二部分分析的基础上，作者针对不同控制状态下的公司治理问题，展开对公司治理制度改革的探索。首先，结合当下国企国资改革的深化，作者分别对"国有公司中国家股东与董事会的关系""国有资本授权经营制度""国家类别股份制度"等重要问题专章展开系统研究。在论证董事会应当成为国有公司控制核心的基础上，提出以"国有资本授权经营制度"和"国家类别股份制度"作为实现国家股东与董事会之间权利配置调整的重要制度安排。其次，根据内部控制关系的不同，作者将民营公司划分为一般民营公司、家族公司以及创始人经营者控制的互联网民营公司。根据各自不同的控制关系以及治理问题，作者提出：司法介入应当成为一般民营有限公司治理的基本路径；而加大法律制度资源的供给，缓解发展过程中家族股东与职业经营者之间的紧张关系，是家族公司治理的基本路径；至于创始人经营者控制下的互联网民营公司，基于数字网络经济对公司利益相关者关系的影响，在公司内部权利分配方面给予股东充分自由的同时，应当通过公司社会责任法律化程度的提高对其实施必要的政府监管。

第四部分，即本书第八章。作者认为，在以公司控制为起点展开研究的基础上，公司法意义上的公司治理范畴应当以利益相关者理论为基础进行必要的拓展，而不仅仅局限于公司机构制度改革。因此在公司法层面，当下公司治理的法律改革实践并不局限于公司内部组织机构的调整，也包含了对公司资本管控制度的改革。以此为基础，作者论证了以下观点：首先，平衡股东与公司债权人之间的利益冲突，是公司资本制度的基本价值所在，基于公司控制对公司法人财产的影响，公司资本制度为债权人参与公司治理提供了基本途径，而在实践中，对公司资本，尤其是对流转中公司资本的管控是当今公司治理的重要内容，公司治理立法正在与解决公司财务问题结合，呈现出新的发展态势。这表明在公司法层面，当下公司治理的法律改革实践并不局限于公司内部组织机构的调整，也包含了对公司资本管控制度的改革。其次，无论何种法系，公司资本制度都是一个由资本形成制度和资本维持制度构成的完整体系，在立法目标和控制手段上，两者有所不同，但在追求资本制度总体价值目标的过程中，两者相辅相成：资本形成的管控方式在很大程度上决定了资本维持的制度内容，而资本维持制度的发展完善，则为资本形成制度提供了宽松化改革的空间，此即公司资本制度及其改革的整体性。基于此，公司资本制度改革的规律或者路径应当是资本形成与资本维持两个制度的联动。以此为基础，作者提出，未来中国公司资本制度改革的走向，不是从"法定资本制"到"授权资本制"，而是在整体性层面使改革由"单兵突进"转向"制度协同"。

第五部分，即本书第九章。作者认为，无论在理论上还是在实践中，与公司治理有关的公司法改革都是立法者为缓解紧张化的公司关系而采取的措施，而这些措施中的相当部分所表现出的浓厚的政府监管色彩，注定了公司治理中将充斥着对公司自由与政府监管之间关系的论争。基于这一问题在转型经济中的重要性及其对中国公司治理发展趋势的重要影响，作者对此专章展开研究，提出了以下观点：首先，政府管制是经济学与法学研究的一个交叉地带，在整体上，公司法中的强制性规范与现代市场中的政府管制规范没有本质区别，即由于公司作为经营形式的特质，决定了国家在认可其独立市场主体地位的同时必定伴随对其组织及活动的管制，区别仅仅在于不同国家或在同一国家的不同发展时期，管制力度会有所差异。其次，如果政府管制对公司法中强制性规范的影响是持续的、依不同国家公司的具体情况而各异，那么我们不大可能完全抛开政府管制，将解决中国公司的治理问题完全寄托于公司自治。在中国未来公司治理改革的立法政策选择中，转型经济下的中国公司、中国经济的发展以及改革的深化对公司法中强制性规范以及政府管制的影响应当成为研究的重点。具体而言，在现阶段的中国，法律传统以及司法环境、民营公司发展现状以及国有企业公司治理等因素将加强公司法中的强制性规范适用以及政府管制；而政府管制弊端的克服、中国经济发展以及改革的深化，将对公司法中的强制性规范以及政府管制形成制约。

目　录

绪　论

一、选题背景及研究意义

以 1978 年改革开放为先导的中国国有企业改革，历经国家放权让利、承包经营，于 1990 年前后进入了全面公司制改革时期。此后，中国企业告别了全民所有制企业一统天下的局面，进入了国有公司、民营公司、外商投资公司并存的新时代。中国企业也随之迈入了以公司法为核心的现代企业制度时代。同一时期，源自英美、以大型股份公司为研究对象的全球化公司治理运动进入了高潮。顺应潮流的中国法学界，随即将大量资源投向公司治理理论与实务的研究。21 世纪以来，中国政府更是将公司（治理）机构的建立和完善作为深化国有企业改革的基本任务。[1]然而，如同笔者曾撰文指出的那样：在现实中，董事会的建立和完善、上市公司中独立董事制度的引进、职工进入董事会和监事会等一系列公司治理措施的实施却并未在根本上改变中国股份公司的状况。[2]

---

〔1〕　文献检索表明，1994 年前后，中国学术界就将公司治理的概念和框架引入中国国有企业改革的理论分析。而 2005 年前后开始，国务院国资委将董事会制度建设作为央业改革的基本任务，并取得了相当大的进展。

〔2〕　详见徐晓松：《公司治理：“结构”抑或“问题”》，载《政法论坛》2013 年第 6 期。

应当指出，随着改革开放的深入，股份公司已经成为当下中国企业的主要形态。但笔者认为，基于公有制为主导、多种经济成分并存的经济格局，在改革开放四十多年后的今天，我们对中国公司治理现状的描述，仍然需要在公司法定类型之下，再细分国有公司和民营公司分别进行，因为前者是当今中国大型股份公司的主体，而后者则是中、小公司的代名词。

首先看国有公司。在经济转型尚未完成的背景下，基于国有企业改革的需求被引进的股份公司制度，自其诞生之日起就面临新旧体制交错的境况。面对数量庞大的国有企业，国家期望借助公司的产权关系完成对政府与国有企业之间关系的改造，最终在"两权分离""政企分开"的基础上实现国有企业经营效益的提高。在国有资产管理体制改革滞后，尤其是在国家股权制度尚不完善、企业经营者任用制度尚未得到根本改变、相当一部分企业仍然缺乏外部竞争压力的情况下，国有公司内部机构的建立和完善成为制度改革的发力点，能否建立规范的公司机构制度被视为中国国有公司治理的关键。而按照公司法作用的机理，真正的"两权分离"和"政企分开"不仅要求建立规范的董事会制度，而且需要构建国家股东权利行使机制。因此，塑造合格股东应该是国有企业公司治理最核心的问题。当然，由于国有资产监督管理体制改革尚未完成，目前为止我们仍未能塑造出一个可以在公司法层面上被问责的国家股东，因此规范的董事会的建立并没有真正实现公司内部权利（力）的制衡，国有公司也没有因此获得全新的行为模式。

其次看民营公司。迄今为止，20世纪80年代中期产生的中国民营企业绝大部分仍处于发展之中，中小公司是其主体。在这样的公司中，家族成员以及志同道合的投资者之间的合作是普遍现象。当这些具有极强人身信任关系的亲朋好友打拼出一片天地、公司有了一定的发展之后，他们随之顺理成章地成为公司控制股东。因此在实践中，以血缘关系为主的人身信任关系主导着中国民营公司内部权利（力）的分配。在这种情况下，无论公司法对公司内部治理机构的规定如何，公司创始人和家族成员都会将其作为保持自己在公司中控股股东和机构成员双重身份的工具。于是，分权与制衡的公司内部治理结构在这些公司中失去了实际意义。笔者认为，在中国民营公司完成向真正意义上的现代股份公司过渡之前，由于所有者与经营者身份的高度重合，现代英美公司治理模式对它们而言几乎就是一个伪命题。[1]

中国公司治理的异常，促使笔者去梳理并重新审视 20 世纪 90 年代以来国内学界对公司治理的研究。笔者发现，伯利（Berle）和米恩斯（Means）对美国公司治理问题的研究以及青木昌彦（Masahiko Aoki）所论证的苏联、东欧国家的公司治理问题，从实证角度证明了公司治理的国别差异，即具有不同社会经济制度以及法律传统的国家，在其经济发展的不同时期，公司治理问题（对象）的表现形式是不同的。[2]这使笔者意识到，对处于经济转型时期的中国公司而言，其内部权利（力）的分配与制衡问题与"盎格鲁-美利坚"式的公司有很大不同：如果说通过深化国有资产管理体制改革、最终塑造出合格股东是解决中国国有公司治理问题的关键，那么我们同时应当承认，在国家所有权基础上产生的国家股权及其权利行使问题远非建立"新三会"、引进独立董事等措施所能解决。也就是说，虽然国家股东与企业经营者之间的关系是典型的公司内部制衡机制范畴的问题，但中国公司法在公司治理制

〔1〕 笔者认为，2010 年前后中国学术界对"国美集团"大股东与经理层之间关系的分析充分证明了这一点。

〔2〕 笔者认为，伯利和米恩斯所论证的是英美国家的公司治理问题，而青木昌彦所论证的则是苏联、东欧国家经济改革时期的公司治理问题。

度上与国外的"趋同"[1]并不能解决中国国有公司的治理问题。基于上述，笔者认为，多年来我们对域外公司治理模式的学习和借鉴与中国公司问题之间可能存在某种脱节。因此，针对中国公司的特殊性展开对中国公司治理问题的系统研究，并从中寻找到适合中国实际的公司治理路径，成为笔者撰写本书的动因。

二、研究现状综述

产生于资本主义初期的股份公司制度，在平稳运行了几百年之后，随着 20 世纪初股票市场的迅猛发展以及西方国家市场经济危机的出现，暴露出了一系列问题。在整个 20 世纪，学术界对公司制度的研究充满着对传统公司法原理的反思和颠覆，在这一过程中诞生了一系列著名公司制度理论。首先是 1932 年伯利和米恩斯的公司控制理论及其对"股东拥有公司"这一传统观念的颠覆，在今天看来，这无疑是现代公司治理理论的萌芽；其次是自始至终处于争论之中的公司社会责任理论；最后是在放松管制思潮下，主要以 1937 年科斯（Coase）的企业本质理论为基础发展起来的公司合同理论以及利益相关者理论。最终，公司治理运动在 20 世纪下半叶兴起并风靡全球，而围绕公司治理展开的理论与实务研究，在 20 世纪末又回到了"股东至上"抑或"利益相关者至

---

〔1〕 2006 年北京大学出版社出版了由杰弗里·N. 戈登、马克·J. 罗共同主编的论文集《公司治理：趋同与存续》，集中展现了 20 世纪下半叶国外学界关于公司治理体制（模式）研究的成果。其中所载亨利·汉斯曼和莱尼尔·克拉克曼的《公司法历史的终结》一文，从公司法结构分析角度论证了"公司治理模式已经在很大程度上趋同于股东导向模式"的观点。该书的内容表明，对公司治理在世界范围内是趋同还是差异的回答形成了两种不同观点。

上"的争论之中。[1]尽管上述理论中有些是以实证为基础展开的，但笔者认为，公司治理理论从始至终都是一个基于现实中公司权利的分配与平衡问题展开的、是对公司以及公司法本质理论的系统深入反思。毫无疑问，国外学者的研究成果对中国法学界的相关研究产生了深远的影响：在国内学者关于公司本质以及公司治理的研究中，贯穿了对国外相关理论的分析。[2]

如前所述，公司治理研究具有极强的本土色彩，因此笔者将文献检索的重点聚焦于国内文献。文献显示，国内法学界对公司法的研究始于20世纪80年代末。整体上，早期的公司法研究大多侧重于以引进为目的的域外制度研究和介绍，2000年前后出现了一大批偏重结合中国公司法实践的具体问题展开的公司法理论与实务研究。[3]其间，受经济学界对公司治理研究的影响，公司法学者展开了对国外公司治理理论的

---

〔1〕　这些研究成果的代表著作为：〔美〕阿道夫·A. 伯利、加德纳·C. 米恩斯：《现代公司与私有财产》，甘华鸣、罗锐韧、蔡如海译，商务印书馆2005年版；〔美〕R. H. Coase：《厂商、市场与法律》，陈坤铭、李华夏译，远流出版社1995年版；〔美〕弗兰克·伊斯特布鲁克、丹尼尔·费希尔：《公司法的经济结构》（中译本第2版），罗培新、张建伟译，北京大学出版社2014年版；〔美〕玛格丽特·M. 布莱尔：《所有权与控制：面向21世纪的公司治理探索》，张荣刚译，中国社会科学出版社1999年版；〔美〕杰弗里·N. 戈登、马克·J. 罗编：《公司治理：趋同与存续》，赵玲、刘凯译，北京大学出版社2006年版。

〔2〕　例如：刘俊海著《公司的社会责任》（法律出版社1999年版）、罗培新著《公司法的合同解释》（北京大学出版社2004年版）、邓峰著《普通公司法》（中国人民大学出版社2009年版）等。

〔3〕　例如，王保树主编：《中国商事法》，人民法院出版社1996年版；王利明：《公司的有限责任制度的若干问题（上、下）》，载《政法论坛》1994年第2、3期；赵旭东：《企业法律形态论》，中国方正出版社1996年版；朱慈蕴：《公司法人格否认法理研究》，法律出版社1998年版；施天涛：《关联企业法律问题研究》，法律出版社1998年版；刘俊海：《股份有限公司股东权的保护》，法律出版社1997年版；汤欣：《论公司法的性格——强行法抑或任意法？》，载《中国法学》2001年第1期；傅穹：《重思公司资本制原理》，法律出版社2004年版等。

研究。[1] 与此同时，随着公司制被引入中国国有企业改革，在对国有企业公司制改革必要性的短暂讨论之后，部分学者的研究开始围绕国有企业公司治理展开。[2] 笔者认为，中国公司法学界几十年来辛苦耕耘，在公司基本制度研究、公司与公司法本质探寻、公司治理理论与实务研究等方面均取得了令人瞩目的成果，但存在的主要问题是，学界不够关注公司治理的本土问题，尤其没有对中国在借鉴域外公司治理模式中的水土不服问题展开深入研究。这表明学界关于公司治理的研究与中国公司治理实践之间出现了一定程度的脱节。

例如，英美法系国家的公司治理对象主要是大型股份公司中大股东及经营者恶意控制所导致的问题，而中国的大型股份公司主要是国家股份全资控制或者相对控制的股份公司，以及处于迅猛发展中的一部分大型民营股份公司，在这种情况下，国有公司治理应该是中国公司治理研究中最主要和最重要的问题。但一直以来，尽管随着国企国资改革力度的加大，国有企业公司治理问题曾一度为公司法学者所关注，研究也取得了相当的进展，但却始终没有成为公司法学界关于公司治理研究的主

---

〔1〕 例如，崔勤之：《对我国公司治理结构的法理分析》，载《法制与社会发展》1999年第2期；马俊驹、聂德宗：《公司法人治理结构的当代发展——兼论我国公司法人治理结构的重构》，载《法学研究》2000年第2期；梅慎实：《现代公司机关权力构造论——公司治理结构的法律学分析》，中国政法大学出版社1996年版；徐晓松：《公司资本监管与中国公司治理》，知识产权出版社2006年版等。

〔2〕 在众多法学研究者中，王保树教授、崔勤之教授、史际春教授、顾功耘教授、李曙光教授、蒋大兴教授、徐晓松教授等对国有企业改革以及相关法律制度构建的关注引人注目。其中，关于国有企业公司治理制度的研究可见：康德琯、徐晓松：《国有企业公司化之研究》，载《中国法学》1992年第1期；徐晓松：《国有资产保值增值的难点及法律对策》，载《中国法学》1996年第6期；徐晓松：《公司法与国有企业改革研究》，法律出版社2000年版；徐晓松：《公司资本监管与中国公司治理》，知识产权出版社2006年版；徐晓松等：《国有企业治理法律问题研究》，中国政法大学出版社2006年版；徐晓松等：《国有独资公司治理法律制度研究》，中国政法大学出版社2010年版；徐晓松等：《国有股权行使和监管法律制度研究》，北京大学出版社2016年版；等等。

流。与此同时，在缺乏具体针对性的情况下，一些公司治理研究文献以一般公司为对象泛泛而谈，研究结论不仅笼而统之，而且缺乏足够的说服力。

上述现象使笔者联想到一个著名案例。1996 年，处于国有企业股份制改造中的俄罗斯为解决企业"内部人控制"问题，在美国著名公司法学家布莱克（Blake）和克拉克曼（Klarkman）的帮助下制定了《股份公司法》。[1] 两位专家认为："在发达国家中，公司法与其他法律约束、市场约束以及文化约束一起，共同制约着公司经理和控股股东的行为，从而在这些有时彼此冲突的需求之间，达成一种合理的平衡。公司法发挥着相对小的、甚至是'微不足道'的作用。而在新兴经济体中，由于其他约束力量孱弱或者缺失，公司法在激励管理者和大股东创造社会财富、而不是仅仅把财富从别人手中转移给自己方面，就发挥着更为关键的作用。这里的'市场'无法填补美国式的'赋权型'公司法留下的监管缺口。"显然，两位专家根据美国的情况断定，发达国家公司法的发展演变与支撑它的法律机构如影随形，即公司法的实施依赖高效的法官执法，而在新兴经济体国家——例如俄罗斯——则不具备这个重要的条件。因此，他们帮助俄罗斯制定的公司法，必须考虑脱离其他法律约束、市场约束以及文化约束，甚至脱离法院执法而具有自我实施的功能。如何实现这一点？他们在帮助起草俄罗斯公司法时考虑了以下因素：一是执法方面，尽可能由公司股东、董事、经理等直接完成，主要规定投票权规则和股东优先权规则；二是注重从程序方面规定独立董事、独立股东对可疑交易的审查；三是尽可能明确规定相关主体行为

---

〔1〕　资料来源于王钧：《私有化、公司法和公司治理——评俄罗斯的私有化及其股份公司法》，载《比较法研究》2003 年第 4 期。

的评价规则。但令人遗憾的是，在其后的实践中，俄罗斯公司企业的运作完全脱离了这部西方公司法专家精心指导制定的公司法。显然，面对公司运作的复杂环境所导致的特殊公司控制关系，两位专家高估了公司内部程序规则在调整公司关系中的作用：就当时俄罗斯的情况，公司法不仅不可能自我实施，甚至也不可能有更多的"赋权"。

值得庆幸的是，《中华人民共和国公司法》（以下简称《公司法》）的制定并没有重蹈俄罗斯的覆辙，1993 年《公司法》被普遍认为是"为国有企业改革服务"的"管制型公司法"。而由于目前中国国有资产管理体制改革中存在的问题，也有学者认为公司制与国有企业改革并不兼容，进而在公司法以及公司治理研究中继续执着于"单纯的公司法"。对此，笔者认为，不去关注处于经济转型中的中国企业制度现状以及中国市场经济状况，继续在研究对象笼而统之的情况下，一厢情愿地构建中国未来公司治理制度的愿景，或者将公司治理这一本土性极强的研究止步于对域外理论与制度的介绍，不去深究其背后深刻的经济和社会根源，就提出各种制度引进或者借鉴的立法建议，这不仅是研究方法上的缺陷，更是一种思维方式的缺陷，其对后进学者的误导、对中国公司治理以及公司法改革方向的误导令人担忧。

三、本书主题与论证结构

笔者于 1980 年进入西南政法学院法律系学习，期间，受中国国有企业改革的吸引，笔者以"国有企业法人制度研究"为题撰写本科学位论文，开启了对国有企业法律制度的研究，并且在其后几十年的教学及研究中，关注焦点从未离开这一主题。作为国有企业公司制改革的长期关注者和研究者，笔者始终认为：20 世纪至今股份公司出现的问题、20 世纪末中国公司生存的经济改革背景，是中国公司治理研究绕不开的两个关键点。因此，立足中国实际、找到中国公司治理不同于他国的特殊性，是对域外制度移植成功的基础。笔者在多年的连续研究中对以下问题进行了深入思考：

首先，关于公司治理的本源问题。笔者认为，自公司产生之日，控制关系就伴随并主宰着公司的运行。一方面，存在控制的关系是公司运作的基本状态，但另一方面，控制者基于利己主义而导致的过度控制以及滥用控制权将破坏公司关系的平衡，进而降低甚至抵消公司法规则对公司关系调整的效果。这使得公司法不得不将平衡被公司控制破坏的公司关系作为自己的终极使命。基于此，我们需要思考：公司控制是如何影响公司关系进而对公司法改革产生影响？形形色色的公司控制与公司治理的不同模式之间具有怎样的联系？以公司控制为逻辑起点的分析是不是确定适合的公司治理制度模式的基础？

其次，在公司治理研究领域，公司法对股东会与董事会之间关系的制度安排是最核心的问题。伯利和米恩斯以 20 世纪 20—30 年代的美国工业公司为样本，论证了在发达的股票市场条件下上市公司控制权脱离所有权、并由股东转移至经营者的原因，而相关公司法研究也证明，现代公司机构制度确实经历了"股东会中心主义"向"董事会中心主义"的转变。但笔者也发现，对当下中国公司控制问题的研究证明，不仅双层股权结构在互联网公司的运用可以导致公司控制权从大股东向经营者转移，而且特殊持股主体的控制也会带来公司控制权由股东会向董事会的转移——在国家股份控制的公司中，董事会通过授权经营获得了更多的权利，公司控制权在事实上转移到董事会手中。因此我们需要思考：上述情形是如何发生的？它将如何影响公司治理制度改革？未来中国公司机构的发展趋势应该是"股东会中心主义"还是"董事会中心主义"，抑或是两种主义并存？

再次，自 1993 年以来，中国《公司法》历经了五次修正及修订，[1]其中公司资本制度改革是五次修法中最重要的内容。不仅如此，在《公司法》颁布以来，最高人民法院先后五次发布《关于适用〈中华人民共和国公司法〉若干问题的规定》，[2]其中资本制度及相关内容在篇幅上也独占鳌头。上述立法现象固然揭示了中国公司长期存在的资本信用问题，但在利益相关者参与公司治理得到普遍认同的今天，公司资本制度在股东与公司债权人关系调整中所扮演的角色，有没有可能拓展我们对公司资本制度价值的传统认知?[3]

最后，在学界普遍认同"公司合同理论"的基础上，公司法被认为是公司主体之间不完备合同的补充，因此抛弃"管制"走向"自由"已经成为国内学界对未来中国公司法与公司治理制度改革和发展趋势的一种主流观点。但 2005 年以来中国公司资本制度改革在给予股东以资本缴纳自由的同时带来了新问题，当下中国公司治理的现状使我们不得不思考：未来的改革究竟会使中国公司以及公司治理走向"赋权型"还是"监管型"?

笔者的上述思考以及所形成的个人观点，其中一部分已经陆续以学

---

〔1〕 全国人大常委会于 1999 年、2004 年、2005 年、2013 年、2018 年对《中华人民共和国公司法》进行五次修正及修订。

〔2〕 最高人民法院先后于 2006 年、2008 年、2011 年、2017 年、2019 年发布《关于适用〈中华人民共和国公司法〉若干问题的规定》（一）至（五）。

〔3〕 尽管目前利益相关者理论在学界得到普遍认同，但利益相关者如何参与公司治理仍然是公司治理研究关注的一个问题。

术论著的方式公开发表或者出版，[1]另一部分则以研究生教案的形式存在。[2]笔者结合当下中国经济改革的实际，在对上述论著及教案深入挖掘、整合的基础上，形成本书的核心观点。

本书认为：公司是由控制关系主宰的企业形态，所谓公司治理问题源自公司控制发展演化所导致的公司关系失衡。由于公司控制状态不仅取决于公司类型，更受制于经济格局、经济体制以及市场环境，因此公司治理具有国别差异。在当下的中国，公有制基础上多种经济成分并存及共同发展的经济格局，国有企业的全面公司制改革以及非公有制经济的迅猛发展，都使得中国公司治理研究必须在法定公司类型基础上区分国有公司和民营公司以进行，与此同时，基于中国公司治理问题的特殊性，利益相关者理论应该成为中国公司治理的重要理论基础，在公司法层面，公司治理范畴不局限于公司机构制度改革，还应当被拓展到公司资本制度的改革。

笔者从以下几方面论证上述命题：

第一部分，从公司控制视阈展开对公司治理的再认识，确定中国公司治理制度研究的逻辑起点，即本书第一、二章。笔者认为，基于与公司基本制度及其变革之间的密切联系，公司控制成为公司本质研究的重要范畴。从这一角度展开的研究，其意义在于从法律层面探索公司法框

---

〔1〕　这些观点可详见笔者的以下论著：《国家股权及其制度价值：兼论国有资产管理体制改革的走向》（载《政法论坛》2018 年第 1 期）、《挑战与变革：国企混改与多层次国家股权控制体系》（载《中州学刊》2019 年第 10 期）、《国有股权行使和监管法律制度研究》（北京大学出版社 2016 年版）、《公司治理："结构"抑或"问题"》（载《政法论坛》2013 年第6 期）、《公司法进化的动力：对公司控制与公司本质理论的思考》[合著，载《天津师范大学学报（社会科学版）》2011 年第 4 期]、《国有独资公司治理法律制度研究》（中国政法大学出版社 2010 年版）、《公司资本监管与中国公司治理》（知识产权出版社 2006 年版）、《管制与法律的互动：经济法理论研究的起点和路径》（载《政法论坛》2006 年第 3 期）等。

〔2〕　笔者自 1987 年起至今在中国政法大学任教，为本科生、研究生开设了公司法、企业法、经济法等课程，多年来在与科研结合的教学过程中形成了自己独特的研究视角和观点。

架下公司运作以及公司关系演变的规律，为公司治理问题的分析、公司治理路径的选择以及相关公司法变革奠定理论分析平台。在公司法结构分析的基础上，笔者提出了"公司控制产生以及存在的制度根源在于立法者对公司的制度安排"这一基本观点。通过史料分析，笔者论证了：公司控制的发展演变是影响公司关系的重要因素，无论控制权被掌握在谁手中，为避免控制主体与被控制主体之间的利益冲突及其对公司和社会的负面影响，进而约束控制主体的行为或者重新分配控制权是公司法改革的基本内容，此即公司法意义上公司治理的基本含义。随后，笔者从公司控制这一全新的视角展开，提出并论证了这样的观点：在公司控制层面考量，一国公司治理路径的选择和确定中具有决定性意义的不是使用公司制度的事实，而是由公司控制状态失衡引发的公司关系紧张化，因此对公司控制影响因素的分析是中国公司治理研究的逻辑起点。

第二部分，即本书第三章。在第一部分搭建的理论平台基础之上，笔者从影响公司控制的本土因素出发，对当下中国公司的控制关系状态以及相应的公司治理问题（对象）进行了详细分析，并对公司治理路径进行思考。笔者认为，在当今的中国，对公司控制状态影响最大的因素首推中国经济体制由高度集中的计划经济向社会主义市场经济的转型。在这一过程中，由于党和国家坚持公有制基础上多种经济成分并存及共同发展的方针，在国有企业公司制改革顺利进行的同时，也带来了非公有制经济的迅猛发展，这使得中国公司的融资渠道以及资本结构具有独特性。以此为标准，作者在公司法律分类的基础上，将中国公司划分为国家股份控制的公司、家族股份控制的公司以及创始人经营者控制的公司，从控制状况切入，分别对其公司治理问题展开研究。

第三部分，由本书第四、五、六、七章组成。在第二部分对中国公司治理问题（对象）分析的基础上，第三部分针对不同类型公司的治理问题，在公司法层面上展开公司治理制度改革的探索。首先，结合当下国企国资改革的深化，笔者以大量篇幅对"国有公司中国家股东与董事会的关系""国有资本授权经营制度""国家类别股份制度"等重要问题专章展开系统研究。在论证董事会应当成为国有公司控制核心的基础上，提出以"国有资本授权经营制度"和"国家类别股份制度"作为实现国家股东与董事会之间权利配置调整的重要制度安排。其次，笔者对中国民营公司治理路径进行了专章探讨。根据内部控制关系的不同，笔者将民营公司划分为一般民营公司、家族公司以及创始人经营者控制的互联网民营公司。根据各自不同的控制关系以及治理问题，笔者提出：司法介入应当成为一般民营有限公司治理的基本路径；而加大法律制度资源的供给，缓解发展过程中家族股东与职业经营者之间的紧张关系，是家族公司治理的基本路径；至于创始人经营者控制下的互联网民营公司，基于数字网络经济对公司利益相关者关系的影响，在公司内部权利分配方面给予股东充分自由的同时，应当通过公司社会责任法律化程度的提高对其实施必要的政府监管。

第四部分，即本书第八章。笔者认为，在以公司控制为起点展开研究的基础上，公司法意义上的公司治理范畴应当以利益相关者理论为基础进行必要的拓展，而不应仅仅局限于公司机构制度改革。因此在公司法层面，当下公司治理的法律改革实践并不局限于公司内部组织机构的调整，也包含了对公司资本管控制度的改革。以此为基础，笔者从公司治理角度对中国公司资本制度改革及其未来走向进行了详细论述。笔者提出并论证了"公司资本制度及其改革的整体性"的命题，认为：未来中国公司资本制度改革的走向，既不是从"资本信用"到"资产信用"，也不是从"法定资本制"到"授权资本制"，而是在整体性层面使改革由"单兵突进"转向"制度协同"。

第五部分，即本书第九章。笔者认为，无论在理论上还是在实践中，与公司治理有关的公司法改革都是立法者为缓解紧张化的公司关系而采取的措施，在这些措施中的相当部分所表现出的政府监管色彩，注定了公司治理中将充斥着对公司自由与政府监管之间关系的论争。基于这一问题在转型经济中的重要性及其对中国公司治理发展趋势的重要影响，笔者以第九章对中国公司治理中政府监管与公司自由的关系展开讨论，并结束全书。

四、研究方法

为取得预期的研究成果，本书综合运用了以下研究方法：

首先，理论联系实际是贯穿全书的最基本和最重要的研究方法。基于公司治理的差异性，对这一领域理论与实务的研究具有极强的本土性，笔者研究的目的也在于从公司法层面发现中国公司治理的真问题、寻找适合于中国实际的公司治理路径，这决定了理论联系实际的研究方法对于本书研究的重要性。正是这一方法的运用，笔者得以按内部控制关系以及控制状态的不同，将当下的中国公司划分为国有公司和民营公司两大类，并分别对国有独资公司、国家股份相对控股公司、一般民营公司、家族控制以及创始人经营者控制的民营公司的治理问题展开深入细致分析，最终在公司法框架内提出针对性的治理方案。

其次，中国公司治理受公司法基本制度、中国国有企业和国有资产管理体制改革以及经济转型的影响，因此，笔者在分析过程中不仅采用了法律结构分析方法，而且运用史料分析方法，以期真实再现中国公司治理问题的原貌。

再次，基于公司治理的全球性，笔者在对中国公司治理法律路径的论证中，大量运用了比较研究方法，在很多问题的分析中，比较研究不限于法律制度本身，还不同程度地涉及法律背后的经济、社会、政治以及市场环境等。而比较范围的拓展也给笔者提供了综合运用社会学、历史学、经济学、哲学等多学科研究成果及研究方法的机会，以此增强本书观点和论证的说服力。

最后，基于全球范围内公司治理理论与实务研究所取得的重大成果，本书还运用文献分析方法，对所涉经典文献展开分析。

五、预期创新

笔者并非唯一研究中国公司治理制度的学者，但较之同类研究，本书的主要创新在于：

首先，独特的研究视角是本书的最主要创新。本书以公司治理的国别差异为基础，在公司控制视阈下对公司治理展开创新性解读，以此为平台，笔者得以按照内部控制关系的不同为标准，将当下的中国公司划分为国有公司和民营公司两大类，分别对国有独资公司、国家股份相对控股公司、一般民营公司、家族控制以及创始人经营者控制的民营公司的治理问题展开深入细致的分析，并针对每一种公司的治理问题在公司法框架内提出具有针对性的治理方案。此外，本书以利益相关者理论为基础，将公司资本制度纳入公司治理范畴展开研究，使得公司治理范畴在公司法层面上得到拓展。

其次，本书提出了以下具有新意的学术观点：①在公司治理理论方面，笔者在公司法结构分析的基础上提出并论证了"公司控制产生及存在的制度根源在于法律对公司制度的安排"；在文献分析基础上笔者提出并论证了"公司控制的发展演变是影响公司关系的重要因素，基于公司控制状态的不同，公司治理具有国别差异"。②在对国有企业公司治理制度的研究方面，笔者将公司法基本理论与中国改革实际紧密结合，提出："在国家股份控制的公司中，董事会应当是公司治理的核心"，"国有资产授权经营制度和国家类别股份制度是国家控股股东与董事会权利配置调整的重要法律工具"。③关于公司法框架内的民营公司治理，笔者认为："为缓解发展壮大过程中家族股份控制引发的家族股东与职业经营者以及小股东之间的紧张关系，政府应当通过完善《公司法》提供充足的制度支持"；而对创始人经营者控制的民营公司，"股东自由协商选择内部权利分配方式以及公司社会责任法律化程度的提高，是并行不悖的公司治理手段。"④从公司控制—公司关系—公司治理的角度，提出"公司资本制度改革的公司治理价值"，并在此基础上对中国公司资本制度改革进行反思，提出："资本制度及其改革的整体性是未来中国公司资本制度改革的发展趋势"。⑤关于公司治理中政府监管与企业自由之间关系的处理，笔者提出："在现阶段的中国，法律传统以及司法环境、民营公司发展现状以及国有企业公司治理等因素将增加公司法中的强制性规范数量以及加强政府管制；而克服政府管制弊端、深化中国经济发展以及改革将对公司法中的强制性规范以及政府管制形成制约。"

最后需要指出：试图从一个新的视角去研究中国公司治理制度，本身就面临着风险。这种风险不仅来自命题本身，而且也来自研究所涉问题的复杂性。在一些基础问题的论证上，笔者面临资料的缺乏和自身知识结构的缺陷；由于研究与中国国有企业以及国有资产监督管理体制改革的密切联系，在一些问题的分析上笔者又面临改革滞后带来的制约。因此，尽管笔者最终完成了本书的撰写，但并不意味着所涉问题都得到了令人满意的论证和解决。对其中存在的问题，笔者期待着学界的批评和建议，而对其中的遗憾，笔者更期待新的研究加以纠正和弥补。

第一章 公司法的结构与公司控制

自伯利和米恩斯于 1932 年发表了著名的《现代公司与私有财产》之后，经营者控制公司就以其"非所有权控制"的特性受到学术界的持续关注。[1]在这一语境之下，几乎所有的研究都致力于建立一个协调平衡的公司内部关系机制，以消除"经理人革命"或者"内部人控制"[2]的弊端。笔者认为，这些研究在为公司社会责任理论与实践提供支撑的同时也暴露出其缺陷：它遮蔽了学界对公司控制与公司法之间关系的探讨，以致法学界对公司本质研究的结论与后世的公司社会责任运动形成了对立，[3]在继续进行的公司制度改革中，我们既找不到改革的制度空间，也无法准确预测改革的趋势。

---

〔1〕 这一点在罗伯塔·罗曼诺编著、罗培新翻译的《公司法基础》（北京大学出版社2013 年版）中随处可见。

〔2〕 日本学者青木昌彦在 1966 年的一项研究中，从公司控制与公司关系联系的角度、以股份制改革初期的苏联国有公司为研究对象，认为在苏联国企改革过程中，由于国家很快退出控制，企业内部出现权力真空，工会与经理联合起来控制了企业，此即所谓"内部人控制"。详见青木昌彦：《对内部人控制的控制：转轨经济中公司治理的若干问题》，张春霖译，载《改革》1994 年第 6 期。

〔3〕 亨利·汉斯曼和莱尼尔·克拉克曼在其《公司法历史的终结》一文中，从公司法结构分析角度论证了"公司治理模式已经在很大程度上趋同于股东导向模式"的观点。笔者认为这一观点反映出部分学者对公司社会责任理论以及利益相关者理论的否定。详见杰弗里·N. 戈登、马克·J. 罗共同主编的论文集《公司治理：趋同与存续》（北京大学出版社 2006 年版）。

与大多数研究不同，笔者认为，在伯利和米恩斯研究的基础上一个至关重要的问题是：既定的公司法框架与经营者控制之间具有何种关系？在这个层面，讨论又重回公司法的本源问题——公司是什么？对这一问题，学界的探究由来已久。我国法学界将法人本质理论的争议归结为法人拟制说、法人实在说和法人否定说，[1] 其中法人拟制说和法人实在说显然已经成为继续讨论的深厚理论基础。而 20 世纪 30—40 年代之后，制度经济学家在对企业性质的探讨中所创建的一系列理论——公司契约理论、产权理论以及委托代理理论等，在为讨论提供新视角的同时，更是极大地影响了法学界对公司本质的认知。[2] 但几乎同时存在的问题是，面对现实中的公司，任何一种关于公司本质的理论和学说都表现出明显的缺陷，显然，"公司是什么"依然没有圆满答案。

笔者认为，迄今为止关于公司本质的主流学说以及后进学者对这些学说的解读清楚地表明，为公司制度及其变革提供合理性及正当性的理论支持，是探究公司本质的终极目标和根本价值所在。因此，对公司以及公司法本质的关注，重心不在于构建一种能够对"公司是什么"这样的问题做出圆满回答的理论或学说，而在于揭示奠基公司制度并主导

---

〔1〕 这一归类方式最早的论述来源于梅仲协教授 20 世纪 30 年代的著作。笔者认为，作为现实生活中大量存在的以自身名义进行活动的组织，法人在法律上以及现实中的存在已经是客观现象，虽然"法人否定说"中也包含了一些财产以及管理方面有用的要素，但由于其与现实存在较大不相吻合之处，因而笔者在此不做专门探讨。有关上述分类方式，参见梅仲协：《民法要义》，中国政法大学出版社 2004 年版。有关法人否定说的内容以及其理论贡献的论述，参见张力：《私法中的"人"——法人体系的序列化思考》，载《法律科学（西北政法大学学报）》2008 年第 3 期。

〔2〕 在国内外的公司法教科书关于公司本质理论的阐述中，我们可以清楚地看到制度经济学关于公司契约理论、产权理论以及委托代理理论对法学研究的巨大影响。详见［美］罗伯特·C. 克拉克：《公司法则》，胡平等译，工商出版社 1999 年版；［美］R. W. 汉密尔顿：《公司法》（第 4 版），刘俊海、徐海燕注，中国人民大学出版社 2001 年版；［加］布莱恩·R. 柴芬斯：《公司法：理论、结构和运作》，林华伟等译，法律出版社 2001 年版；施天涛：《公司法论》（第 2 版），法律出版社 2006 年版；邓峰：《普通公司法》，中国人民大学出版社 2009 年版。

其变革的根源。循着这一思路，笔者提出：由于与公司制度架构及其变革之间具有极其密切的联系，公司控制应当是公司本质研究的一个重要范畴。对相关文献的检索和分析显示，尽管学界不乏对公司本质或者公司控制的研究，但鲜见从两者之间关系角度展开的系统探讨。就本书的目的而言，从公司控制角度展开的研究，其意义在于从法律层面探索公司法框架下公司法人运作以及公司关系演变的基本规律，为公司治理问题的分析、公司治理路径的选择以及相关公司法变革建立理论分析平台。

一、对公司本质理论的反思

法学界对公司概念的分析清楚地表明，"人格性"和"社团性"是公司最重要的特征。[1]毫无疑问，以一个组织的形式拥有了法律意义上的主体地位，是公司得以存在并发展的重要基础。那么，作为一种典型的社团，公司在法律上的独立主体地位来源于何处？一直以来，法人本质理论的不同学说被用于对此进行解释。笔者认为，无论是法人拟制说、法人实在说，还是近年来制度经济学家在对企业性质探讨中创建的一系列理论，在回答"公司是什么"这个问题时，都包含了"公司应当被什么人控制"这一重要内容。

法人拟制说被认为源于教皇依诺森四世的表述。教皇依诺森四世在1245 年宣布，"教会所能救赎与剥夺的只有灵魂与信仰，而不可能救赎与剥夺社会团体的教籍，因为这些团体既没有灵魂，也没有信仰，还没有意志与知觉，它们只是抽象的概念、法律的拟制与虚拟的人。"这段

---

[1]　在许多著名的公司法教科书中，公司的特征被统一归纳为：股东有限责任、公司独立人格、公司集中管理、股份自由转让。见［美］罗伯特·C. 克拉克：《公司法则》，胡平等译，工商出版社 1999 年版。

叙述被认为是"法人是拟制的人"的最早来源,[1] 后被萨维尼(Savigny)发展并引入民法。萨维尼区分了自然人与法人的主体本质,反对将法人与自然人同等对待,认为自然人在根本上是权利义务的当然主体。由此我们可以看出,法人拟制说也是个人主义思想在法学上的体现,这一思想要求主体的意思独立,即"只有生物学意义上的人,才能作为人自负责任地从事行为,只有自然人的所欲和所为,才能归属于法人"[2]。法人拟制说将公司法人地位的产生归因于法律的拟制,由于公司的产生以及存在基础来源于法律,这就为法律对公司设立、运行、终止中的一系列规制提供了理论上的依据。但笔者认为最重要的是,法人拟制说的一个重要基础是人的理性理论。在这一理论的指导下,法人拟制说将法人制度与个体理性相区分,在此基础上基于个体理性的法律体系将法人理解为一种法律的衍生物。而在实际中,法人与个体理性的分离导致的必然结果就是缺乏思维方式以及理性的法人只能是一种工具,其价值在于满足出资主体的某种需求。这也使得法人实际与出资人的财产并无太大差异,同时基于大陆法系传统财产法的基本理念,形成了出资人(股东)对法人实际控制的基本要求。

法人实在说则与拟制说相反,认为团体的行为能力无需法律拟制。无论是"法人有机体说"还是"法人组织体说",均认为法人并非法律"拟制"的产物,而是客观存在的事实。"法人有机体说"以基尔克(Gierke)的理论为代表,在他看来,人类社会生活中有许多结合的组

---

〔1〕 相关论述参见邓峰:《作为社团的法人:重构公司理论的一个框架》,载《中外法学》2004年第6期;张力:《私法中的"人"——法人体系的序列化思考》,载《法律科学(西北政法大学学报)》2008年第3期。

〔2〕 参见江平、龙卫球:《法人本质及其基本构造研究——为拟制说辩护》,载《中国法学》1998年第3期;〔德〕福尔克·博伊庭:《德国公司法中的代表理论》,邵建东译,载梁慧星主编《民商法论丛》(第13卷),法律出版社2000年版。

织体存在，它们皆有内在的统一性，有不同于个人意思的团体意思，因此本质上是与生物人一样的有机体。而"法人组织体说"则由米修（Michoud）等人所倡导，他们认为，法人存在的基础不在于其为社会的有机体而在于其有适于成为权利主体的组织，这种组织就是基于一定目的的社团或者财团。[1]显然，在法人实在说之下出现了与法人拟制说中完全不同的情况。由于公司法人是一个独立存在的实体，其与股东相分离，公司不应当成为股东利润最大化的工具，而应当有其独立的价值追求，这是法人实在说者眼中法人之所以成立的一个重要标志。法人实在说支持了公司投资者权益和公司经营权的分离，并引发了对公司治理模式的一种讨论，即股东利益最大化的公司治理模式是否是最有效率、最优化的制度选择？显然，法人实在说承认公司的独立意志和利益，并基于上述假设讨论对公司控制权的分配，进而试图通过法律或合同的模式对公司治理结构进行重新建设。而基于理性分析的角度，这种脱离了个体理性假定的公司主体性地位则在很大程度上成为其业务执行人理性的一种延伸，从而为公司管理者控制公司提供了正当性的支持。

经济学家对公司法人本质的看法存在较大分歧。现代经济学中的企业理论源于科斯的《企业的性质》。科斯提出用交易成本方式分析企业的性质，这一分析方式在后来被不断发展，并形成了一系列分支，如交易费用理论、代理理论、企业的企业家理论等，这些理论被统称为"企

---

〔1〕　有关"法人有机体说"以及"法人组织体说"的论述，参见李永军所著《民法总论》（法律出版社 2009 年版）、龙卫球所著《民法总论》（中国法制出版社 2002 年版）以及张力的《私法中的"人"——法人体系的序列化思考》〔载《法律科学（西北政法大学学报）》2008 年第 3 期〕一文。

业的契约理论"。[1]这些以合同规则以及经济分析为基础的理论将公司的运作建立在公司参与者的独立自主以及平等地位的假设之上，认为公司不应当受到外界的过多干预，并反对股东所有公司的概念，认为股东仅仅是一系列自愿协议网络中的一个因素，公司中的核心人物是公司经营管理者，因而不应当将股东视为企业的终极所有人。显而易见，这为利益相关者参与公司治理提供了理论基础：由于将公司视为各个利益相关者之间就某一目标形成的契约安排，因此契约的任何一方都有权就契约的实质性问题提出自己的主张，并就有关自己的权益进行表达，在此基础上，公司治理的模式就不能仅仅局限于股东利益优先，而应当合理考虑公司契约中的各个当事方，即所谓利益相关者参与公司的治理。由此可见，现代经济学的企业理论的重要价值不仅仅在于为公司治理提供了一种政策性规则的选择依据，而且为公司权力的分配提供了一种可选择的方案。

由上述分析不难看出，尽管所有的理论学说都围绕着一条清晰的主线——公司存在与演进的基础以及由此展开的主体权利义务配置，但公司本质理论学说之间的冲突仍然清楚地表明，学者对公司法人存在及演进的认识并不统一，由此必然导致诸如"公司是什么""公司是谁的"这样的问题不大可能得出统一答案。为什么按照同样的线索对公司法人存在及演进的解释会得出不同的结论？笔者认为这与学者探讨公司本质的背景和目的有关，即由于学者对公司本质进行探究的目的在于试图对

---

〔1〕 有关内容参见科斯：《企业的性质》，载盛洪主编：《现代制度经济学》（上卷），北京大学出版社 2003 年版。而有关德姆塞茨（Demsetz）、张五常、哈特（Hart）等经济学家对这一理论体系的贡献，参见［美］埃里克·弗鲁博顿、［德］鲁道夫·芮切特：《新制度经济学：一个交易费用分析范式》，姜建强、罗长远译，上海三联书店、上海人民出版社 2006 年版；王在权：《现代企业理论与马克思的企业理论之比较》，载《华北电力大学学报（社会科学版）》2003 年第 1 期；邓峰：《普通公司法》，中国人民大学出版社 2009 年版。

某一特定时期公司内部关系的变化以及由此引发的公司法相关制度变革提供理论解释，因此在运用既有法人本质理论去解释公司法人本质时，特定的历史背景成为决定性的因素，传统理论由此在公司法人这个新平台上得以运用并不断发展。毫无疑问，这是公司本质理论学说中最具价值的部分。但令笔者感到困惑的是，在对公司本质的理论解释中，原本应当包含在其中的对公司内部控制关系的解读却渐渐远离了争论的本体，随着市场经济的发展与当代经济现象结合成为另一个独立的问题，即关于公司控制的研究与公司本质的讨论几乎完全分离。国内研究文献显示，学者们多从控制权角度出发关注公司内部权力分配，由此展开对控股股东以及董事权力约束的探讨，但这种分析思路缺乏对控制权分配基础的分析。例如，甘培忠教授的《公司控制权的正当行使》一书虽然系统分析了公司控制权的法理基础以及控制权配置的基本思路，但却未能就控制权与公司本质理论之间的关系进行阐述，也未能更进一步分析控制权演化以及这种演化对公司法改革和发展的影响。[1]

那么，公司控制与公司制度究竟具有怎样的关系？在法学界及经济学界研究的基础上，本书从公司法律关系这个最基础的问题展开讨论。笔者认为：作为一种用于投资经营的组织，公司本身就是经济关系的一种组合，而在法律功能的层面，对公司本质研究的最终目的在于寻找调整公司关系的更好方式。因此，面对公司法改革以及发展中的各种问题，面对公司本质抽象中的各种理论争议，我们可以先暂时不去回答"什么是公司""什么是公司法"这样的问题，而是转换思路，从公司制度结构本身出发去思考问题：首先，法人拟制下的公司关系是什么状态，公司关系与传统民事关系有何不同？其次，立法者对公司法人的拟

---

〔1〕 详见甘培忠：《公司控制权的正当行使》，法律出版社 2006 年版。

制导致了什么问题？这些问题的发展演化以及立法者为解决这些问题所做的努力又如何推动了公司法的变革和发展？

二、公司法人拟制与股东有限责任

什么是公司关系，从传统民事关系向公司关系演变的过程中发生了什么，导致公司关系表现出其与传统民事关系的不同？这是公司产生之后法律层面的一个基本问题。

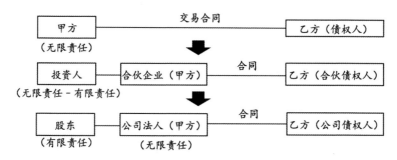

图 1　从传统民事关系到公司关系的演变

图 1 显示，甲、乙双方的交易关系随着企业形态的产生以及发展变化，由传统民事合同关系一步步转变为公司关系。这个图提示我们，就交易的责任而言，至股份有限公司产生之前，无限责任是市场交易必须遵循的一般规则，即便当企业发展到合伙阶段，一部分合伙人的有限责任也仍然与另一部分合伙人的无限责任并存。但仅仅是企业形态由合伙变成公司，有限责任就成为全体投资人都能获得的好处。这个变化是如何发生的？

股东有限责任的产生是社会政治、经济以及法律制度发展演化的结果，这是法学界的一个共识。但在研究中，国内学者的论述多侧重于社会经济发展对股东有限责任制度产生及发展的作用,[1] 他们认为,经济发展导致了市场交易对公司形态的需求,而公司的出现则导致了有限责任的产生。但国外一些学者的研究显示,在公司尚未产生之前的12—15 世纪,欧洲地中海贸易中就存在组织(commenda)中部分成员的有限责任;[2] 至 1844 年,在英国存在的合伙及各种公司中,公司的独立地位与其成员的有限责任仍然没有对应关系;[3] 而在公司产生至今的漫长岁月中,在公司发展的不同时期,无限责任公司与其他责任形式的公司并存、其法人资格在一些国家得到认可的事实也说明,就整体而言,公司的出现并不必然导致股东有限责任制度的产生。此外,一些国外法学家用新制度经济学关于交易费用节约的理论来解释有限责任最终为法律所肯定的原因。例如,柴芬斯(Cheffins)在其《公司法:理论、结构和运作》中认为,在欧洲,11—12 世纪的商人们通过合同来选择使用有限责任,这一事实表明有限责任可以通过合同或法律的形式得到确认,以法律形式规定有限责任可以节约交易成本。[4] 但这也只解释了有限责任为什么采用法律方式来表现,并没有回答为什么作为公司成员的自然人可以获得有限责任。

　　笔者认为,史料证明,至少有两个方面的因素在股东有限责任的形成中具有重要意义:11—13 世纪欧洲合伙企业中的部分合伙人经营独

---

　　〔1〕　不仅在公司法教科书中对此均有统一论述,而且在一些研究企业及公司法律的著作中也涉及这个问题。可详见赵旭东:《企业法律形态论》,中国方正出版社 1996 年版,第 80 页。

　　〔2〕　Maria Teresa Guerra Medici, *Limited Liability in Mediterranean Trade From the 12th to the 15th Century*, *Limited Liability and The Corporation*, edited by Tony Orhnial, Croom Helm London & Canberra, 1982, pp. 122–126.

　　〔3〕　参见张开平:《英美公司董事法律制度研究》,法律出版社 1998 年版,第 9 页。

　　〔4〕　参见〔加〕布莱恩·R. 柴芬斯:《公司法:理论、结构和运作》,林华伟等译,法律出版社 2001 年版,第 539~540 页。

立以及特许有限责任制度。

(一) 合伙经营中的有限责任

"无论具有何种遥远的起源,无限责任原则的出现是保证商业义务得以维持的最有效率的方式,一般为陆上和海上贸易所接受。"[1] 据热那亚和威尼斯中世纪早期贸易文献的记载,13 世纪以前欧洲的海外贸易中曾经盛行两种最主要的契约:代理契约 (commenda) 和合作契约 (societas maris)。这两种契约都涉及在外奔波的旅行商和留守陆地的投资商之间的合伙关系。在代理契约中,商业资金完全由留守商承担,旅行商不提供任何资金,但他承担从事危险的海上航行风险,通常得到全部利润的 1/4,只承担金钱损失风险的留守商得到剩余的 3/4。在合作契约中,利润由两个合作者平分,但旅行商提供 1/3 的资金,而留守商承担 2/3,利润分配方面的不同是,由于旅行商提供了 1/3 的资金,故他得到所有利润的一半。这两种契约的好处是投资商只负有限责任,而与此同时代的其他合伙关系中,投资商无一例外地要负连带责任。[2]

那么,在上述两种形式的投资经营组合中,为什么留守商只承担有限责任,而旅行商则愿意承担无限责任?从研究文献看,主要是当时的旅行商缺乏航行经营的资金,而当时的留守商则无力直接进行航行业务。史料表明,[3] 留守商多是寡妇、孤儿、牧师、修女、公共官员、文

---

〔1〕 Maria Teresa Guerra Medici, *Limited Liability in Mediterranean Trade from the 12*[th] *to the 15*[th] *Century*, *Limited Liability and The Corporation*, edited by Tony Orhnial, Croom Helm London & Canberra, 1982, p. 123.

〔2〕 [英] M. M. 波斯坦等主编:《剑桥欧洲经济史(第 3 卷)中世纪的经济组织和经济政策》,周荣国、张金秀译,经济科学出版社 2002 年版,第 40~44 页。

〔3〕 [英] M. M. 波斯坦等主编:《剑桥欧洲经济史(第 3 卷)中世纪的经济组织和经济政策》,周荣国、张金秀译,经济科学出版社 2002 年版,第 40~44 页。

书、工匠以及其他没有经商经验的人，即使是商人，也由于年老不能出海而只能充当资金的提供者；另外在当时的簿记、信息和交通条件下，投资方也无力控制整个航海贸易过程。在笔者看来，留守商的地位颇有些类似于今天的股份公司中对公司没有控制能力的股东。由此可见，这类契约的存在已经反映出特定情况下的交易规则，即一般合伙的合伙人应当对合伙债务承担连带责任，但如果其根本不能控制经营，以无限责任作为风险承担原则就不合理或不公平。于是，尽管不具有独立法律地位，但在代理契约和合作契约中，仍然可以合乎常理地出现部分合伙人的有限责任。当然，也正是由于根本不是独立交易主体，所以还必须由有控制能力的一方（旅行商）对债权人承担一般意义上的无限责任。

（二）特许有限责任

国外学者的研究表明，16 世纪以来存在的特许公司与现代公司中成员的有限责任有直接联系。[1]史料记载，在 17 世纪，一个被特许成立的公司，其特许状所起到的作用是多方面的：①从宪法和政府的角度规定公司的特性，刻制印章以易于区别公司与其成员的行为；②保护现存利益并为公司成员和外部人之间的诉讼设定权力；③在某一类具体的贸易活动中分配类似专利的垄断权；④提供一项关于公司信誉和成员的廉洁的服务（以有助于资本筹集），当然，这一保证不必然具有抗辩的作用；⑤代表对海外公司运作的准政府权力；⑥提供持续的管理；⑦最后，也是最重要的，特许状规定了有限责任。[2]当然，特许公司的成员并非必然享有有限责任。1671 年的 Salmon v. Hamborough Co. 案表明，

---

〔1〕 Walter E. Minchinton, *Chartered Companies and Limited Liability*, *Limited Liability and The Corporation*, edited by Tony Orhnial, Croom Helm, 1982, p. 138.

〔2〕 W. Blakstone, *Commentaries on the Laws of England*, Book 1, Oxford, Clarendon Press, 1791, p. 471. Walter E. Minchinton, *Chartered Companies and Limited Liability*, *Limited Liability and The Corporation*, edited by Tony Orhnial, Croom Helm, 1982, p. 138.

在特许公司中，除非特许状作出明确规定，否则成员的责任仍然是无限的。[1]

在文献阅读中笔者还发现，当时欧洲特许公司的风险与跨国贸易有关。由于贸易路线的延长（远至非洲、印度）及与外国当权者的谈判，投资者要求更多的考虑和更长的期限，这些都使特许贸易比本土贸易具有更多的风险。为了保护投资者的利益，建立有秩序的贸易，需要特许股东负有限责任。[2] 这与在代理契约和合作契约中留守商只承担有限责任的情况是雷同的。但其区别也非常重要：由于特许与国家的联系，国王通过特许状的方式规定自然人的有限责任被视为立法的一种形式。在这个意义上，17 世纪以前康枚达（Commenda）采用的有限责任只是一种契约。

17 世纪公司成员通过特许获得有限责任的制度，由于 1720 年"南海泡沫"（the South Sea Company）事件而遭受了巨大的挫折。关于1720 年英国议会颁布的《泡沫法案》（the Bubble Act），正如国外学者所言："如果立法者试图以《泡沫法案》禁止或抑制公司，那么他们的做法成功地超过了他们所预期的目的；如果他们试图以此保护投资者免遭倾家荡产及保护南海公司，那么他们是失败的。"[3] 从 1720 年的《泡沫法案》到 1855 年英国国会通过"有限责任议案"为止的一百多年间，有限责任在英国被禁止使用。而从国王特许有限责任到"南海泡沫"事件引发对公司成员普遍有限责任的否定，我们可以得出的结论

---

[1] David L. Perrott, *Changes in Attitude to Limited Liability—the Eurpean Experience*, *Limited Liability and The Corporation*, edited by Tony Orhnial, Croom Helm, 1982, p. 91.

[2] David L. Perrott, *Changes in Attitude to Limited Liability—the Eurpean Experience*, *Limited Liability and The Corporation*, edited by Tony Orhnial, Croom Helm, 1982, p. 39.

[3] L. C. B. Gower, *Principles of Modren Company Law*, 5th ed., Sweet & Maxwell, 1992, pp. 27-28.

是：首先，特许有限责任制度的存在与作为立法者的国王及国家的利益有密切联系，因为这一时期的特许公司实际上是国家对外贸实行垄断而获取利益的工具。其次，由于传统交易规则被突破而导致的对交易安全的担心，使得立法对有限责任的确认是非常慎重的。

基于上述，笔者认为，合伙人经营独立乃至特许有限责任，还不能为有限责任成为一项法律制度提供令人信服的证据，有限责任最终为立法认可的原因，在于公司独立人格的法律拟制。

（三）公司人格拟制与股东有限责任

在一本对法学研究产生广泛影响的经济学著作中，其作者认为：法人制度的意义在于使公司取得如同自然人一样的经营资格。[1] 但笔者认为，这一说法实在是低估了法人制度的价值。从法人制度类型化的角度，作为企业法人家族中最重要的成员，法律赋予公司法人资格的目的与合伙企业明显不同：立法者不仅要使公司法人获得与自然人一样的独立经营资格，而且更重要的是要使其在责任和财产上成为独立主体。而从法律与经济之间关系的角度分析，这两个不同的立法目的只能产生于一个事实：投资人全体（不是部分）获得有限责任成为一项被法律认可的规则。

如前所述，股东有限责任制度确实可以通过合伙人之间的谈判和皇家特许产生。就两种方式之间的关系而言，合伙人之间的谈判使得投资人的有限责任被谈判成本限制，而皇家特许则突破了这一点，但通过皇家特许使全体股东获得有限责任，在节约投资人之间谈判成本的同时，又使得股东有限责任处于皇家垄断的状态，这显然不符合当时社会生产

---

[1] 见［美］弗兰克·伊斯特布鲁克、丹尼尔·费希尔：《公司法的经济结构》（中译本第2版），罗培新、张建伟译，北京大学出版社2014年版。

力和市场经济发展的需求，因此打破皇家对有限责任的垄断势在必行。但在交易责任层面，使所有投资人都获得有限责任的障碍是：在股东、公司、债权人（交易相对人）的三方关系中，谁来为公司债务承担无限责任？显然，解决问题的方法是通过法律拟制技术把公司塑造为一个可以独立承担交易责任的主体。换言之，只要公司法人能够为交易承担无限责任，全体股东的有限责任就可以合理存在。于是我们看到，立法者对公司法人拟制的结果，是公司法人制度和股东有限责任制度的同时诞生。我们因此才可以说：市场经济的发展对股东有限责任制度的需求，创造了公司法人制度和股东有限责任制度，而这两大制度奠定了公司法的基础。

由上，笔者认为这样的推论是合理的：公司的出现并不必然导致其成员的有限责任，是公司经由法律拟制而成为法人的过程最终促成了立法对股东有限责任制度的认可。

1. 法律拟制是制度变迁的一种方式

关于法律拟制问题的研究，涉及法律制度变更或改革的原因。在文献阅读中，笔者发现这是一个经济学家和法学家共同涉足的领域。例如，哈耶克（Hayek）认为，包括法律制度在内的社会制度是不为人所意识的"自生自发"的，但他同时又指出社会秩序的两种渊源，即"人为的秩序和自生自发的秩序"，而"鉴于各种原因，自生自发的发展过程有可能会陷入一种困境，这种困境是它仅凭自身的力量所不能摆脱的，或者说，至少不是它能够很快加以克服的"。所以当发生这种情况时，以"刻意审慎的立法对其进行纠正"可能是唯一可行的方法。[1]

---

〔1〕［英］弗里德利希·冯·哈耶克：《法律、立法与自由》（第1卷），邓正来等译，中国大百科全书出版社2000年版，第55、135页。

那么，立法如何对社会秩序进行纠正呢？

正如英国法学家梅因爵士（Sir Henry Maine）在其 1861 年出版的《古代法》（*Ancient Law*）中所指出的那样：在人类社会发展到有了法典以后，"当我们追溯一下法律变更的经过，我们就能发现这些变更都是出于一种要求改进的、有意识的愿望"，由于"社会的需要和社会的意见常常是或多或少走在'法律'的前面的"，因此，有三个方面的手段可以被看成是"关于使'法律'和社会相协调的媒介"，即"法律拟制""衡平"和"立法"。[1] 根据梅因提供的资料，[2] 在旧罗马法中，"拟制"（fictio）是一个辩诉的名词，表示原告一方的虚伪证词是不准被告反驳的，其目的在于通过拟制而享受审判权，梅因解释道，"法律拟制"是用来表示掩盖，或目的在于掩盖一条法律规定已经发生变化的事实的任何假定，其时法律的文字并没有被改变，但其运用的规则已经发生了变化，因此，其范围较之旧罗马法中的"拟制"要宽：因为在不为人们所察觉的情况下，"拟制"已经包含了对法律制度的变更。基于上述，我们不难理解德国法学家萨维尼所言："法人为人工的单纯拟制之主体，即仅因法律上之目的而被承认的人格。"[3]

2. 公司人格拟制促成了法律对股东有限责任的认可

有学者认为，在历史上，公司成为法人与其成员的有限责任之间并不具有必然的因果关系，公司法人成员的有限责任最初受到重视，主要是因为它可以避免因成员清偿个人债务而导致公司财产被夺走，而并不

---

〔1〕　［英］梅因：《古代法》，沈景一译，商务印书馆 1959 年版，第 13~25 页。

〔2〕　［英］梅因：《古代法》，沈景一译，商务印书馆 1959 年版，第 13~25 页。

〔3〕　［德］萨维尼：《现行罗马法论》（第 23 卷）。转引自王利明等：《民法新论》，中国政法大学出版社 1988 年版，第 217 页。

认为有限责任是使成员逃避公司债务责任的方法。[1] 这一观点意味着，公司经营所要求的财产独立与公司成员的有限责任之间存在因果关系。另有学者认为，股东之所以寻求有限责任，是"针对不客气的董事的一种保护措施"。[2] 笔者认为，这种说法隐含的另一意思是，投资人不能直接支配自己的财产（公司财产的独立）与有限责任的产生之间有因果关系，这与笔者在前文提出的"自然人有限责任的产生与部分合伙人无力直接参与航行业务并控制经营有关"的观点是一致的。也就是说，与投资人承担无限责任的公司相比，当有限责任被需求时，公司内部的经营管理已经不同程度地脱离了投资人的控制，公司财产已经开始走向独立。

如何通过法律来表述由于公司经营及财产独立而产生的公司成员对有限责任的需求的关系？罗马法中的人格理论提供了一个基本的平台。人格理论的意义在于它将生物意义上的人与法律意义上的人区分开来，从而为法律保护自然人的权利提供了一个理论基础。正是基于这一理论，罗马法才可能按照立法者的意愿，通过规定成为法律主体的条件，将欲保护的对象纳入法律保护范畴或相反。也正是基于此，适用于自然人的罗马法人格理论才能成为后世立法者拟制公司法人人格的理论基础。因此进一步的推论是：法律的改革者在不改变法律原则和框架的前提下，将人格独立理论运用于成员有限责任条件下的公司独立情形，在法律文字并不发生变化或不发生实质性变化的情况下，解决了公司作为交易主体的独立性以及由此产生的法律责任承担问题。当然，人格理论

---

[1] L. C. B. Gower, Gower's *Principles of Modren Company Law*, 5th ed., Sweet & Maxwell, 1992, p. 23.

[2] Walter E. Minchinton, *Chartered Companies and Limited Liability*, *Limited Liability and the Corporation*, edited by Tony Orhnial, Croom Helm, 1982, p. 145.

运用的规则实际上已经发生了变化，即虽然公司法人的地位与责任只在表面上类似于自然人，但由于公司成员有限责任的产生，法律只要规定公司作为独立主体应当具备的条件，就能够找到两者的结合点。于是正如我们所看到的那样：对公司独立人格的法律拟制，既奠定了成员有限责任的法律基础，又完成了在成员有限责任的条件下公司与第三人关系的妥善处理，这无疑宣告了公司时代市场交易规则的到来。

基于上述，笔者认为，无论在何种意义上，公司独立人格制度的形成都是通过法律拟制使经济组织成为能够享受权利、承担义务的独立主体的过程，这一过程本身促成了法律对公司成员有限责任的认可。对此，现代纯粹法学派的代表人物汉斯·凯尔森（Hans Kelsen）在其《法与国家的一般理论》中作出了精辟的论述：在法技术的意义上，当法人的机关及其行为能力被法律认可时，法人的责任（即属于其成员的责任）同时也由法律以特定的方式加以限制，限于法人的财产范围（法人成员的集体财产），"所以法人（社团）成员只是以他们的集体财产、以他们作为社团成员而具有的财产来负责，而不是以他们个人的财产来负责。但这种有限责任只有在'国家的法律'已使构成社团的法律取得确认的效果时才成为可能。'国家的法律'授予社团法律人格这一表示就是想达到这一目的。"[1] 也就是说，由于在章程规定的情况下，经法律认可，社团中自然人的行为可以看作社团机关的行为，因此法律拟制法人的独立人格，可以产生法人成员的个人财产与法人财产相分离的结果。在这个意义上，我们可以说，股东有限责任是公司具备法

---

[1] [奥]凯尔森：《法与国家的一般理论》，沈宗灵译，中国大百科全书出版社 1996 年版，第 114 页。

律人格的当然结果（非必然结果）。[1]

综上所述，"法律拟制"不仅成功解决了公司法人人格独立的实际操作问题，而且深刻地揭示出投资人的有限责任与公司法人制度之间的密切联系，即公司经由法律拟制而成为法人的过程，最终成就了股东有限责任被立法确认的结果。当然，也正是由于公司独立人格与其成员有限责任的同时存在，使得公司法人在其后的发展中形成了对市场以及社会的潜在威胁，对公司自由的法律限制成为新的需求。

三、公司人格拟制与公司控制的产生

法律拟制，意味着公司独立主体资格的取得必须满足法律规定的基本条件，但这些基本条件的规定并不完全取决于立法者的主观意愿，而主要取决于市场交易基本规则对独立交易主体行为能力和责任能力的基本要求。因此从一开始，法律赋予公司以法人资格的目的就与合伙明显不同：立法者不仅要使公司法人获得独立的经营资格，更重要的是还要使其责任独立和财产独立，这一立法目的贯穿了公司人格拟制的始终。从立法的实际过程看，在不改变市场交易基本规则的前提下，股东通过投入资本的方式依法进入公司即自动获得有限责任，但同时也带来了公司法人与生俱来的问题——作为与合伙不同的法人，公司的生存必须建立在两个基本前提之上：一是公司对股东的信用，二是公司对其债权人的信用，前者事关有没有人肯成为公司股东，后者则涉及有没有人肯与公司交易。这无疑是立法者在拟制公司人格过程中面临的两大问题。在今天看来，前一个问题就是公司股东与经营者之间关系的平衡协调问题，而后一个问题在本质上是公司与其债权人关系的处理问题。

---

[1] ［德］罗伯特·霍恩、海因·科茨、汉斯·G. 莱塞：《德国民商法导论》，楚建译，中国大百科全书出版社 1996 年版，第 265 页。

为建立公司对股东的信用，立法者围绕股东与经营者之间关系的协调平衡，在变革民法所有权制度的基础上建立起股权制度，以确认和保护股东作为公司最终控制人的地位和权益。与此同时，立法者以分权制衡为基本原则，在股东会与董事会之间分配公司权利（力），在确保公司法人独立经营的同时，最大限度地降低代理成本，确保股东投资权益的实现。如同我们所看到的那样，不同法系的国家均以财产权保护为基本框架，建立起以强制性规范为主要表现形式、以分权制衡为基本原则的公司机构制度。大陆法系国家在将股东定位为公司所有者的前提下，公司经营管理权被配置给以董事会为核心的经营者，而公司的最终控制权则被赋予全体股东，并以代议制的民主方式行使；而英美法系国家在以信托关系定位股东与董事关系的前提下，董事会享有了更大范围的经营管理权。

为建立公司对债权人的信用，立法者以公司法人财产独立为目标，在公司从设立到终止的全部生命期间，对公司资本的形成和流转实施全面强制干预。在不同法系国家，公司资本制度虽然由于经济、社会、法律习惯以及司法环境的不同而有所差异，但以资本确定和资本维持为基础所构建的公司资本制度体系，形成并保持了公司作为营利法人对公司债权人的信用，确保了公司时代市场交易秩序的稳定。

由上可见，立法者以独立人格、独立责任为基础建立起来的公司关系，满足了公司形式与法人人格结合的基本条件，由此所形成的公司对股东和债权人的信用，最终使得公司法人在自然人之后成为由法律创造出的"人"，这是"法对商业生命在经济上的最重要贡献之一"。[1]但

---

〔1〕　［美］罗伯特·C. 克拉克：《公司法则》，胡平等译，工商出版社 1999 年版，第 10 页。

与此同时立法者也很快发现：通过法律拟制所建立的公司关系是一种天然存在控制或者被控制的法律关系。首先，尽管被视为独立于股东的主体，公司也因此可以被解释为客观存在的生命体，但法律拟制本身就承认：作为法律意义上的生命体，公司的行为实际上只能由组成公司机关的自然人进行。这无疑清楚地揭示出组成公司的自然人的行为对公司法人独立性的重要影响。因此，在法律拟制之下，有控制力的自然人——大股东和经营者自始至终都在影响和操纵着公司法人，控制以及由此产生的控制关系自公司法人生命诞生起就存在并终其一生。其次，事实证明，当公司被大股东控制时，公司作为交易主体的独立性虽然在法律上并没有发生变化，但控制的存在将会使公司的独立性实际上被大大消减，在极端情况下，控制还会导致公司独立性的丧失。因此我们完全可以这样认为，在股东有限责任制度与公司法人制度同时存在的情况下，传统法律所构建的交易主体与第三人之间的关系可能会面临失去平衡的危险。最后，公司发展的历史已经证明，当经营者控制公司走到极端时，控制权还会脱离股东权成为一项独立的权力，股东利益将因此受到威胁，股东的投资积极性将备受打击。这种情况甚至可能动摇公司作为一种企业形态存在的基础。1932 年伯利和米恩斯在其《现代公司与私有财产》中的研究，已经为此佐证。[1]

综上，笔者认为可以这样表达公司控制及其与公司法人拟制之间的关系：所谓公司控制就是公司运作的基本状态，其产生的制度根源在于立法者对公司人格的法律拟制。

---

〔1〕 详见〔美〕阿道夫·A. 伯利、加德纳·C. 米恩斯：《现代公司与私有财产》，甘华鸣、罗锐韧、蔡如海译，商务印书馆 2005 年版。

四、公司控制的发展演变及其对公司关系的影响

立法者以保护股东和公司债权人、平衡两者之间的利益冲突为目标，完成了对公司法人人格的拟制，而公司成为独立法人，又使股东有限责任得以脱离当事人之间的谈判和皇家特许，最终成为一个经由法律认可而得以普遍适用的制度，从而极大地满足了社会经济发展对资金聚集的需求。但随之而来的问题是：在股东有限责任制度与公司独立人格制度并存的情况下，公司在运作中必然会出现两大问题：一是大股东控制导致公司人格实际上不独立；二是经营者控制公司所导致的代理问题，这是现代公司关系中的两大问题。关于前者，由于其体现了"公司是股东的"这一理念，因此始终为传统法律所认可，由此产生的股东与公司债权人之间利益冲突调整的规范，一开始就被视为公司法中不可或缺的内容。至于后者，由于其最终可能导致公司脱离投资人控制而落入经营者手中，故引起学界对公司发展前途和命运的极大关注。

伯利和米恩斯在 1932 年最先注意到这一问题，并在其著名的《现代公司与私有财产》中展开讨论。两位学者认为，首先，公司立法者最初的意图是：决定公司重大事项就意味着控制公司，按照股东权保护的基本方式，公司最终应当被控制在股东手中，只有这样的制度安排才最吸引投资者。因此按照立法者的设计，公司是股东的，公司所有权与控制权应当是合一的，如果出现分离，就意味着公司出现了问题。其次，两位学者以实证方法论证了现实中的公司所有权与控制权分离，以及由此所导致的公司各主体之间日益尖锐化的矛盾冲突。伯利和米恩斯以美国 20 世纪 30 年代的 200 个上市公司（工业）为样本，分析论证了股东与经营者之间的紧张关系。他们认为：在美国的上市公司中，代理投票制度的实施弱化了股东控制权；而随着政府对公司经营管制的逐渐放宽，又使得公司权力（控制权）由股东向控制性经营者以及控制性经

营集团转移，因此股东的地位被大大改变："尽管法律依然维持着定义股东和债券持有人的明确界限，认为债券持有人是资本的借贷者，而股东是企业的准合伙人，但在经济学上，二者的地位已经相当接近。"[1]而当股东法律地位接近债权人时，股东的法律地位与实际地位之间就出现矛盾，即在现实中，股东的实际地位类似债权人，公司控制权完全落入经营者手中，但在公司法上，股东仍然要对公司承担有限责任，其清偿顺位仍然排在公司债权人之后。现代公司中的这种情况，导致了伯利和米恩斯对公司制度的担忧，他们认为，"如果公司制度要存在下去的话，这看上去几乎确实是实质性的——对大型公司的'控制'应当发展成为纯粹中立的技术统治，以平衡社会中不同集团的各种要求，以公共政策而不是以个人私利为基础，将公司的收入分配给每个集团。"[2]笔者认为，在今天看来，这种观点意味着公司法改革要放弃股东利益至上理念，转而从公司利益相关者的角度去重新安排公司控制权。

笔者认为，伯利和米恩斯在近一个世纪以前的研究至今仍然具有重大意义。首先，公司所有权与控制权的分离是经营者控制的极端表现形式，这种表现形式是公司法的股东权保护机制以及公司法人内部分权体制在新的经济条件下运转必然发生的一个结果。两位学者的意思是：股票市场的发达使得上市公司股东对公司失去控制，由此产生的问题是股东与经营者之间利益冲突的尖锐化，代理问题变得日益严重。因此，如何约束公司经营者不仅成为当时公司法改革的一个重要内容，更是后世全球性公司治理运动的核心问题。其次，经营者控制公司使得学术界必

---

〔1〕见〔美〕阿道夫·A. 伯利、加德纳·C. 米恩斯：《现代公司与私有财产》，甘华鸣、罗锐韧、蔡如海译，商务印书馆 2005 年版，第 285 页。

〔2〕见〔美〕阿道夫·A. 伯利、加德纳·C. 米恩斯：《现代公司与私有财产》，甘华鸣、罗锐韧、蔡如海译，商务印书馆 2005 年版，第 362 页。

须重新思考股东在公司中的地位。在经营者控制下的大型股份公司中，公司法对各主体之间关系的平衡是应当继续坚持股东利益至上，还是转向利益相关者利益至上？显然，两位学者的研究挑战了"公司是股东的"这一传统认知，使学术界对公司本质的探讨在一个新的平台上展开。可以说，今天我们在公司治理研究中关于利益相关者理论和股东主权理论的选择，实际上在两位学者 1932 年的研究中就已经开始萌芽。

基于上述，笔者进一步认为，两位学者的研究向我们证明：虽然公司控制产生于公司制度本身，但公司控制的发展演变会反过来影响公司关系的状态，进而使得公司关系失衡，最终导致公司制度的适应性变革。事实上，自伯利和米恩斯发表《现代公司与私有财产》之后，经营者控制就以其"非所有权控制"的特性受到了学界的极大关注，而此后几乎所有的相关研究都在致力于建立一个协调平衡的公司内部关系机制，以消除"经理人革命"或者"内部人控制"的弊端，这足以说明两位学者的理论对经营者控制研究的重大意义。当然，由于时代局限，对"经营者控制产生的原因"这个至关重要的问题，伯利和米恩斯的研究仅仅限于上市公司层面，经营者控制被视为 20 世纪 30 年代股份公司生存环境的产物，而其后的研究也大都在这一语境下展开。例如，在 1966 年 R. 拉纳（Larner）发表的《1929—1963 年最大 200 家非金融公司控制和所有权》中，作者按照伯利和米恩斯的方法对 1963 年美国最大的 200 家公司展开分析，并与 1929 年的情况进行比较，发现经理人控制的比例由 1929 年的 44% 上升到 1963 年的 84.5%；[1] 而 1977 年钱德勒（Chandler）的《看得见的手——美国企业的管理革命》

---

〔1〕　See Robert J. Larner, "Ownership and Control in the 200 Largest Non-financial Corporations, 1929 and 1963", *American Economic Review*, 1966, pp. 777-787.

一书，则通过对行业、部门的具体案例分析，进一步揭示了美国大公司"两权分离"的历史演进过程，并明确提出：至 20 世纪 60 年代中期，股份分散的加剧和管理的专业化使得"两权分离"更为普遍，对股权高度分散和现代技术构成成分极高的现代公司，股东并不具备参与高层经营的影响力、知识和经验，经理式企业取代了家族式及金融家控制式企业成为美国经济系统的主导企业。[1]

在伯利和米恩斯之后，另一个将公司控制与公司关系联系起来的学者是著名经济学教授青木昌彦。在公司治理理论中，青木昌彦因首创"内部人控制"（Inside Control）概念而闻名。与"经理人革命"不同，在青木昌彦《对内部人控制的控制：转轨经济中公司治理的若干问题》一文中，青木所言"内部人"是苏联及东欧国家国有企业改革中的企业经理和工会，他认为："所谓内部人控制，是指以前的国有企业（SEO）的经理或者工人在企业公司化的过程中获得相当大一部分控制权的现象。"[2]笔者认为，青木的研究再次证明了公司控制发展演化及其对公司关系的影响。

公司控制的发展演变对公司关系产生了怎样的影响？始于伯利和米恩斯的公司控制研究已经表明，随着公司控制的发展演化，早期在公司法之下处于平衡状态的公司各主体之间的关系已经发生了变化。笔者通过图示并简要阐述如下：

---

〔1〕 详见［美］小艾尔弗雷德·D. 钱德勒：《看得见的手——美国企业的管理革命》，重武译，商务印书馆 1987 年版。

〔2〕 详见青木昌彦：《对内部人控制的控制：转轨经济中公司治理的若干问题》，张春霖译，载《改革》1994 年第 6 期。

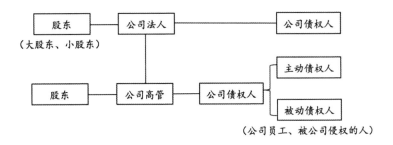

图2 公司关系在19世纪末20世纪初发生的新变化

由图2可见：首先，在股权平等基础上，股东以持股数额多少为标准分化为大（控制）、小股东，不仅如此，随着市场经济的发展以及股东投资目的差异的逐渐显现，类别股份的运用使得法律层面上衡量股东控制的标准由单一的股东持股数额转变为股东持股数额与股东所持表决权数额并存，大股东与小股东之间、控制股东与非控制股东之间的利益冲突日益尖锐。其次，在大型公共公司中，股东普遍不关心公司经营，公司被经营者控制，股东与公司董事高管之间的利益冲突趋向尖锐化，代理问题严重，代理成本居高不下。最后，随着公司的发展，公司债权人的范围从传统的合同债权人（主动债权人）扩大到劳动债权人和侵权债权人（被动债权人），股东与债权人之间的利益冲突出现了社会化的倾向。现代公司关系在上述三个方面的变化，充分表明在公司制度运转中由控制发展演变而产生的问题已经远远超出了早期公司立法者的预期。

综上所述，笔者认为可以这样表达公司控制的发展变化对公司关系的影响：公司法结构的分析表明，公司控制产生于公司法人拟制，无论这种现象被如何解释，立法者希望他们的安排能够使公司在合理控制下平稳运行，而早期的公司立法者对股权制度和公司机构制度的精巧构思，也确实解决了由公司法人拟制而产生的公司恶意控制问题，但其后公司运转的事实却表明，随着经济和社会的发展，既定法律调整框架下的公司控制必然会发生改变，公司主体之间的利益冲突关系也将随之走向新的尖锐化。由此，解决公司控制发展演化所造成的公司法既有调整框架与新的公司控制状态之间的冲突，是公司法人生命中的永恒主题，也是公司法改革和发展的动力。

五、公司控制的发展演变对公司法改革的影响

公司控制的发展演变对公司法改革产生了怎样的影响？笔者认为，整个公司法发展与改革的历史证明，自公司成为独立法人之日起，控制及其发展演化就几乎主宰了公司的整个发展进程，在公司法架构的形成及其制度演进中扮演了极其重要的角色。

如前所述，为使股东有限责任成为一项法律规则，17世纪的合股经营组织经由法律规定成为公司法人。在这一过程中，通过内部权利的分配来平衡协调股东与经营者之间的利益冲突成为立法者的一大任务。事实是：不同法系的国家均以传统民法的财产权保护制度为基本框架，建立起以强制性规范为主要表现形式、以分权制衡为基本原则的公司机构制度。笔者认为，正是这一点毫无争议地证明了，通过机构制度对公司权利的分配来协调平衡股东与经营者之间的冲突是公司制度得以建立和顺利运转的重要因素。早期公司制度能够被投资人普遍接受确实要归功于此。也正是在这个意义上，一些学者认为，就法律与市场交易活动之间的关系而言，尽管产权保护是法律所扮演的主要角色，但与此同时，"无论是在权利的初始配置之时，还是在行使权利与其他权利主体发生冲突之时，法律制度本身即处于利益冲突与平衡的中心"，"法律

可以通过确保关键主体分享决策权，而有意识地构造它们之间的协作关系"。[1]如此，我们不仅很容易理解公司机构制度之于公司法的重要价值，我们还将重新评估公司控制的发展演变对公司法改革的重要意义。

经营者控制发展演化引发公司内部关系的失衡，首先与企业经营内容向专业化的迅猛发展以及企业经营规模的急剧扩大有关，这是学界有关公司控制发展演化研究的一个基本共识。"某些充满技术、风险、挑战性的制造业领域被开发出来，业主的知识结构无法满足管理这类企业的需要"，[2] 这必然导致经理人的职业化，并使经营者成为一个独立的群体。经营者的专业技能以及经营智慧在高度复杂的商业社会中发挥着越来越重要的作用，经营者在企业内部的地位也不断提升，这在事实上加强了经营者对企业资源的控制能力。当然，由于这种控制产生于生产经营的需求，同时在公司经营规模仍然受制于传统融资方式的情况下，通过表决权行使或者亲自参与经营，股东仍然可以保持对经营者的制约。因此在20世纪以前的公司中，经营者控制问题并不突出。

随着生产规模进一步扩大，尤其是融资模式的社会化，股东控制公司的情况发生了重要的改变。根据伯利和米恩斯的研究，[3] 20世纪20—30年代的美国，几个特大型公司中最大股东持股比例还不到已公开发行股份的1%，公司的大量股份被分散，由力量弱小的个人投资者所有，任何一个股东都难以依据自己所有的股权对公司加以实际的控制，这导致公司"所有权"的内容发生变化：股东所有的财产再也不

---

〔1〕 详见〔美〕柯提斯·J. 米尔霍普、〔德〕卡塔琳娜·皮斯托：《法律与资本主义：全球公司危机揭示的法律制度与经济发展的关系》，罗培新译，北京大学出版社2010年版，第37~39页。

〔2〕 甘培忠：《公司控制权的正当行使》，法律出版社2006年版，第29页。

〔3〕 〔美〕阿道夫·A. 伯利、加德纳·C. 米恩斯：《现代公司与私有财产》，甘华鸣、罗锐韧、蔡如海译，商务印书馆2005年版，第56、77~78页。

能为其直接所用，而只能在股份转让后获得相应价值，财产的价值也在很大程度上取决于"那些指挥企业的个人的行为"，而股票市场的蓬勃发展，也加重了股东对市场的依赖。在这种情况下，股东对企业的所有权实际上仅仅代表了其对企业的利益期待，而对企业的实际控制权已经转移到了公司的经营者手中。依照伯利和米恩斯的观点，这种随着企业规模扩大而不断出现的控制权从所有者向经理人转移的情况是不可逆转的。加之1933年《银行法》规定了银行业不得进入证券资本市场，这使得机构投资者在企业中的地位也难以显现。[1]

伴随着经营内容的专门化以及由融资方式社会化带来的企业经营规模扩大，公司法的适应性变革表现出对董事会实际地位提升的肯定。例如，在20世纪30年代的大陆法系国家，公司法明确规定董事会为公司必备的业务执行机关，股东大会的权力限于法律与章程规定的范围，董事会在执行公司业务方面享有法定的专属权限，公司章程或股东大会对董事会所施加的限制不得对抗第三人等。而对于在传统上董事会具有重要地位的英美法系国家，公司法的变革走得更远。例如在20世纪初的美国特拉华州，为赢得州之间公司法的竞争，该州公司法成了一部让经理人获得极大自由的法律。"特拉华州的公司创办者和经理们得以在20世纪30年代对股东控制权的最后残余展开攻击。他们通过大量发行无投票权的优先股和普通股等类股票，使不少投资者失去了对公司事务的发言权。"[2]虽然公司法中这种权力分配结构被认为与州之间的公司法竞争密切相关，但不可否认，经理人对控制公司的需求也为这种公司法

---

〔1〕 当然，研究也表明，随后的几十年中，机构投资者在企业中所占比例越来越大，其利益越来越受到公司经营状况的影响，机构投资者开始积极投身公司治理，控制权又出现了向股东（所有者）转移的趋势。

〔2〕 韩铁：《试论美国公司法向民主化和自由化方向的历史性演变》，载《美国研究》2003年第4期。

之间的朝底竞争（race for the bottom）提供了必要的动力。[1]

应该指出，在实践中由公司控制问题所导致的最重大公司法改革，当属 20 世纪 60—70 年代以来，从英美开始波及全球、至今仍然在持续进行的公司治理运动。在这个运动中，最引人注目的是：英美国家公司法改革被立法者提到治理的高度，相应的法律改革也突破了公司法的传统框架。通过公司治理模式的比较研究，我们可以清楚地看到，在不同类型的公司中，由于公司规模和股权结构的不同，其内部关系发展变化所导致的控制演变也表现出不同的形态，控制问题并不总是表现为经营者控制，而是也表现为大股东控制。不同形态的控制无一例外地对公司法改革思路产生了极大的影响。在有限责任公司（或封闭公司）中，大股东控制是普遍存在的问题，因此，公司法需要平衡大股东与中小股东的不同利益诉求，并对控制者的权力加以限制。而在上市的公众公司中，则出现了不同的控制权分配模式：以德日为代表的关系型控制以及以美国为代表的市场型控制。在这两种控制模式影响下，形成了截然不同的公司法改革思路。

在日本，由于财团的存在，公司控制盘根错节，公司实际被所有者控制，并形成了密集的所有权网络。"在金融自由化的过程中，这一股权结构瓦解，使公司经营者失去了稳定股东这一保护伞，也使其控制权因受到来自资本市场的威胁而出现危机。为应对这一危机，日本立法者

---

　　[1]　与之相对应的是上限竞争，其核心价值在于认为州与州之间有关公司章程的竞争会促使州吸纳更有利于保护股东利益的公司法规则从而使股东获益，系统侵害股东权益的州虽然给管理层提供了更大的自由，但是其也要承担更大的公司运行成本，这种高成本在资本市场中会得到反映，并使得这种公司在竞争中处于不利地位，最终导致更多的公司前往对股东保护更加有利的州注册。有关朝底竞争与上限竞争的论述，参见 Mark J. Roe，"*Delaware's Competition*"，117 *Harvard Law Review* 596（2003），以及 William I. Cary，"*Federalism and Corporate Law：Reflections upon Delaware*"，83 *The Yale Law Journal*，No. 4，663—666.

试图通过对公司法进行修订，赋予公司经营者维持控制权的法律武器。"[1] 在此后的公司法修改中，其修正了种类股以及股份回购等相关制度，力图保证原有的公司控制模式不至于受到太大冲击。[2]

而在美国，在经理人控制公司多年后，上市公司不断爆出的财务丑闻暴露出了公司控制权被集中于董事和 CEO 手中的弊端，对内部人控制的规制在随后的法律改革中成为重要内容，而其中一项重要措施，是设置由独立人士组成的且不受董事会制约的独立董事对公司内部人的控制权进行制约，[3] 这一制度对其后许多大陆法系国家的公司治理产生了重要影响。而在安然（Enron）事件之后颁布的《萨班斯-奥克斯利法案》（Sarbanes-Oxley Act of 2002），则从公司财务角度针对内部人缺乏制约的权力设置了进一步的限制。

本章小结

行文至此，笔者认为：公司控制是公司运作的基本状态，其产生的制度根源在于立法者对公司人格的法律拟制，即立法者对公司法人制度

---

〔1〕 平力群：《日本公司法修订及其对公司治理制度演化的影响——以种类股制度和股份回购制度为例》，载《日本学刊》2010 年第 5 期。

〔2〕 有关日本公司法的历史以及近年来修订的内容，可参见平力群《日本公司法修订及其对公司治理制度演化的影响———以种类股制度和股份回购制度为例》（载《日本学刊》2010 年第 5 期）；罗建华《日本公司治理结构及对我国的启示》（载《企业经济》2006 年第 1 期）；王全、张伶《变革中的日本公司法——2001、2002 年日本公司法的修改》（载《郑州经济管理干部学院学报》2005 年第 1 期）；刘永光《日本公司法最新修改述评》（载《厦门大学法律评论》2002 年第 1 期）；陈丽洁、王胜利、关文龙《日本〈公司法〉十年演变启示》（载《中国经贸导刊》2001 年第 11 期）；杨丽英《从日本公司法的历史演变看我国的企业制度改革》（载《重庆商学院学报》1999 年第 3 期）；孙丽《21 世纪日本公司治理结构的变革趋势》（载《现代日本经济》2003 年第 3 期）。

〔3〕 文献分析表明，所谓"独立董事"即英美国家的"非执行董事"（non-executive director）。在被认为较早提出了独立董事概念的英国著名的《卡德伯里报告》（*Report of The Committee on the Financial Aspects of Corporate Governance and Gee and Co. Ltd*）中，独立董事被表述为"non-executive director"。20 世纪 90 年代，美国密歇根州公司法首次规定了独立董事制度。

的基本安排。尽管公司立法的先驱们所创立的以分权和制衡为核心的公司机构制度确实解决了早期公司中由控制产生的问题，但其后的事实却表明：隐藏在既定法律调整框架下的公司控制在适当的条件下必然会发展演变，成为影响公司关系的重要因素。因此可以肯定：解决公司控制发展演变所造成的公司法既有调整框架与新的公司控制状态之间的冲突，是公司法人生命中的永恒主题，是公司法改革者必须始终面对的问题。以此为基础，研究思路的转变成为必然：当我们将公司法人理解为"为实现特定目的而采取某种控制措施的组织"时，我们的研究将专注于这样的问题——究竟是哪些因素导致公司内部权利分配平衡被不断打破，进而导致公司法的改革，同时又制约着改革？在这样的思路之下，公司控制及其发展演变将成为公司法改革研究的逻辑起点，发展演变中的公司控制对公司各主体之间关系的影响将成为公司法改革研究的主线。如此，不仅可以使我们在对公司本质的探寻中避免回答"公司是谁的?"以及类似问题的尴尬，而且有助于我们将精力集中于更为重要和关键的事情上——公司功能的实现以及公司权利的分配。笔者认为，这将使我们对公司法人本质的解读更加接近真实，并在此基础上更加准确地把握公司法未来改革的趋势。

第二章　公司控制视阈下中国公司治理研究的逻辑起点

公司法结构的分析表明，公司控制产生于公司人格的法律拟制，公司控制存在于公司关系之中并主宰着公司的运行，通过制度安排使公司在合理控制下平稳运行是公司法的直接目的。但在现实中，经济和社会的发展不断促使公司控制发生变化，造就了新的公司控制与公司法既有调整框架之间的冲突。事实上，在伯利和米恩斯提出"经理人革命"之后，在20世纪50—60年代的英国，一系列大公司的倒闭使得大股东控制和经营者控制受到政府和学界的关注，其所导致的公司关系紧张化最终演变为全球化的公司治理运动，开启了史上最大规模、也是最具颠覆性的公司法改革。而随着公司治理理论风靡全球，20世纪末至今，英美公司治理模式被各国纷纷仿效，相关的公司法改革措施迅速被移植到包括中国在内的发展中国家。这使得本土公司治理问题的研究成为所有公司法移植国家面临的重要问题。基于此，在第一章搭建的理论平台之上，本章将从公司控制这一全新的视角展开对中国公司治理的探讨，以期确定中国公司治理研究的逻辑起点，为寻找适合于中国国情的公司治理路径开辟道路。

笔者认为，公司治理是一个由"治理问题（对象）"和"治理结构（体制或模式）"组成的体系，所谓公司治理问题（对象）即处于紧张状态的公司关系。从公司控制角度考量，在一国公司治理路径的选择和确定中，具有决定性意义的并不是使用公司制度的事实，而是由公司控制状态失衡引发的公司关系紧张化。因此笔者提出，对公司控制影响因素的分析是中国公司治理研究的逻辑起点。以此为出发点展开，我们不难发现，在改革开放以来的经济发展过程中，对中国公司控制状态影响最大的因素是中国经济体制由高度集中的计划经济向社会主义市场经济的转型以及在这一过程中形成的特定经济发展格局。其中，特殊融资渠道对中国公司控制资本来源、公司类型及规模的影响，最终造就了中国公司与众不同的控制状态以及公司关系的紧张状态，进而对中国公司治理路径以及公司法改革产生重要影响。

一、问题的提出：对中国公司治理的反思

学界研究认为，20 世纪 50 年代起，由公司经理人员高薪、权力过大所导致的日益严重的损害股东权益现象，已经使得公司治理成为西方国家所关注的问题，在 20 世纪 70 年代，公司治理的术语已被普遍使用。[1] 其中，英国被公认为全球现代公司治理运动的主要发源地。"以三个相继成立的非官方委员会主席的名字命名的研究报告，即 Cadbury 报告、Greenbury 报告和 Hampel 报告"，标志着现代公司治理走向制度化。1991 年 5 月一系列公司倒闭事件促使英国的财务报告委员会、伦敦证券交易所等机构成立了一个由有关方面的 12 名权威成员组成的委员会。作为世界上诞生的第一个公司治理委员会，其任务是考虑与公司财务报告及其责任有关的问题，即公司执行董事和非执行董事信息提供

---

〔1〕〔日〕酒卷俊雄：《日本的企业治理结构论与公司法的修改》。转引自李黎明主编：《中日企业法律制度比较》，法律出版社 1998 年版，第 2 页。

的责任；董事会的审计委员会；审计人员的责任；股东、董事会、审计人员之间的关系。1995 年对英国一千多家知名公司所做的有关调研结果显示，从 1984 年到 1994 年，这些公司的高级管理人员的报酬以每年 10.5％的速度上升，不仅远远超过了这些公司员工同期 3.1％的水平，而且几乎与这些公司的业绩不存在相关性，由此引起了公众和股东的不满。在这一背景下，根据英国工商业联合会（Confederation of British Industry）的提议，英国于 1995 成立了董事报酬研究小组。而同年成立的公司治理委员会，则是为了检查上述两个委员会报告的执行情况。[1]

2001 年 12 月，排名美国第七、全球第十六位的大公司安然突然破产。其后，世界通讯、环球电讯等大公司在财务问题上弄虚作假的丑闻相继暴露，美国的大公司陷入了空前的信誉危机。相当多的学者认为，这些丑闻之所以令人震惊，"不仅因为它们是由一些最大和最有声望的美国公司一手导演的，而且更因为声誉卓著的美国制约体制居然未能阻止它们的发生，甚至允许他们隐而不露达如此之久"[2]。所谓的美国制约体制当然包括公司治理制度。事实上，早在 1992 年 5 月，美国法律协会经过十年的认真研究，发表了题为《公司治理的原理：分析和建议》的报告。该报告由公司的组织及其作用、大型公开公司中董事及执行职员的职务与权限、监督委员会等董事委员会、董事及执行职员、控股股东等的公正交易义务、通过代表诉讼等手段的救济等七个部分组成，该报告的一个重心是强化监督机制，建议引进具有独立性的外部董事（超过董事会成员的一半），在董事会内组成监督委员会作为董事会

---

〔1〕 胡汝银、司徒大年、谢联胜：《全球公司治理运动的兴起》，载《南开管理评论》2000 年第 4 期，第 15~19 页。

〔2〕 黄明：《会计欺诈和美国式资本主义》，载吴敬琏主编：《比较》（第 2 期），中信出版社 2002 年版，第 35 页。

的下位机关。[1]针对安然、环球电讯、世界通讯、施乐公司等会计造假丑闻，2002 年美国总统布什签署《萨班斯-奥克斯利法案》（以下简称《萨班斯法案》），该法案从加强会计信息披露和财务处理的准确性、保证审计人员的独立性、完善公司治理等多方面对现行的有关会计、证券和公司的法律作了较多修改：①成立一个由非政府人士组成的独立的监督委员会以监督会计行业，并禁止会计公司为其审计对象提供咨询业务；②规定首席执行官和首席财务官对财务报表的书证责任；③要求所有的上市公司必须设立审计委员会；④加强 SEC 对上市公司信息披露义务的审查权；⑤加大对违法行为的处罚力度。毫无疑问，这一重大的法律改革不仅重新强化了美国此前 20 年通过改革被放松的监管，而且使政府对公司财务会计信息及其公开的监管成为美国自 20 世纪 30 年代以来最为严格的政府监管。

在全球公司治理运动的影响下，自 20 世纪 90 年代初开始，中国学术界就将大量资源投向公司治理"结构"的研究。至 21 世纪初，中国政府更是将建立完善的公司（治理）机构作为国有企业公司制改革的基本任务。[2]然而在实践中，笔者却发现："新三会"以及独立董事、职工董事、职工监事等制度却并未使公众真正建立对国有股份公司的信心，"有机构无治理"成为中国公司治理异常的一个主要表现。笔者认为，这种现象表明，国内学术界长期以来对公司治理理论与实践的研究

---

〔1〕　王保树：《是采用经营集中理念，还是采用制衡理念——20 世纪留下的公司法人治理课题》。转引自王保树教授向 2001 年 2 月 12 日中国国家经济贸易委员会、日本经济产业省主办的"中日公司法国际研讨会"提交的论文，第 3 页。

〔2〕　文献检索表明，吴敬琏的《现代公司与企业改革》（天津人民出版社 1994 年版）一书是国内最早涉及公司治理的学术著作。这表明 1994 年前后中国学术界就开始将公司治理的概念和框架引入中国国有企业改革的理论分析。2005 年前后，国务院国有资产管理监督委员会即将董事会制度建设作为中央国有企业公司制改革的基本任务，并取得了相当的进展。

出现了问题。

首先，建立健全公司"三会"制度之后，国有公司为什么没有如同改革者所期望的那样改变其行为机制？而对于大多数民营公司而言，以健全"三会"制度为主要内容的公司治理，则明显有悖于其有限责任公司或者封闭式股份公司的特性。因此，笔者认为，我们应当从源头去反思国内学界既往研究中对公司治理的理解和认识。我们应当承认，至 1993 年《公司法》颁布为止，公司制度在新中国历史上几乎是空白的，这可能使国内学界对公司以及公司制度本源问题的理解缺乏足够的深度，进而有可能导致公司治理被简单理解为是以公司机构制度为载体的一种"结构"。面对中国公司治理的困境，笔者认为学界需要思考：公司治理是一种"结构"还是一种"问题"？或者是一种包括"问题"和"结构"在内的体系？

其次，本土因素在公司治理模式的确定中权重几何？对于中国而言，公司制度与公司法不仅是一般意义上的舶来品，而且是国有企业改革的工具，这在整体上使中国公司以及公司法独具特色。如果我们承认公司治理具有国别差异，那么这种差异决定了中国公司治理模式的选择和确定只能取决于对中国特定公司治理问题的客观分析和认识。从另一个侧面，这也意味着在中国转型经济背景下，国外公司治理模式的直接引进可能无助于现阶段中国公司治理问题的解决。基于上述，笔者认为学界应当思考：是什么因素决定了公司治理在全球范围内的共性和差异性，我们应当通过何种途径去认识中国特色的公司治理问题？这关乎我们对公司治理路径的选择。

最后，正是在以所有权及股东控制模式进行精细设计的公司治理制度之下，2000 年前后爆发了安然事件以及其他美国大公司丑闻，这充分表明，我们要引进或移植的国外公司治理模式在实践中面临着新的问题。自 1992 年英国 Cadbury 报告开始，以英美为代表的各西方国家公司法围绕股东控制公司设计并采用了一系列法律制度，包括独立董事、股东投票权规则等，不可谓不精细，也不可谓不周到，但安然事件使我们不得不面临这样的现实：仅仅着眼于公司内部机构的设置及其相互间权力平衡的精细设计并不能完全解决现代公司的治理问题。例如，1992 年美国法律协会的《公司治理的原理：分析和建议》强调通过公司组织机构的调整所形成的监督机制在公司治理中的作用；而 2002 年的《萨班斯法案》则注重以强制性规范的形式规定对流转中的公司资本进行直接监管。这从一个侧面表明，对公司财务会计的监管是美国在十年的公司治理之后所面临的新问题，公司治理的研究和立法正在与解决公司财务问题结合，呈现出一种新的发展态势。这提示我们，即便在公司法框架内，公司治理也可能并不是一个单纯的机构制度问题，公司治理的路径也并不局限于恢复股东对公司的"所有权控制"。[1] 显然，面对复杂的公司治理对象，我们的研究思路需要拓展和更新。

　　笔者认为，正是上述几方面的问题，导致中国法学界围绕公司治理问题所提出的诸多法律改革建议以及相关公司治理措施与中国公司的实际情况相去甚远。[2] 与此同时，在域外学界关于公司治理"趋同"抑

---

　　〔1〕　笔者此处"所有权控制"为"股东控制"的同义语，对应伯利和米恩斯提出的"非所有权控制"。

　　〔2〕　主要指 1999 年《公司法》修正案所规定的国有独资公司的外部监事会制度、中国证券监督管理委员会 2001 年制定的《关于在上市公司建立独立董事制度的指导意见》确立的上市公司的独立董事制度、中国证券监督委员会 1998 年制定的《上市公司股东大会规范意见》确立的股东表决权行使规则。

或"差异"的争论中，立足公司法制度架构的研究引起了笔者的关注：[1] 这一被国内学界所忽略的研究视角或许将有助于我们理解公司治理的真谛，破解中国公司"有机构无治理"的谜团。[2]

二、紧张化的公司关系：公司治理对象的定义

笔者认为，公司治理是由"治理问题（对象）"和"治理结构（体制或模式）"构成的体系，公司治理问题的产生与公司制度结构直接关联，由此与公司控制紧密联系，这种联系造就了不同国家公司治理问题的同质性，即基于公司控制而产生的公司治理问题对公司治理结构具有决定性的意义：作为解决公司治理问题的制度构建，公司治理结构的确定首先取决于对公司治理问题的分析和评估，一国对他国公司治理模式的借鉴只能取决于解决自身公司治理问题的需求。

究竟什么是公司治理？这是研究中国公司治理制度的基础性问题。一直以来，国内学界对"corporate governance"的翻译令笔者困惑——公司治理究竟是一种"结构"还是一个包含结构在内的体系？文献检索表明，国内关于"corporate governance"的研究主要集中在经济学界和法学界。经济学界对公司治理的研究由来已久，对公司治理定义的表述也可谓种类繁多。根据一些学者的统计，国内外有关公司治理或公司治理结构的概念多达二十二种，[3] 另有学者在撰文提及"公司治理"

---

〔1〕 2006 年北京大学出版社出版由杰弗里·N. 戈登、马克·J. 罗共同主编的论文集《公司治理：趋同与存续》，集中展现了 20 世纪前后国外学界关于公司治理体制（模式）研究的成果。其中所载亨利·汉斯曼和莱尼尔·克拉克曼的《公司法历史的终结》一文，从公司法结构分析角度论证了"公司治理模式已经在很大程度上趋同于股东导向模式"的观点。该书的内容表明，对公司治理在世界范围内是趋同还是差异的回答形成了两种不同观点。

〔2〕 笔者认为，自罗纳德·H. 科斯以来，新制度经济学的研究成果极大地影响了法学界关于公司本质研究的进路。其中"公司合同理论"在中国公司法学界更是深入人心，以致立足公司制度的研究视角几乎被忘却。

〔3〕 朱义坤：《公司治理论》，广东人民出版社 1999 年版，第 9 页。

一词的解释时，列举出七种最有影响且都具有合理性的学说，即制度安排说、相互作用（或关系）说、组织结构说、决策机制说、手段说、合约说或合约治理说、监督与控制经理说。[1] 鉴于本书仅从法学角度讨论公司治理，在此对这些观点不逐一展开分析。但在笔者看来，经济学界对公司治理的界定，无论是用"组织结构""决策、协调手段"，还是用"合约""监督控制"来表达，都是由于学者本人研究的不同视角所至，同时更为重要的是，这些不同的解释之所以被认为是合理的或是可以接受的，主要是由于它们都不同程度地体现了公司治理是"对以公司为连接点的各种内部和外部关系的制度安排"的思想。因此，笔者认为以下两种表述具有代表性：

一种表述为："公司治理结构研究的是各国经济中的企业制度安排问题。这种制度安排，狭义上指的是在所有权和管理权分离的条件下，投资者与上市企业之间的利益分配和控制关系（Schleifer and Vishny，1996）；广义上则可理解为关于企业组织方式、控制机制、利益分配的所有法律、机构、文化和制度安排，其界定的不仅是企业与其所有者（shareholders）之间的关系，而且包括企业与所有相关利益集团（例如雇员、顾客、供货商、所有社区等，统称 stakeholders）之间的关系。"[2] 另外一种表述是由布莱尔（Blair）在《所有权与控制》一书中提出的："'公司治理'一词经常被狭义地应用在探讨有关董事会的结构和权利，或者是股东在董事会决策中的权利和天赋特权。在本书中，我将对'公司治理'一词采用更广义的理解，将它归纳为一种法

---

[1]　卢代富：《企业社会责任的经济学与法学分析》，法律出版社 2002 年版，第 120~121 页。

[2]　梁能主编：《公司治理结构：中国的实践与美国的经验》，中国人民大学出版社 2000年版，第 4~5 页。

律、文化和制度性安排的有机整合。这一整合决定上市公司可以做什么，这种控制是如何进行的，它们从事的活动所产生的风险与回报是如何分配的。"[1] 在张维迎的《所有制、治理结构及委托-代理关系：兼评崔之元和周其仁的一些观点》一文中，我们也可以看到类似的表述。[2]

作为制度的重要组成部分，法律改革对于解决公司治理问题的重要性不言而喻，因此，公司治理不仅在经济学界被广泛讨论，而且也是法学界所关注的重要问题。文献表明，虽然我国法学界对公司治理问题的研究受到经济学界研究的影响，但与经济学界多将"corporate governance"译为"公司治理结构"或"公司治理"不同，法学界对"corporate governance"的定义紧紧围绕公司机构展开，主要有以下几种表述：

第一，管理监督机制说。该学说认为："公司法人治理结构的核心是公司的管理监督机制，目标是最大限度地实现公司利益，进而实现股东长期的最大利益。"[3]

第二，公司机构说。该学说认为，由于委托-代理关系以及代理成本的存在，为了控制代理风险，"需要设置一个恰当的机制，以激励和约束经营管理人员，使其在心理平衡的情况下，为公司的利益而行动，这一机制就是由公司的股东大会、董事会（以及由董事会聘任的经理）

---

〔1〕 ［美］玛格丽特·M. 布莱尔：《所有权与控制——面向 21 世纪的公司治理探索》，张荣刚译，中国社会科学出版社 1999 年版，第 2~3 页。
〔2〕 张维迎：《所有制、治理结构及委托-代理关系：兼评崔之元和周其仁的一些观点》，载《经济研究》1996 年第 9 期。
〔3〕 详见王保树：《是采用经营集中理念，还是采用制衡理念——20 世纪留下的公司法人治理课题》。转引自王保树教授向 2001 年 2 月 12 日中国国家经济贸易委员会、日本经济产业省主办的"中日公司法国际研讨会"提交的论文，第 25 页。

和监事会所组成的公司法人治理结构。"[1]

第三,国家对公司机构权力分配管制说。这种观点认为:公司治理的实质就是一种管制。广义上的公司治理,其目的在于处理各种公司关系;而"从法学角度讲,公司的治理结构是指为了维护股东、公司债权人以及社会公共利益,保障公司正常有效地运营,由法律和公司章程规定的有关公司组织机构之间的权力分配与制衡的制度体系"[2]。

第四,利益相关者关系的制度安排说。这种观点认为:"现代公司法人治理结构所要解决的问题包括两个方面:一是基于'所有权与控制权'分离而形成的物质资本所有者或股东对公司经理的约束与监控问题;二是基于'公司的利益相关者理论'而形成的'非股东的利害关系人'参与公司治理问题,其中包括职工参与制。"[3]

仔细分析不同学科对"corporate governance"的定义,我们不难发现:首先,无论如何翻译,"corporate governance"都被视为解决现代公司本身的问题而采用的法律或非法律手段及其所形成的制度格局的概括,因此国内学者对"corporate governance"的翻译首先是"结构"意义上的,或者以"结构"为基础形成的"机制"意义上的。在这个层面上可以说"corporate governance"基本等同于"公司治理结构",但此处的"结构"实际上是"体制"或者"模式"的同义词,因此准确地说,"公司治理结构"虽然包含了"公司机构",但却不完全等同于

---

〔1〕 详见梅慎实:《现代公司机关权力构造论——公司治理结构的法律学分析》,中国政法大学出版社 1996 版,第 83 页。

〔2〕 详见崔勤之:《对我国公司治理结构的法理分析》,载《法制与社会发展》1999 年第 2 期。

〔3〕 详见马俊驹、聂德宗:《公司法人治理结构的当代发展——兼论我国公司法人治理结构的重构》,载《法学研究》2000 年第 2 期。

"公司机构"。[1]其次,如果"corporate governance"被理解为一种"结构",那么这种"结构"的目的是什么?无论经济学家和法学家的观点有多么不同,所有的表述都贯穿了这样的思想:公司治理结构的直接目的在于解决或者缓解现代公司关系主体之间以及这些主体与现代公司之间日趋紧张化的利益冲突关系,不同之处仅在于调整这些利益冲突关系的出发点或者最终目的是股东利益还是为了利益相关者利益,抑或是为了两者的利益。基于此又可以认为,在将"corporate governance"翻译为"公司治理结构"的同时,学者们还是考虑了"治理对象"的。当然,略感遗憾的是,所有的表述都因过于概括而未能说明"治理结构"和"治理对象"之间的关系。笔者认为,关注点的不同固然源于中国是一个法律移植国家,制度引进需求始终是第一要务,但仍然要指出,将"corporate governance"翻译为"公司治理结构"肯定对后进学者的研究产生了某种负面影响——治理结构("体制"或者"模式")及其移植由此成为中国学者研究的重点,而治理对象,即"治理问题"却很少得到关注。[2]

基于上述,笔者首先指出,本书所言"公司治理问题"不是"有关公司治理的各种问题",而是指"公司治理对象",即公司治理的制度——包括各种法律或非法律制度——所作用的对象。在这个意义上,"corporate governance"所包含的全部内容应当是公司治理措施以及通过治理欲解决的问题。因此笔者认为,"公司治理"应当是"corporate governance"最准确的翻译。其次,如何具体定义"公司治理问题(对

---

[1] 在不少法学研究文献中,"公司治理结构"是"公司机构"的同义语。笔者认为,这虽然与学科差异有关,但不得不说是对公司治理结构的一种误读。

[2] 尽管公司治理结构与公司治理问题密切相关,但我们却很少看到"公司治理问题"的提法以及专论。

象）"？笔者认为，如果按照对公司法功能及其演进逻辑的通常理解，随着社会经济的发展，现实中需要公司法调整的利益冲突关系会由于与既有法律调整框架的不协调而出现紧张状态，因此，"公司治理问题（对象）"应当是对处于紧张状态的股东与公司（经营者）之间、公司（股东）与债权人（或者利益相关者）之间的利益冲突关系的归纳。笔者认为这些关系可以被简称为"公司关系"。[1]

在将"corporate governance"翻译为"公司治理"、将"公司治理问题（对象）"定义为"处于紧张状态的公司关系"的基础上，笔者即发现：1932 年美国学者伯利和米恩斯的《现代公司与私有财产》完全可以被视为对公司关系紧张状态最早的系统研究。笔者认为，两位学者以美国 20 世纪 30 年代的公共公司为分析样本，论证了股东与经营者之间紧张关系的具体表现。[2]而另一个对现实中公司关系紧张状态有影响的研究，则是日本经济学家青木昌彦的《对内部人控制的控制：转轨经济中公司治理的若干问题》。针对 20 世纪 70—80 年代苏联、东欧等处于经济转轨的国家，由于国家计划突然退出经济领域，导致出现企业经理利用计划经济体制解体留下的权力真空进一步增加其权力的现象，青木昌彦将其称为"内部人控制"，并定义为：经理人员事实上或依法掌握了控制权，并常常通过与工人的共谋（collusion），使他们的利益在公司战略决策中得到了充分的体现。[3]

在实践中，最早将公司关系紧张状态作为公司治理对象进行研究的

---

〔1〕　笔者在 2013 年发表的《公司治理："结构"抑或"问题"》（载《政法论坛》2013 年第 6 期）一文中明确提出了这一观点。

〔2〕　详见［美］阿道夫·A. 伯利、加德纳·C. 米恩斯：《现代公司与私有财产》，甘华鸣、罗锐韧、蔡如海译，商务印书馆 2005 年版，第 142～163、284～285 页。

〔3〕　详见［日］青木昌彦：《对内部人控制的控制：转轨经济中公司治理的若干问题》，张春霖译，载《经济研究》1994 年第 6 期。

是英国和美国。正如笔者在本章开头所述，以 1991 年一系列公司倒闭事件为导火索，英国的财务报告委员会、伦敦证券交易所等机构合作成立了世界上第一个公司治理委员会，1992 年该委员会的 Cadbury 报告、美国法律协会 1992 年 5 月的《公司治理的原则：分析和建议》的报告等一系列被称为"公司治理"的活动，其直接原因就是英国股份公司在 20 世纪 50 年代出现的因公司经理人员高薪、权力过大所导致的日益严重的损害股东权益现象。至于 2002 年的美国《萨班斯法案》，尽管出台背景不同，但其针对的也是诸多大公司在财务问题上弄虚作假对股东以及中小投资人利益造成损害的现象。因此可以得出的结论是：公司治理运动的实践表明，公司治理的对象就是处于紧张状态的公司关系。

综上所述，笔者认为，"corporate governance"在根本上应当被定义为一个体系：它不仅包括"公司治理结构"，而且更应当包括"公司治理问题（对象）"，就两者的关系而言，对"公司治理问题（对象）"的研究远比对"公司治理结构"的确定来得重要，"公司治理问题（对象）"奠基了"公司治理结构（体制或者模式）"，因此是公司治理的核心。

三、公司关系紧张化的根源：公司控制的失衡

既然公司治理的对象是公司关系的紧张状态，那么什么是公司关系？问题的答案可以从多种视角去寻找，但笔者认为，在法律层面上最值得关注的仍然是公司制度结构本身。

（一）公司关系：公司责任独立所定格的利益冲突关系

如同笔者在第一章所论证的那样，史料分析表明，最早在合作经营内部产生的投资人有限责任出现在 13 世纪以前欧洲海外贸易中盛行的代理契约和合作契约中。在这两种合伙经营关系中，留守商都通过契约获得了有限责任的优惠，而资料显示，这与留守商承担全部或大部资金

但却无力直接参与航行业务有关。换言之，上述两类合伙的经营管理是独立于留守商（投资人）的。因此，合乎逻辑的推理是：留守商有限责任的出现应当与其不能参与并控制企业经营有直接关系。史料分析支持了这样的推理：在多人合作条件下，经营独立将使缺乏控制力的投资人面临新的风险，而回避风险的需求最终导致投资人有限责任的产生。

但以此分析现代公司中的股东有限责任，我们不难发现其中存在的逻辑问题：现代公司中有限责任的享有者不是部分而是全体投资人，并且与其能否控制公司经营无关。因此问题的关键显然不是经营独立，而是代理契约和合作契约所建立的"投资人—独立经营体—交易相对人"这一法律关系，即在不改变市场交易规则的前提下，一部分投资人的有限责任必须与另一部分投资人的无限责任共存，由契约建立的独立经营体方可得到交易相对人的认可，投资和交易最终都得以顺利进行。基于此我们可以推论：在交易规则不变的情况下，任何投资人一旦投资股份公司就可获得有限责任，其前提是公司必须为交易承担独立责任，即无限责任，否则，"股东—独立经营体—交易相对人"的关系就会崩塌。而这一推论意味着，对公司法人而言，责任独立的意义在某种程度上已经远远超过了经营独立，即责任独立不仅真正形成了阻隔投资人与交易相对人之间关系的法律屏障，更重要的是，它决定了立法者对公司法人制度的设计必须涵盖对股东与经营者之间利益冲突关系和公司与交易相对人之间利益冲突关系的平衡，如此，造就了全部的公司关系。

综上所述，我们完全可以这样认为：以公司法人拟制为基础的公司责任独立所定格的、以公司为载体的各种利益冲突关系构成了公司关系的全部内容。无论所处地域有多么不同，也无论社会经济、法律传统有多大差异，只要使用了公司制度就必然产生类似的利益冲突关系。

（二）股东保护规则：公司关系中控制产生的潜在因素

接下来要回答的问题是：公司关系为什么会出现紧张状态？笔者认为，这与公司法保护股东权利的方式有关。如前所述，立法者通过"拟制技术"完成了公司人格的塑造，在不改变市场交易基本规则的前提下成功地使股东有限责任成为一项法律制度，与此同时也带来了公司法人与生俱来的矛盾：作为与合伙不同的法人，公司的生存必须建立在两个基本的前提之上：一是公司（经营者）对股东的信用，一是公司（股东和经营者）对交易相对人的信用。在这个意义上，公司人格的法律拟制是一个平衡公司利益冲突关系的过程，即基于投资人对公司的重要意义，公司法必须保护股东权益，而从取得交易相对人信任的角度，公司法必须为保持公司的独立而限制股东的权利。在这一过程中：

首先，尽管有许多声音在质疑"股东创造公司、公司是股东的"这一理论，但事实上公司法对股东权的保护迄今为止仍然被视为公司制度的一个关键。为了吸引投资，法律遵循公平原则，依公司财产的不同来源、根据利益和风险之间的关系区分股东和公司债权人，按照既有财产权保护规则向股东和公司债权人提供不同的保护。股东放弃经营权、保留最终控制权是立法者平衡经营者与股东之间关系的立法意图的体现，也是立法将公司经营权配置给以董事会为核心的经营者的前提条件，因此股东最终控制权是在法律层面上降低代理成本的关键性制度安排。而传统财产权保护规则的贯彻决定了公司法对另一个重要利益冲突关系调整的态度。由于公司财产的两种不同来源（所有权与债权）产生了两种不同的法律关系，因此向公司贷款的债权人（以及其他所有的债权人）注定不能以进入公司机构分享权利的方式得到保护。这导致公司法不得不在组织法的范畴内，通过对股东以及公司法人权利施加某些限制来满足保护公司债权人利益的需求。但非常遗憾的是，在实践中，所有保护债权人的法律制度设计，其作用都会由于股东控制的负面影响而有所削减，进而导致公司与债权人之间（实际上是股东与公司债权人之间）的关系呈现紧张状态。在这个意义上，我们既不能轻易否定公司法的制度安排隐藏着公司与社会冲突的根源，也不能轻易否定利益相关者问题提出的必然性和正当性，尽管我们还不能断定它将在何时引发公司法结构的更大变革。

其次，较之股东享有的其他权利，股东表决权制度意义非凡：借助于股份处分权，它形成了投资人"所有权"在公司中行使和保护的新机制。[1]事实证明，以股东权利保护为核心的公司法结构为投资人"自由选择"其在公司中的角色奠定了基础：当经济以及现代科学技术的发展使得交易距离缩短，投资人不能控制经营的情况得到缓解时，股东在继续享受有限责任保护的前提下，既可以通过表决权规则将控制公司的欲望变成现实，也可以游离于公司经营之外仅充当一个简单的食利者。而这种选择的结果是，在股权结构集中的公司必然导致大股东控制，形成大、小股东之间关系的紧张状态；在股权结构分散的公司则会产生经营者控制，导致股东与经营阶层之间关系的紧张状态。于是如同我们所看到的那样，脱离所有权的经营者控制和依赖所有权的大股东控制同时成为现代公司控制的两种主要形式。而其他诸如家族控制、主银行控制、政府控制等，不过是大股东控制的变种或者特殊表现形态。基于股东表决权与公司控制之间的上述联系，笔者认为，尽管股东表决权在股东与公司经营者之间建立起了利益平衡关系，从而奠定了现代公司运作的制度基础，使合伙时代的有限责任式合作步入了一个崭新时代，但与

---

〔1〕　此处的所有权不是对股东权的定性，而是借所有权来表达公司时代投资人股权与所有权之间的联系，即股权脱胎于所有权但又不同于所有权。

此同时，它也为公司关系紧张化埋下了伏笔。

（三）公司控制在特定条件下的失衡

在前文分析的基础上，笔者进一步认为，基于股东表决权（股东最终控制权）与公司控制状态之间的直接联系，股东保护规则会在公司中形成"依赖所有权的股东控制"和"脱离所有权的经营者控制"，因此也可以说，在对公司制度深入分析的层面，股东保护规则所导致的公司控制与公司关系紧张化之间具有因果关系。基于此，在既定的公司法框架下，由公司所有权结构不同所导致的不同公司控制状态，在特定条件下必然引发股东与经营者之间、公司与债权人之间关系的紧张状态，这构成了今天被我们称为"公司治理问题（对象）"的主要内容。由此反观《现代公司与私有财产》，笔者认为，伯利和米恩斯的重大贡献在于证明了脱离所有权的经营者控制是公司关系紧张化的根源，但对于"经营者控制产生的原因"这一至关重要的问题，回答被局限于 20 世纪 30 年代股份公司的生存环境，作为制度根源的公司制度被忽略。因此，更加精准的说法应当是：人类在创造股份公司法人的同时就已经创造了公司控制，伯利和米恩斯所言"经营者控制"，只是公司控制发展演化与公司法对公司关系调整框架之间发生冲突的一种结果。正如学者所言，被公认的由公司法结构所决定的公司基本特征，从本质上体现了对公司股东利益的保护，但没有指出如何保护其他利益相关者的利益，比如雇员、债权人、供应商、消费者或者整个社会，也没有指出股东之间的利益冲突应当如何解决——特别是控制股东与非控制股东之间的冲突，因此在 20 世纪的大部分时期一直存在有关这些问题的争论，而且也充满对于解决这些问题的方法的尝试。[1]

在上述基础上，笔者认为以下推论是合乎逻辑的：早在公司诞生之初就已经存在并随时可能处于紧张状态的公司关系，直接决定了公司法人拟制必须以公司关系的平衡协调为目标，由此形成了公司制度的基本结构。而被如此构建的公司法显然使得公司关系在早期的公司中呈现协调平衡状态，而一旦社会经济和公司的发展使公司关系趋于紧张时，这种平衡状态便会被打破，所谓"公司治理问题（对象）"也就浮出水面。也许正因为如此，在一些学者的论著中，"公司治理"穿越时空，成为一个贯穿公司法历史始终的问题。[2] 在这个意义上我们也可以说：公司治理并不是一个新的概念，而只是一个被发现的概念。与此同时，公司治理范畴也并非法学界通常所理解的那样，仅仅是一个公司机构制度改革的问题，而是一个包含了治理问题（对象）和所有法律治理措施在内的完整体系。在现实中，由公司治理问题（对象）所决定的公司治理法律制度体系，既包含了处于核心地位的公司法的变革和演进，也涵盖了以保护公司利益相关者合法权益为目的而发展出来的各种法律制度，而按照公司法的逻辑，这些法律制度仍然可以被大体划分为两类：一是调整公司内部关系的制度，即股东与经营者之间的分权与制衡制度；二是调整公司外部关系的制度，即公司与其债权人之间的利益平衡制度。这就意味着，在公司法框架内，利益相关者理论将占有一席之地，公司治理范畴将以此为基础得以拓展。

行文至此，笔者论证了这样的观点：首先，公司治理是一个由"治

---

〔1〕 ［美］亨利·汉斯曼、莱尼尔·克拉克曼：《公司法历史的终结》，赵玲等译，载杰弗里·N. 戈登、马克·J. 罗编：《公司治理：趋同与存续》，赵玲、刘凯译，北京大学出版社2006 年版，第 39 页。

〔2〕 详见邓峰：《中国公司治理的路径依赖》，载《中外法学》2008 年第 1 期。

理问题（对象）"和"治理结构（体制或模式）"构成的体系，公司治理问题（对象）在公司治理中具有重要地位，以解决治理问题为目标的公司制度改革，乃至公司治理机制的形成，最终都只能取决于我们对公司治理问题（对象）的分析和评估。其次，公司治理问题（对象）即紧张化的公司关系，其根源在于由股东保护规则所定格的公司控制在特定条件下的失衡。以此为基础笔者提出：在一国公司治理路径的选择和确定中，具有决定性意义的不是使用公司制度的事实，而是由公司控制状态所决定的公司关系紧张化程度；一国是否应当借鉴或者引进他国的公司治理制度或者模式，答案只能建立在被引进的制度对解决本国公司治理问题的价值评估基础之上；而对一国公司治理问题（对象）的分析，则只能来源于对其公司控制现实状况的研究。

如果上述观点和分析可以成立，那么对公司控制影响因素的分析就成为公司治理研究的逻辑起点。因此接下来笔者需要回答：有哪些因素会影响公司控制状态，并使之失衡？

首先，从当下公司经营管理的实际情况看，公司控制具有多种状态，这意味着在长期的发展演化中，影响控制关系的因素也变得十分复杂。例如有研究认为，在 2008 年以前的十年中，大量对公司治理的研究不再是传统意义上的伯利-米恩斯式的公众公司，而是更现实的在世界上广泛存在的家族企业、金字塔式的公司结构、集团式的公司结构以及外部投资者与控股股东之间严重的利益冲突。[1] 因此试图以一种思路去解释不同类型的公司控制状态显得不切实际。根据学界对公司控制的研究，我们只能大致这样认为：公司作为社团法人的特性，决定了公

---

〔1〕 详见 R. 拉·波塔等：《法律起源的经济后果》，载吴敬琏主编：《比较》（第 36 辑），中信出版社 2008 年版，第 113 页。

司规模和股权结构在影响控制的诸多因素中居于核心地位，而所有影响公司规模和股权结构的因素，例如，融资途径多元化导致的公司资本来源[1]和资本结构的不同、[2] 公司经营领域和范围、政府的经济政策,[3] 甚至一国文化及经济传统中对控制的理解[4]，等等，各种因素交互作用，对公司控制产生影响并导致其发展变化，最终打破既有的公司控制平衡状态、导致公司制度的适应性变革。

其次，基于上述，尽管股东有限责任和公司独立人格是公司控制关系产生的基本制度根源，但在公司制度被使用的过程中，公司控制状态的形成和演化取决于一国特定的经济及市场环境。即基于公司制度对公司控制关系的决定性作用，公司控制状态首先受公司制度变革的影响，但由于公司制度变革是公司法对经济发展以及市场需求的回应，因此在公司控制发展演变中起主要作用的因素至少来自两个方面：一是经济体制及经济发展状况，二是市场法律环境。这是我们对一国公司控制状态进行分析评估的基本出发点。对此，学界既往研究为我们提供了例证，即伯利和米恩斯对"经理人革命"的研究以 20 世纪初西方国家股票市场的发展以及相关法律制度改革为出发点，而青木昌彦对"内部人控制"的研究则始于苏联、东欧国家的转轨经济以及相关法律改革。

---

〔1〕 有关公司资本来源对公司控制权分配的影响，参见 Philip G. Berger, E. Ofek, and D. Yermack, "Managerial entrenchment and capital structure decisions", *Journal of Finance*, Vol. LII, No. 4, 1997.

〔2〕 有关公司资本结构对公司控制权分配的影响，参见 LaPorta, LoPez-de-Silanes, Andrei Shleifer, "Corporate Ownership around the World", *Journal of Finance*, Vol. LIV, No. 2, 1999.

〔3〕 有关政府政策对公司控制的影响，参见 Mark J. Roe, "A Political Theory of American Corporate Finance", *Columbia Law Review*, Vol. 91, No. 1, 1991.

〔4〕 有关一国的现实情况以及经济传统对公司控制的影响，参见 Mark J. Roe, "Some Differences in Corporate Structure in Germany, Japan, and the United States", *The Yale Law Journal*, Vol. 102, No. 8, 1993.

四、公司控制的影响因素分析：中国公司治理研究的逻辑起点

以上述分析和结论为基础，笔者将目光转向中国：自 1993 年制定《公司法》以来，有哪些重要因素影响了中国的公司控制状态？笔者认为，基于中国公司产生的特殊背景，对公司控制状态影响最大的因素首推中国经济体制由高度集中的计划经济向社会主义市场经济的转型。在这一过程中，党和国家坚持公有制基础上多种经济成分并存及共同发展的方针，不仅使国有企业公司制改革得以顺利进行，而且非公有制经济也得以迅猛发展，从而极大地影响了中国公司的融资渠道、控制资本来源以及公司类型和规模，进而造就了中国公司与众不同的控制状态以及公司关系的紧张状态，最终对中国治理路径以及公司法改革产生重要影响。因此毫无疑问，对当下中国公司控制的影响因素的分析，将为我们发现中国公司治理问题（对象）、寻找适合于中国实际的公司治理路径开辟道路。

（一）国有企业公司制改革对中国公司类型的影响

基于社会公共利益的需求，国有企业在世界范围内的存在具有普遍性，但其投资过程中委托代理关系的复杂性，却使得国家（政府）应当如何有效行使投资人的权利、最终实现国有企业的设置目标成为一个世界性的难题。在破解这一难题的过程中，根据不同国情，按照国有资产的不同状况以及国家控制经济的不同需求，借助公司制度处理国有企业与国家（政府）之间的关系，通过国有公司的治理实现国企经营管理效益的改善和提高，成为各国的共同选择。

就中国而言，1978 年党和国家确定的改革开放方针政策拉开了国有企业体制改革的大幕。在 20 世纪 80 年代初 "放权让利" [1] 以及 "利改税" 政策实施之后,[2] 1984 年 10 月 20 日,中国共产党十二届三中全会通过了《中共中央关于经济体制改革的决定》,明确提出将国有企业体制改革作为城市经济改革的中心环节,并提出了 "国有企业所有权和经营权相分离" 的改革思路。在短暂的承包、租赁经营责任制探索之后,国有企业于 20 世纪 80 年代末开始了横向经济联合 [3] 及股份制试点,并于 20 世纪 90 年代初开始了全面公司制改革。1993 年,党的十四届三中全会《中共中央关于建立社会主义市场经济体制若干问题的决定》指出,"十几年来,采取扩大国有企业经营自主权、改革经营方式等措施,增强了企业活力,为企业进入市场奠定了初步基础",而要实现党的十四大提出的建立完善的社会主义市场经济体制的目标,"必须继续深化企业改革,解决深层次的矛盾,着力进行企业制度的创新,进一步解放和发展生产力",具体来说,就是要 "进一步转换国有企业经营机制,建立适应市场经济要求,产权清晰、权责明确、政企分开、

---

〔1〕 1979 年 5 月,国家开始在国有企业中进行扩大企业自主权改革试点,同年 7 月,国务院印发《关于扩大国营工业企业经营管理自主权的若干规定》《关于国营企业实行利润留成的规定》《关于开征国营工业企业固定资产税的暂行规定》《关于提高国营工业企业固定资产折旧率和改进折旧费使用办法的暂行规定》以及《关于国营工业企业实行流动资金全额信贷的暂行规定》等五个文件用于指导改革,初步改变了企业只按照国家指令性计划生产而不关心生产需求、不关心盈利亏损的状况。此即所谓 "放权让利" 改革。

〔2〕 1984 年 9 月 18 日,第六届全国人民代表大会常务委员会第七次会议通过《全国人民代表大会常务委员会关于授权国务院改革工商税制发布有关税收条例(草案)试行的决定》,授权国务院实施国营企业 "利改税",即将国营企业上缴利润制度改为所得税制度。通过这次改革,把国家与企业的分配关系用税的形式固定下来,较好地解决了企业吃国家 "大锅饭" 的问题,为落实企业自主权提供了必要条件,使企业逐步做到 "独立经营,自负盈亏"。

〔3〕 在扩大自主权的基础上,国有企业之间展开了不同内容、不同形式的经济联合,相对于旧体制下由行政部门利用行政手段、用自上而下的方式组织生产而形成的纵向协作关系而言,这种经济联合被称为 "横向经济联合"。1986 年国务院发布《关于进一步推动横向经济联合若干问题的规定》之后,我国企业之间的横向经济联合迅速发展,其中企业之间的紧密型经济联合为国有企业股份制试点奠定了基础。

管理科学的现代企业制度"。通过近十年的理论探索与实践，1999 年党的第十五届四中全会《中共中央关于国有企业改革和发展若干重大问题的决定》明确指出："国有企业改革是整个经济体制改革的中心环节。建立和完善社会主义市场经济体制，实现公有制与市场经济的有效结合，最重要的是使国有企业形成适应市场经济要求的管理体制和经营机制。必须继续解放思想，实事求是，以有利于发展社会主义社会的生产力、有利于增强社会主义国家的综合国力、有利于提高人民的生活水平为根本标准，大胆利用一切反映现代社会化生产规律的经营方式和组织形式，努力探索能够极大促进生产力发展的公有制多种实现形式，在深化国有企业的改革上迈出新步伐。"为规范国有企业公司制改革，国家展开公司立法工作，全国人大于 1993 年颁布了《中华人民共和国公司法》，其中关于公司类型设置的特殊性充分证明了国有企业改革对中国公司类型的巨大影响。

传统公司法理论认为，公司是单个资本的联合。长期以来，很多国家的公司法将一定数量的股东作为公司存在的必要条件，规定当股东减至一人时，公司即自动解散，同时不允许设立一人公司。但随着经济的发展，情况发生了变化。首先，随着大资本实力的增强，在一些国家的现实经济生活中出现了公司股东减至一人的现象，而解散此类公司将对经济产生负面影响。其次，19 世纪末 20 世纪初，资本主义社会各种矛盾的激化以及私有权对资本主义国家宏观调控所形成的障碍，使经济危机连续爆发，给资本主义社会生产力的发展造成了极大的破坏。为了缓和日益尖锐的社会矛盾，西欧及美国等资本主义国家开始建立国有企业，以加强对经济的干预。其间，两次世界大战的爆发，在世界范围内促进了国有化的发展。但与此同时，也产生了国家如何经营管理国有资产的问题。从西欧各国情况看，正是在探索和解决这一问题的过程中，逐渐形成了下列三种不同的国有资产经营管理形式：一是由政府部门按行政方式设立的独立程度不同的分支机构，这类国有企业分布于公益性行业，一般不具有独立的法律人格；二是依据特别法律条款建立和经营的公法人企业，这类企业大多从事公用事业及特殊行业（如电讯、航空、军工、电力等），具有独立法律人格；三是国家作为唯一股东、控股股东、参股股东组建商业公司，这类国有企业为竞争性行业和一小部分垄断性行业，按公司法设立并管理是这类国有企业的主要特点。二战以后，随着经济的发展，商业公司在各国国有企业中的比重在不断加大。

社会经济及与之相适应的经济关系的发展，使传统的公司法理论开始被突破。一些公司制度较发达的国家，如奥地利、比利时、法国、丹麦、意大利、荷兰、西班牙、联邦德国、瑞典、瑞士等，其公司法均认可了一人公司。从具体立法看，联邦德国规定，当某一股东拥有公司的全部股份时，并不导致公司的自动解散，一般也不导致股东的个人责任（滥用权利除外）；[1] 联邦德国和加拿大的公司法不仅赋予一人公司与有限责任公司同等的法律地位，而且还规定国家可采取变通办法设立一人公司，即"有意地安排足够人数的文职人员或其他公共官员作为名义上的股东，这些股东在公司正式成立后，立即将其股份转让给政府或其他公共当局"。在有的国家（如西班牙），立法规定国家设立公司可以不受有限公司需有三个以上成员的一般原则的限制。[2]

从我国的实际情况看，公司制度与国有企业体制改革之间的密切联

---

〔1〕　详见［英］梅因哈特：《欧洲十二国公司法》，李功国、周林彬、陈志刚等编译，兰州大学出版社 1988 年版，第 199、236 页。

〔2〕　详见［联邦德国］沃尔夫·弗里德曼：《各国公有企业的法律形式》，赵旭东译，载《环球法律评论》1991 年第 1 期。

系，从根本上决定了国有企业实施公司制的最终目的不在于集资，而在于利用公司特有的产权结构和由此产生的运行机制，通过新企业制度的建立达到国有企业经营机制的转换，从而提高国有资产的经营效益。但对大多数国有企业而言，股权多元化和分散化是实现改革目标的手段。而对国民经济中必须由国家独资经营的企业而言，股权多元化不可能成为制度创新的途径，因此融国有、独资及股东有限责任于一身的国有独资公司就为其改革提供了一种新的形式。正是基于国有企业公司制改革的客观需求，我国《公司法》除规定传统的股份有限公司以及有限责任公司之外，还借鉴自二战以来域外一人有限责任公司的立法经验，规定了国有独资公司制度。

（二）国企国资改革对中国企业经营规模及公司类型选择的影响

国有企业改革以及国有资产管理体制改革对中国公司的经营领域以及规模形成具有何种影响？在改革四十多年后的今天，回答这个问题并不困难。根据国务院国有资产监督管理委员会（以下简称"国务院国资委"）披露的数据，随着国有企业公司制改革的不断深入，自 20 世纪 90 年代中后期开始，我国国有企业在整体上进入了以保持对国民经济控制力为重点的国有经济布局战略性调整阶段，这首先表现为中、小型国有企业退出竞争性领域，与此同时，由国务院国资委直接履行出资人职责的中央国有企业也通过重组由 2003 年的 196 户迅速收缩为 2014 年底的 112 户，党的十八大以来，进一步收缩为 96 户。[1] 由上述数据可以推断国有经济布局结构调整的结果，一是国有资本更加向关系国民经济命脉的行业和领域集中，二是在数量减少的同时企业经营规模更大。

---

〔1〕 资料来源于国务院国资委官网 2018 年 6 月 28 日公布的央企名录。

随着国有企业改革的不断深化，由于仍然有较多国企分布于竞争性行业，因此，分类改革成为推进国企国资改革的重要措施。2015 年 12 月 7 日，国务院国资委、财政部、国家发展和改革委员会联合印发了《关于国有企业功能界定与分类的指导意见》。该《意见》立足国有资本战略定位和发展目标，结合不同国有企业在经济社会发展中的作用、现状和需要，根据主营业务和核心业务范围，将国有企业分为商业类和公益类，分类考虑的首要因素是企业的功能作用和未来发展方向，要有利于推动国有资本更多地投向关系国家安全、国家经济命脉的重要行业和关键领域，有利于企业更好地提供公共服务、发展重要的前瞻性战略性产业、保护生态环境、支持科技进步、保障国家安全。由上可以推论，目前我国国有企业存在的领域主要是关系国家安全、国家经济命脉的重要行业和关键领域，具体主要分布在电力、航天航空、能源、军工、电子、通信、信息、交通运输、高端制造业、高科技等领域和行业。这决定了上述行业或领域的国有公司具有规模大、国家股份占比高的特点，在法律形态上为国有独资公司或者国家股份绝对控制的大型股份（上市）公司。与此相应，完全由非国有资本投资形成的公司则居于产业链的下游，主要分布于轻工、纺织、服装以及餐饮、娱乐、电商、快递等与国民生活密切相关的服务行业。这些公司大都规模小，在法律形态上主要采用了有限责任公司以及封闭式股份公司的形式。

（三）改革开放所形成的经济格局对中国公司资本来源及股份类别的影响

1949 年中华人民共和国成立以后，为了尽快恢复遭到战争破坏的国民经济，1949 年《中国人民政治协商会议共同纲领》确定了以公私兼顾达到发展生产、繁荣经济之目的的方针,[1]政务院1950年公布了《私营企业暂行条例》,1951年公布了《私营企业暂行条例施行办法》,确立了当时尚存的私营公司和其他私营企业的法律地位,鼓励私人投资经营有利于国计民生的企业。同时,随着国民经济的恢复及国家对资本主义民族工商业的社会主义改造,为了鼓励和指导资本主义企业向公私合营形式的国家资本主义企业转变,政务院于1954年9月颁布了《公私合营工业企业暂行条例》。基于对中国民族资产阶级在从新民主主义向社会主义转变的时期"既有剥削工人阶级取得利润的一面,又有拥护宪法、愿意接受社会主义改造的一面"的认识,党和政府对民族资产阶级采取了"团结、批评、教育"的政策;对私人资本主义经济采取了"利用、限制、改造"的和平赎买政策,于1956年完成了对资本主义工商业的社会主义改造。至此,中国的私人经济基本消失,仅存的一些个体经济,由于人数与规模甚小,对国民经济的影响已微乎其微。与此同时,我国以社会主义公有制为基础建立了工业化体系,并建立了高度集中的计划经济体制,国有企业成为社会主义经济生活的唯一主体。

1978年的改革开放使得域外私人经济进入我国,同时随着国有企业改革的进行,新中国成立以来形成的高度集中的计划经济体制开始发生改变。在这一过程中,私营个体经济开始孕育并发展。党和国家政策对此及时给予了肯定。1980年8月中共中央转发《进一步做好城镇劳动就业工作》的文件指出,个体经济是"从事法律许可范围内的,不剥削他人的个体劳动。这种个体经济是社会主义公有制的不可缺少的补充,在今后一个相当长的历史时期内都将发挥积极作用"。1981年6月中共中央《关于建国以来党的若干历史问题的决议》明确指出:"国营

---

[1] 参见《中国人民政治协商会议共同纲领》。

经济和集体经济是我国基本的经济形式，一定范围的劳动者个体经济是公有制经济的必要补充。"1982 年 12 月全国人大五届五次会议通过的《中华人民共和国宪法》（以下简称《宪法》）第 11 条规定：在法律规定范围内的城乡劳动者个体经济是社会主义公有制经济的补充。1988 年国务院发布的《中华人民共和国私营企业暂行条例》明确规定了私营企业可以采用有限责任公司的组织形式。至此，我国迎来了包括个体经济、私营经济以及外资经济在内的非公有制经济的大发展时期。在形成以公有制经济为主体，全民、集体、私营和合资经营等多种经济成分并存及共同发展的新经济格局的情况下，我国 1999 年《宪法修正案》明确规定，"在法律规定范围内的个体经济、私营经济等非公有制经济，是社会主义市场经济的重要组成部分。"这是国家根本大法对非公有制经济发展与贡献的充分肯定。2013 年 11 月 12 日，中国共产党第十八届中央委员会第三次全体会议通过《中共中央关于全面深化改革若干重大问题的决定》，进一步明确：公有制为主体、多种所有制经济共同发展的基本经济制度，是中国特色社会主义制度的重要支柱，也是社会主义市场经济体制的根基。公有制经济和非公有制经济都是社会主义市场经济的重要组成部分，都是我国经济社会发展的重要基础。必须毫不动摇巩固和发展公有制经济，坚持公有制主体地位，发挥国有经济主导作用，不断增强国有经济活力、控制力、影响力。必须毫不动摇鼓励、支持、引导非公有制经济发展，激发非公有制经济活力和创造力。据报道，目前中国民营经济向国家贡献了 50% 以上的税收、60% 以上的国内生产总值、70% 以上的技术创新成果、80% 以上的城镇劳动就业率、

90%的企业数量。[1] 由此不难看出民营经济对中国经济的贡献以及在国民经济中的重要地位。

笔者认为，在中国社会主义市场经济建立健全的过程中，国有经济与非公有制经济的并存以及共同发展对中国公司控制状态产生了以下重要影响：首先，处于不同经营领域的公司需要不同规模的资本，而不同规模的资本又决定了投资人对不同公司类型的选择。因此毫无疑问，在我国公有制为基础、多种经济成分并存及共同发展的经济格局之下，公司资本来源将成为影响公司控制状态最重要的因素。其次，在当下的中国，公司的融资渠道既来源于国有资本，也来源于民间资本。尽管公司法奉行股东平等以及股权平等原则，但基于股权主体及其投资目标的不同，国家股权在权利持有以及权利行使方面与私人股权具有很大不同，因此，国家股权控制与私人股权控制具有不同的意义和内涵，由此产生的公司控制关系和公司治理问题也存在很大区别。换言之，同种类型的公司，会因其主要资本来源的不同而在公司控制方面存在较大差异。

综上所述，笔者认为，无论我们是否愿意，[2] 在中国当下的经济格局以及企业结构之下，按照资本来源将公司股份划分为国有股份以及非国有股份、按照股份控制状况将公司划分为国有公司和民营公司，对我们分析中国公司的控制状态、确定公司治理问题（对象）以及公司治理路径，具有至关重要的意义。

本章小结

行文至此，笔者在公司控制层面重新审视并梳理公司治理范畴，并

---

〔1〕 数据来源于2019年3月6日上午在梅地亚中心举行的十三届全国人大二次会议首场记者会上国家发展和改革委员会主任何立峰的发言。

〔2〕 笔者在文献阅读中看到，一些学者认为当下将企业划分为国有企业和民营企业已经不合时宜。

得出以下结论:

首先,公司治理是一个由"治理问题(对象)"和"治理结构(体制或模式)"构成的体系,公司治理问题(对象)在公司治理中具有重要地位,基于此,以解决治理问题为目标的所有公司制度改革,乃至公司治理机制的最终形成,都只能取决于对公司治理问题(对象)的分析和评估。

其次,公司治理问题(对象)即处于紧张状态的公司关系,其制度根源在于由股东保护规则所定格的公司控制关系在特定条件下的失衡。因此,在一国公司治理路径的选择和确定中,具有决定性意义的不是使用公司制度的事实,而是由公司控制状态所决定的公司关系紧张化程度;一国是否应当借鉴或者引进他国的公司治理制度或者模式,答案只能建立在被引进的制度对解决本国公司治理问题的价值评估基础之上;而对一国公司治理问题(对象)的分析,则只能来源于对其公司控制实际状况的分析。因此,公司控制状态的分析是公司治理研究与实践的逻辑起点。

最后,在改革开放以来的中国经济发展过程中,对公司控制状态影响最大的因素首推中国经济体制由高度集中的计划经济向社会主义市场经济的转型以及由此形成的经济发展格局。在这一过程中,国家坚持公有制基础上多种经济成分并存及共同发展的方针,不仅使国有企业公司制改革得以顺利进行,而且非公有制经济也得以迅猛发展,从而极大地影响了中国公司的融资渠道,而控制资本的不同来源对中国公司类型以及内部关系的影响,最终造就了中国公司与众不同的控制状态,形成了中国特有的公司治理问题,并对中国公司法改革产生了重要影响。基于此,在传统公司类型的基础上,根据资本来源将当下的中国公司划分为国有公司和民营公司,根据公司内部控制状态的不同将其划分为国家股份控制的公司、家族股份控制的公司以及创始人经营者控制的公司，对我们深入分析中国公司控制现状、准确把握中国公司的治理问题、找到适合国情的公司治理路径具有至关重要的意义。

第三章　中国公司的不同控制状态与相应的公司治理问题

在第一、二章，笔者通过对公司控制及其与公司治理之间关系的论证，搭建了这样的分析框架：首先，基于公司治理问题（对象）在公司治理体系中的重要地位，所有以公司治理为目标的公司制度改革乃至公司治理机制的形成都只能取决于对公司治理问题（对象）的分析和评估，而由于公司治理问题（对象）在本质上是公司控制关系的失衡，因此对一国公司治理问题（对象）的分析，只能来源于对其公司控制实际状况的分析，此即公司治理研究与实践的逻辑起点。其次，在改革开放以来的中国经济发展过程中，由于国家坚持公有制基础上多种经济成分并存及共同发展的方针政策，使得中国公司的融资渠道以及资本结构具有不同于他国的特殊性，从而极大地影响了中国公司的类型。因此，在传统公司类型的基础上，当下的中国公司不仅可以按照资本来源不同被划分为国有公司和民营公司，还可以按照公司内部控制关系的不同被划分为国家股份控制的公司、家族股份控制的公司以及创始人经营者控制的公司。这种划分对于深入分析中国公司的控制状态、准确把握中国公司的治理问题、找到适合中国国情的公司治理路径具有至关重要的意义。本章中，笔者将按上述分析框架展开对中国公司控制状态的具体分析，以期准确把握当下中国公司的治理问题（对象）。

关于资本来源对公司控制以及公司治理的影响，学界研究主要集中在以下几个方面：首先是机构投资者控制。如前所述，R. 拉纳的研究显示，从 1929—1963 年，美国非金融公司中经理人控制的比例由 1929年的 44% 上升到 84.5%，经理人控制的公司财产由 58% 上升到 85%，拉纳认为这表明"经理人革命"的持续。[1]与此同时，二战后美国股市中出现了一种新情况：大量机构投资者——例如养老金持有机构以及其他各种基金——成为公司的持股主体。与零散的单个投资者不同，这些机构投资者在公司中积极行使股权，参与到公司重大事项的决定中。这导致美国监管部门在 20 世纪 70—80 年代之后出台了一系列规定，要求机构投资者主动参与公司治理。例如，在对投资组合的监督中，美国劳工部要求公司养老金成为对公司监督的更积极的角色，机构投资者成为公司治理的重要力量，在一定程度上缓解了经营者控制引发的紧张化的公司关系。[2]其次是银行股份控制。国内学界在公司治理模式研究中，对成熟市场经济中现代商业银行体制及其特征进行深入探讨后，发现在德国、日本等传统上银行与企业之间关系比较紧密的国家，银行以股东和债权人两种身份（主要以股东身份）参与公司治理并发挥主导作用：银行通常派遣中级职员作为持股公司的董事了解会计信息、监督公司经营，在公司重组和清算中起主要作用。[3] 再次是家族股份控制。家族股份现象源自公司股份持有人具有家庭成员的身份，或者因继承而

---

〔1〕 See Robert J. Larner, "Ownership and Control in the 200 Largest Non-financial Corporations, 1929 and 1963", *American Economic Review*, 1966, pp. 777-787.

〔2〕 见蔡奕、忠泊：《关于推进机构投资者参与上市公司治理的若干法制建议》，载《金融法苑》2015 年第 1 期。

〔3〕 见熊继洲：《论国有商业银行体制再造》，中国金融出版社 2004 年版，第 2 页；徐明威：《中东欧国家金融体制比较》，经济科学出版社 2002 年版，第 148 页；郑先炳：《西方商业银行最新发展趋势》（第 2 版），中国金融出版社 2002 年版，第 3 页。

产生的家族成员持有主要公司股份。在资本主义经济发展的早期家族企业数量较多，二战后，欧洲许多家族企业通过股份转让成为一般企业。而在亚洲，学者研究普遍认为，家族企业的存在是亚洲企业的一个特点。与非家族公司不同，家族公司具有封闭性，家族企业内部以家族委员会和家族宪法对家族股份转让进行限制，维护家族对公司的控制。[1]最后是国有股份控制。应该指出，基于国有股份与私人股份的区别，这是二战以来最值得关注的公司控制现象。对此，国外学界研究着墨不多，而在国内，由于国有资本控股是公司制改革的一个普遍结果，研究主要集中于国有股份控制产生的问题，而从资本来源角度将其视为中国公司控制中的特殊问题、与现存不同公司控制进行比较与区别的研究尚不多见。

笔者认为，在当今的中国，由于经济改革背景下的国有企业公司制改革，国有股份控制在大型股份公司中具有普遍性，因此，国家股份控制对公司控制关系的影响是中国公司控制关系特殊性的一个重要方面，也是我们分析中国公司控制状态时不能回避的一个主要方面。与此同时，随着非公有制经济的发展，家族股份控制以及创始人经营者控制对民营股份公司控制状态的影响逐渐显现出来。本章将沿着这一思路对中国当下公司中的国家股份控制、家族股份控制以及创始人经营者控制等展开深入研究，为后文讨论相应的公司治理路径选择以及相关制度构建奠定基础。

需要再次说明的是，本章在前一章分析结论的基础上使用的"公司

---

〔1〕 例如，《李锦记家族宪法》包含了家族股份持有资格、继承、转让及退出机制等内容，明确规定：具有血缘关系的家族成员方可持有和继承企业股份，家族成员有义务在退出公司前优先通知家族，由家族统一购买退出成员的股份，排除其他公司的非家族股东的优先购买权。详见国际金融公司：《家族企业治理手册》，第54~57页。

治理问题"一词，不是指"有关公司治理的各种问题"，而是指"公司治理对象"。

一、国家股份控制下的公司治理问题

（一）国家股份和国家股权制度的形成

如前所述，国有股份制度来源于对国有企业的全面公司制改革。基于社会公共利益的需求，国有企业在世界范围内的存在具有普遍性，但其投资过程中委托代理关系的复杂性，却使得国家（政府）应当如何有效行使投资人的权利、最终实现国有企业的设置目标成为一个世界性的难题。在破解这一难题的过程中，根据不同国情，按照国有资产的不同状况以及国家控制经济的不同需求，借助公司制度处理国有企业与政府之间的关系，通过国有公司的治理实现国企经营管理效益的改善和提高，成为各国的共同选择。基于国有企业在数量以及分布领域方面的差异，加之社会经济制度的不同，解决问题的方式在不同国家各不相同。就中国而言，国企改革从 20 世纪 80 年代初开始的放权让利、利改税、承包和租赁经营、中小型国企拍卖，至 20 世纪 90 年代初的股份制改革，现代公司制度已经胜出成为国有企业的基本法律形态。1993 年《公司法》关于国有股份以及国家股权制度的规定，成为中国公司制度建设中最重大的制度改革成果。

在国有企业公司制改革过程中产生的国家股权制度，被视为国家行使国有资产所有权的新的法律途径。2003 年国务院国资委的设立，标志着政府和学界就国家股权的行使达成了这样的共识：国资监管机构（即国务院国资委）"管"企业的基本方式应该是按照公司法规则行使国家股权，"所有权到位"的实质就是"股东权利到位"。[1] 国资监管

---

〔1〕 张文魁：《国有资产管理体制改革四大热点》，载《改革与理论》2003 年第 3 期。

机构作为国家（政府）行使股权的重要平台，为实现政府国有资产所有权主体代表身份和社会公共事务管理者身份的分离、政府国有资产所有权主体代表权利和社会公共事务管理行政权力的分离奠定了基础。按照改革者的设计，公司制改造之后的国有企业将摆脱"国家所有""国家经营"的传统模式，政府与国有企业的关系将表现为基于公司法规定产生的股东与公司之间的权利义务关系。而由于厘清了国有企业与政府的关系，企业将成为独立市场主体，获得改善和提高经营管理效率的动力。

围绕上述改革目标，2003 年以来国务院国资委在全面推进国有企业公司制改革的同时，立足公司治理，积极探索国家股东行使权利的最佳方式，在推进国有独资公司董事会制度建设、对国有公司高管实施经营业绩考核、推进企业重组以及整体上市等方面做出了积极的努力。2003 年起，在国务院颁布的《企业国有资产监督管理暂行条例》基础上，国务院国资委陆续颁布了《关于国有独资公司董事会建设的指导意见（试行）》《国有独资公司董事会试点企业外部董事管理办法（试行）》《国有独资公司董事会试点企业职工董事管理办法（试行）》《中央企业综合绩效评价管理暂行办法》《中央企业负责人经营业绩考核暂行办法》等一系列规范性文件，彰显了股份制改革后国有企业在公司治理方面取得的成就。2008 年全国人大常委会通过《中华人民共和国企业国有资产法》（以下简称《企业国有资产法》），更是为国家立法层面确立国家股权行使与监管的基本制度框架奠定了基础。在 2013年党的十八大之后，国有企业以及国资监管体制在"分类改革"的基础上继续向前推进，与此同时，国有企业公司制改革也开始向混合所有制改革的高度迈进。上述立法以及改革实践充分表明，我国的国家股份和国家股权制度体系在不断完善。

（二）国家股份控制的特殊性

与私人股份控制相比，国家股份控制公司的特殊性何在？

首先，根据国有企业的定位，国家股份对公司的控制不由或者主要不由市场需求决定，国有股份进入或者退出公司控制，主要取决于一国经济发展在不同时期对公共利益的需求。因此，尽管在整体上国家股份对国民经济某一领域或者行业的控制是非固化的，但因为受制于公共利益需求，在流动性方面，国有股份与私人股份不能相提并论。这是国家股份控制与私人股份控制的最大不同。

如何认识国家（政府）直接投资的目的？在世界范围内，由于国家（政府）直接投资弊端的存在，"我们为什么需要国有企业？"始终是理论与实践的一个重要争点。而无论答案有多么不统一，面对二战后资本主义市场经济体中出现的大量国有企业以及 20 世纪 70—80 年代全球性私有化浪潮这样的矛盾现象，公共利益需求最终成为被普遍认可的合理解释，[1]换言之，国有企业进入或者退出市场皆应当取决于公共利益需求。就中国而言，1978 年改革开放之前，国有企业被视为国家在计划经济体制下组织和发展国民经济、满足全社会物质文化生活需求的工具。但自 1978 年起至今，在经济改革之后，伴随着数量和分布领域上的变化，如何对国企进行准确"定位"成为社会关注的焦点。20 世纪 90 年代末之前，学界就针对国企的改革与定位问题提出了大量积极

---

〔1〕 代表性学者为凯恩斯，其认为资本主义并不能保证投资的数量足以弥补在充分就业条件下被储蓄掉的部分，因此资本主义制度会出现危机和失业的现象。而由于消费倾向、预期收益、供给价格和流动性偏好无法加以控制，因而国家应当对货币数量进行掌握，以便解决资本主义的危机和失业问题。参见〔英〕约翰·梅纳德·凯恩斯：《就业、利息和货币通论》（重译本），高鸿业译，商务印书馆 2009 年版。而以约翰·维克斯等学者为代表的一派观点则认为，由私人完成国有企业从事的业务更有利于社会效益的提高。详见〔英〕约翰·维克斯、乔治·亚罗：《私有化的经济学分析》，廉晓红、矫静等译，重庆出版社 2006 年版，第 48~49 页。

意见。[1] 之后，党的十五大报告提出了调整和完善所有制结构，探索公有制的多种实现形式，通过"抓大放小"对国有企业实施战略性改组，从战略上调整国有经济布局的改革思路。[2] 1999 年党的十五届四中全会《中共中央关于国有企业改革和发展若干重大问题的决定》确定了"从战略上调整国有经济布局和改组国有企业"的方针，提出"国有经济需要控制的行业和领域主要包括：涉及国家安全的行业，自然垄断的行业，提供重要公共产品和服务的行业，以及支柱产业和高新技术产业中的重要骨干企业"[3]。鉴于中国经济改革的实际情况，2015 年《中共中央、国务院关于深化国有企业改革的指导意见》结合实际将国有企业划分为"公益"和"商业"两大类，提出了分类推进的深化改革思路。

可见，经过多年改革，将国有企业定位为"公共利益实现者"在理论和实务界已经形成基本共识。进一步的问题是，应当如何理解在国有企业定位问题上，行业或者类别的划分与公共利益之间关系？笔者认为，从人类社会发展历史的角度，公共利益的具体内涵从来不是恒定的，它是由不同社会发展阶段人类生存和发展的共同利益所决定的。就一国而言，公共利益的内涵与其经济社会发展水平及其所处的国际环境具有密切联系，国民经济中不同行业或领域与公共利益之间的关系也处

---

〔1〕　代表性文献如樊纲：《论股份经济中的资本效率》，载《财经科学》1989 年第 4 期。

〔2〕《高举邓小平理论伟大旗帜，把建设有中国特色社会主义事业全面推向二十一世纪——江泽民在中国共产党第十五次全国代表大会上的报告》，载人民网，http：//news. xinhua-net. com/zhengfu/2004-04/29/content_1447509. htm，最后访问时间：2012 年 2 月 26 日。

〔3〕　参见《中共中央关于国企改革和发展若干重大问题的决定》，载新浪网，http：//news. sina. com. cn/c/2002-10-22/1413777782. html，最后访问时间：2012 年 1 月 20 日。

于变动之中。[1]因此，面对历经四十多年改革之后仍然具有较大体量以及较宽分布领域的中国国有企业，其定位首先会涉及具体行业和领域，但具体行业和领域却不是国有企业定位的标准。如果我们承认公共利益需求是国家（政府）直接投资的目标，那么国有企业是否应当存在于某一行业或领域，就取决于我国目前经济社会发展阶段上的这些行业或者领域与公共利益之间关系的论证和评估，换言之，国家应当通过直接投资控制的行业或者领域，只能取决于现阶段公共利益的需求而不是其他。

其次，由于股权主体的特殊性，国家股东行使权利的方式具有公权力行使的特点，国家股权主体对公司的控制依赖多层次代理链条以及代理关系的建立。根据我国《宪法》和《企业国有资产法》的规定，企业中的国有资产属于国家所有即全民所有，由国务院代表国家行使所有权，国务院和地方人民政府依法分别代表国家对国家出资的企业履行出资人职责，而具体履行出资人职责的主体，也就是履行股东职责的主体，是国务院国资委以及地方各级政府授权的国有资产监督管理机构，或者特定的投资公司以及集团公司。例如，2007 年成立的中国投资有限责任公司（China Investment Corporation，以下简称"中投公司"）是经国务院批准设立的从事外汇资金投资管理业务的国有独资公司，该公司的全资子公司为中央汇金投资有限责任公司（以下简称"中央汇金

---

〔1〕 例如，20 世纪 30—40 年代在资本主义市场经济体中出现了大量国有企业，这些国企的运作弥补了自由市场经济的缺陷，同时也满足了政府在特殊时期控制重要资源的需求。之后，在二战结束后的近 30 年里，主要为克服原材料短缺、优化工业生产结构和保障必需服务的正常供应，欧洲国家的国有化浪潮也使其国有化规模达到了前所未有的高度。当然，在20 世纪 70—80 年代的全球性私有化浪潮中，西方国家又以公共利益为由将大多数国企还给了市场。详见 [英] 约翰·维克斯、乔治·亚罗：《私有化的经济学分析》，廉晓红、矫静等译，重庆出版社 2006 年版，第 48~49 页。

公司"），根据国务院授权负责投资并持有国有重点金融企业的股权，并代表国务院行使股东权利，不开展其他任何商业性经营活动，不干预其控股企业的日常经营活动。显然，与民营公司相比，从国家所有权到国家股权之间的复杂权利行使关系，必然造成国家股份控制下公司代理成本的上升。而为了遏制内部人控制，在股权行使过程中国家股东往往面临两种选择：一种选择是通过行使国家股权控制公司经营管理，基于这种做法与国企改革目标相悖，在经济体制改革不到位的情况下容易导致旧体制管理方式的回归，国家通常会采取授权经营的方式，将国家股权的部分权能授予公司董事会行使；另一种选择则是，运用公司法中的类别股份制度，按照国家在不同时期对经济控制的不同需求，设计出不同类型的国家股份，例如利润分配的优先股、对主要事项持有一票否决权的黄金股、对公司事务的特殊管理股等，通过这些股份对所投资的公司进行程度不同的控制。无论选择哪种控制方式，相比完全由私人股份控制的公司，国家股份控制下的公司内部关系都会呈现出复杂的状态。

（三）国家股份控制下的公司治理问题分析

一般而言，股份有限公司由于规模大、股东人数多、公司经营管理现代化程度高，因此所有权与经营权分离比较彻底，公司运作中的利益冲突主要发生在股东与公司经营者之间，此即经济学家所言的"代理问题"。与此同时，由于股权分散导致股权控制难度变小，大股东与小股东之间的关系也容易呈现紧张状态。这决定了现代公司法为平衡上述两类紧张化的公司关系，必须确立保护股东权益，尤其是保护小股东权益的原则，适当限制大股东以及公司经营者的权利。需要强调的是，上述制度安排以及制度有效性的发挥都建立在私人所有权的基础之上。因此，当股份持有人为国家（政府）时，我们会发现情况大不相同。

首先，按照国家所有权理论，全民是企业国有资产事实上的所有者，而国家是国有资产法律意义上的所有者，这导致了国有资本所有权与私人资本所有权在权利行使方面的不同。在国有企业被改制为股份公司时，国家虽从企业所有者变成了股份公司的股东，但从各国的实践看，由于国有股权行使的具体主体仍然是国家代议机构以及政府部门，[1]这使得国家股权的行使带有公权力行使的特性，由此带来的问题是：当作为控股股东的国家（政府）如同私人股东那样行使控制权时，很容易产生对公司经营的直接干预，尤其是在企业体制以及国有资产管理体制改革不到位的情况下，国家对国有公司的控制会使企业回到"国有国营"状态。从中国改革实践看，自20世纪80年代初至国有资产监督管理机构建立之前，国有企业改革处于放权让利阶段，企业自主权的范围在1992年的《全民所有制工业企业转换经营机制条例》中得到界定，但在国有企业改制成为公司、各级国资监管机构建立并依照《公司法》行使国家股东的权利之后，人们惊异地发现，国家（政府）借助股权行使在一定程度上恢复了对企业的直接管理，所谓"老板加婆婆"就是这种情况的生动写照。

其次，与私人股权不同，在国家股权主体的制度构建中，抽象的国家和政府会根据需要被具体化为不同层级的国家（政府）机构。以中国目前企业国有资产出资人制度为例，在国家采用公司形式经营国有资产时，国家股东实际上表现为一个层级化的股东制度体系，即股东（国家）—股东代表（国务院）—履行股东职责、享有股东权益的代表（国务院或者地方人民政府）—履行股东职责的机构（设立在各级政府

---

［1］　事实上，"国家"这一表达方式在不同的语境中存在着不同意义，在此语境下，"国家"与"政府"并非同义词。参见王浦劬等：《政治学基础》（第2版），北京大学出版社2006年版，第187~189页；张千帆：《宪法学导论：原理与应用》（第2版），法律出版社2008年版，第67~69页。

之下的国有资产监督管理机构、投资公司以及资本运营公司）。显而易见，全民所有制以及国家所有权决定了从全民拥有企业到专门的国家机关或政府部门负责行使国家股权，其间存在着冗长而复杂的"代理关系"，由此产生的"代理成本"必然大大高于私人股份控制的公司。显然，这些"代理关系"和"代理问题"与经济学研究中对一般股份公司代理关系的描述有很大不同：一方面，全民作为公司国有资产的实际拥有者，其人数众多、集体行动困难产生的"代理关系"和"代理成本"并不是在股份制度及股票市场发展基础上产生的问题，而是在全民所有制及国家所有权基础上运营公司制度产生的问题；另一方面，由于国有资产管理体制改革正处于不断深入之中，因此无论我们如何表述国家作为股权主体所产生的特殊"代理关系"以及"代理成本"，立法者必须明确，按照公司法的作用机理，真正的"两权分离"和"政企分开"必须建立在国家股东承担剩余风险并由此提高对公司经营关切度的基础上，建立在国家能够如同私人股东那样行使股权的基础上。因此在制度设计过程中，确定股权行使主体仅仅是第一步，更加艰难的任务是通过主体之间权利义务关系的设定，来确定股权行使主体间的法律关系，最终通过问责制形成国家股权主体的理性权利行使机制。基于上述，笔者认为，如果改革者不能通过股权行使机制的构建塑造出一个可以在公司法层面上被问责的国家股东，将无法降低国有股份控制下的公司的"代理成本"。

综上所述，笔者认为：在中国当下国有企业公司制改造所形成的国家股份控制状态下，目前为止的国有资产管理体制改革仅仅是在国家层面确立了相对统一的股权行使机构，我们尚未按照"政企分开""两权分离"的目标对国家股份控制下的公司内部权利在国家股东和公司经营者之间做出相应的划分，因此也尚未塑造出一个可以在公司法层面上被问责的国有股东。概言之：正是由于整个国有资产管理体制改革的滞后，以至于到目前为止，国家（政府）虽身为股东，却只能继续生存在旧体制下的政企关系行为模式中，公司内部制衡关系并没有伴随"新三会"的建立如期而至，最终，国有公司也不可能通过内部机构的建立健全获得新的行为模式，国有公司的运营成本依旧无法降低，国家股东的权益——全体人民的利益——也就无法通过公司法得到全面保护。笔者认为，这就是当下国家股份控制的公司所面临的公司治理问题。

（四）国家股份控制下公司治理路径的选择

上述对国家股份控制的公司所面临的公司治理问题的分析表明，处于当前发展阶段的国家股份控制的中国公司并不存在"盎格鲁-美利坚"式的公司治理问题，如果我们一如既往地引进英美公司治理的某种"结构"或者"模式"，恐怕我们将一无所获。那么如何解决国家股份控制下的公司内部分权问题并塑造出一个可以被问责的国家股东？近些年来在域外一些国家的国有公司治理中，国有资本控股采用的两种方式所形成的不同公司控制关系状态值得关注。

第一，在国家股份独资控股的情况下，为了避免国家股东对公司经营的直接干预，公司董事会通过股东会的授权获得更多的权力，公司控制权因此转移到董事会手中。在这种情况下，国家股份控制下的股东与公司经营者之间的关系是一种公司内部机构之间基于授权经营形成的权利、义务与责任关系，公司控制以及运作的中心是强大的董事会。在这一治理路径中，由国家直接投资组建的新加坡淡马锡投资控股公司（Temasek Holdings）受到我国学界与政府的关注。资料显示，该公司由新加坡国家财政部主管，公司采取有限责任形式，按照新加坡法律规定，淡马锡投资控股公司实行董事会下的总经理负责制，在投资决策、资金使用等方面享有完全的自主权，不受政府的制约，淡马锡投资控股公司代表国家经营国有资产，支配股权，它有权决定国有资本的扩张、送股和售股以及按照股权回报率调整股权结构，有权决定直属控股子公司董事会的人选，有权审定直属子公司股息分配方案等。[1]

第二，在非独资控股的情况下，国家股份多采用类别股份的方式控制公司，而类别股的不同设计将使公司内部关系呈现出另一种状态：在不改变国家直接投资的公共利益目标，国家股权行使方式依旧具有公权力特性的情况下，遵循公司法的股权行使规则，不同股份数额或者不同股份类型设计将产生与之相应的（改革者所期望的）国家股东与公司之间的关系。例如，在世界范围内的国有控股公司中被广泛使用的优先股和黄金股。就其概念而言，在将国家股份设置为优先分配股的情况下，国家股东不参与公司经营管理，但可以优先于其他股东获得红利分配；在将国家股份设置为黄金股的情况下，国家股东不全面参与公司经营管理，但依章程规定对某些特殊事项享有一票否决权。因此，比较而言，在采用优先分配股的情况下，国家股份在公司中的占比可以不受限制，但即便是大股东，国家优先股也没有公司经营管理的权利，只是在利润分配方面有优先权；而黄金股的采用则是在数量不占优势的情况下保持国家股份对公司经营管理中某些事项的绝对控制权。根据国内学界的研究，国有类别股份运用实践中最著名的案例是德国大众汽车公司。资料显示，大众汽车公司成立于 1937 年，由政府持有 100% 的股份，在二战后的私有化改造中，根据 1960 年生效的《大众汽车法》，除公司所在地下萨克森州的州政府外，其他股东无论占有该公司多少股权，拥有的投票权都不得超过票数比例的 20%，该法还规定，所有需由股东大会作出的决议都必须获得五分之四的多数支持，而公司所在的下萨克森州

---

〔1〕　见徐晓松等：《国有独资公司治理法律制度研究》，中国政法大学出版社 2010 年版。

州政府长期拥有大众 20.2% 的股权，因而对公司所有重大决策具有否决权。[1]

具体到中国，笔者认为，面对体量依然庞大且分布领域仍旧宽泛的国有企业，在尚不具备大规模退出可能的情况下，为解决国家股东行使重大事项决定权产生的"两权合一"问题，在对现有国企与公共利益的关系进行评估的基础上，国家可以根据其控制的不同需求，根据实际情况适当缩小由国家股东直接决定企业重大事项的范围，通过授权经营制度以及优先股、黄金股以及特殊管理股等不同种类国家股份的设置，[2] 最终形成多层次的政企关系，既实现国家股份的控制目标，又解决"老板加婆婆"问题，还可以最大限度地降低"代理成本"。

二、家族股份控制下的公司治理问题

如前所述，我国非公有制经济在改革开放以来获得了极大发展，民营企业的主体部分多为中、小型企业，有限责任公司是其基本法律形态，换言之，民营有限责任公司是当下中国有限责任公司的主体。以此判断为基本前提，笔者认为：与一般有限责任公司相比，目前中国民营有限公司可以分为家族公司和非家族公司两种类型，其内部控制关系也具有各自不同的特点，其治理问题在总体上可以用"控制权争夺"来概括，因此，不同类型的民营公司面临的治理问题有很大差异。

（一）中国当下的家族公司及其内部控制关系

中华人民共和国成立后，在 20 世纪 70 年代末至 80 年代初掀起了家庭经营的第一次浪潮。随着党和国家对非公经济在国民经济中地位的

---

〔1〕 详见郎昆、冯俊新：《德国、法国国有经济：发展历程和经验启示》，载《法国研究》2020 年第 4 期。

〔2〕 笔者将在本书第五、六章对我国国有资产授权经营以及国家种类股份进行专章论述。

认同，家族公司得到了长足发展。据瑞信研究院发布的《2018 年瑞信家族企业 1000》报告显示：中国内地的家族企业以 159 家的数目，总市值达 1.38 万亿美元，居于全球榜首；[1] 而《福布斯中国现代家族企业调查报告（2012）》也显示，在 2422 家 A 股上市公司中，1394 家为民营公司，民企中共有 684 家为家族企业，占全部民营上市公司数量的比重接近一半，达到 49%，并且在 A 股上市的各类型企业中，民营上市家族企业在盈利及增长能力上均明显优于民营上市非家族企业，其主营业务收入复合增长率达到 30.2%，而民营上市非家族企业为 23.9%。[2] 这些实证数据充分体现了当代中国家族公司的旺盛生命力和强大竞争力。

家族企业是指企业资本或者股份主要控制在一个家族手中，家族成员出任企业的主要领导职务的有限公司或股份公司。从中国的情况看，在长三角以及珠三角等民营经济比较发达的地区，最早的民营公司有相当部分即产生于以家族成员为基础的合作。笔者认为，如此多的家族民营企业的存在，源于经济欠发达的农村以及小城镇中浓厚的宗族观念。如同费孝通教授所言：中国的家族需要负担政治、经济、宗教等诸多功能，导致"家的性质变成了族"，[3] 在中国传统的社会制度中，社会、政治关系均系家族关系之拟制形式。[4] 在这样的社会背景下，中国家族公司有着更深的文化烙印，"看似最自然的法律范畴在根本上也是文

---

〔1〕《瑞信：家族企业在各地区、各行业的表现持续跑赢同业》，载 https://page.om.qq.com/page/ORf4cMHeCVJrR-HuzZ-pKDPA0，最后访问时间：2021 年 8 月 23 日。

〔2〕《福布斯家族企业报告：仅 7% 完成二代接班》，载 https://finance.qq.com/a/20120903/005457.htm，最后访问时间：2021 年 8 月 22 日。

〔3〕费孝通：《乡土中国》，北京出版社 2005 年版，第 56 页。

〔4〕张世明、宓茜：《企业法律形态：中国早期公司的谱系》，载《商丘师范学院学报》2014 年第 5 期。

化的创制品"[1]，这种流淌在民族血液中的文化因素一直影响着今天家族企业的发展。而恰恰是建立在血缘关系基础上的家族成员之间的高度信任关系，对改革开放之初极度缺乏资金的民营企业融资产生了至关重要的影响。时至今日，在我国东部以及东南沿海一带，家族仍然是民间资金聚集的重要渠道。而当具有高度人身信任关系的家族成员打拼出一片天地，公司有了一定发展之后，他们成为控制股东，血缘关系随即主导了公司内部权力的分配和实际运作。在这种情况下，无论《公司法》对内部治理机构的规定如何，家族成员都会将这些规范作为保持自己在公司中控股股东和机构成员双重身份的工具，此类公司也被俗称为"夫妻公司""兄弟公司"以及"父子公司"。除此之外，经过几十年的发展，民营公司中老一代的家族公司创始人已经开始或者临近退休，因此近年来出现一种与传统公司起源十分类似的家族公司，即当独资企业或者一人公司发展壮大后，作为创始人的企业主退休或者去世，采用公司不解散、由多个直系后代继承其股份继续经营的方式而产生的家族公司。

那么，我国家族公司内部控制关系如何？笔者认为，总体而言，目前中国家族公司"两权分离"的程度整体不高，具体表现为家族公司的治理机制比较简单并趋于形式化，即为了家族控制权的稳定，家族股份持有人往往直接忽视现代公司治理机制，即便采用了"两权分离"的现代公司治理机制，也主要是出于满足《公司法》对公司机构设立和规范的要求，通常情况下，公司董事长、总经理、公司监事会主席等关键岗位被家族股份持有人占据，公司机构之间的分权制衡流于形式。

---

〔1〕〔美〕络德睦：《法律东方主义：中国、美国与现代法》，魏磊杰译，中国政法大学出版社 2016 年版，第 60 页。

这种"两权分离"不充分的治理模式，被一些学者称为"关系治理"。所谓"关系治理"，是指华人家族企业中，由于"合约者"（实际上是亲缘共同体）之间存在的特殊关系，因而在责、权、利方面并不是依据第三方来监督执行，在治理理念和运作方式上，是依托华人社会中的实质性关系来对企业进行治理，包括委托代理关系的建构、资源和权益的分配等。[1] 这种"关系治理"有利于降低交易成本、规避风险，并可发挥声誉机制的作用。[2] 在制度建设不健全、外部信用环境欠佳的时期，这种关系治理是一种理性的适应性选择。[3] 但是受有效规模的限制，这种"关系治理"模式在企业应对外部融资需要、不得不与非家族成员分享控制权时，显得力有不逮。因此，中国众多家族公司面临着从关系治理这种非正式治理模式转向正式治理模式的现实要求。

在实践中也存在另一种类型的家族公司，家族创始人在公司融资后仍保持着股权的控制地位，并不担心控制权的旁落，因此他们虽然仍在公司内任职和工作，但以委托他人成为公司的经营管理者作为公司治理的主要方式，使公司治理机制呈现出"两权分离"之下、控股股东主导的所有权和控制权基本合一的模式。当然，这种模式之下的公司控制权依然在家族创始人手中。此外还要提到一种特殊的家族公司内部控制关系，即在我国内地以及香港特区，为稳固家族对公司的控制，一些家族公司（例如李锦记、河北大午集团）采用"家族宪法和家族委员会"的内部治理制度，在这些家族公司中，家族宪法和家族委员会的实际权

---

〔1〕　杨光飞:《关系治理:华人家族企业内部治理的新假设》，载《经济问题探索》2009年第9期。

〔2〕　汪旭晖:《家族公司资源配置效率与治理机制优化》，载《管理科学》2003年第5期。杨光飞:《关系治理:华人家族企业内部治理的新假设》，载《经济问题探索》2009年第9期。

〔3〕　张宏军:《信任约束、交易费用与内部关系治理——华人家族企业行为模式分析》，载《现代经济探讨》2009年第3期。

力大于《公司法》规定的"三会"。[1]

（二）家族公司控制权争夺引发的利益冲突与公司治理路径思考

关于中国家族公司控制权的争夺，我们不得不提到中国民营企业发展史上的经典案例——"国美控制权之争"。[2]

国美电器控股有限公司（2017 年改名为"国美零售控股有限公司"，以下简称"国美电器"或"国美"）是黄光裕于 1987 年创建的中国大型家电零售连锁企业。早在 2013 年，国美门店总数就已达 1063 家，覆盖全国 256 个城市。根据 2004 年国家商务部公布的 2003 年中国连锁企业经营业绩，国美电器的年销售额已经在中国家电零售业中位居第一。2004 年 6 月国美电器有限公司在香港地区上市，2006 年 7 月收购永乐家电。（永乐家电由陈晓于 1996 年创建，2004 年引入美国摩根士丹利战略投资，2005 年收购台湾灿坤在大陆的半数门店，2005 年 10 月在香港地区上市。）此后的国美电器中，黄光裕家族持股比例为 51.2%，黄光裕任董事局主席，而原永乐家电创始人陈晓及其管理团队持股比例为 12.5%，陈晓任国美电器总裁。2007 年 12 月国美电器通过第三方机构收购大中电器并成为国内最大的家电零售企业，2008 年陈晓任国美集团总裁兼任董事局代理主席，2009 年 1 月 16 日陈晓出任国美电器董事局主席兼总裁。2008 年底至 2009 年初，黄光裕因经济犯罪被调查，陈晓开始掌握国美电器公司实权。2009 年 6 月，因陈晓引入贝恩资本并对管理层实施股权激励，黄氏家族认为其在国美电器的控股

---

〔1〕　详见杜玉平：《河北大午集团的家族企业立宪制》，载《管理案例研究与评论》2011 年第 1 期；胡国栋：《儒家伦理与市场理性耦合的家族经营——基于李锦记集团的经验分析》，载《理论探索》2017 年第 4 期。

〔2〕　以下资料来源于互联网。基于"国美控制权之争"在中国公司发展史上的影响力，时至今日，只要在搜索引擎上输入"国美控制权之争"或者相关关键词，即可显示大量相关资料。

股东地位受到威胁，黄、陈发生矛盾，随即爆发了著名的"国美控制权之争"。2010 年 9 月 28 日，国美电器在香港地区召开特别股东大会，大股东黄光裕提出的议案只有一项获得通过，其中撤销陈晓董事会主席的决议未获通过。在随后召开的股东大会上，黄光裕家族与陈晓团队形成互相对立的阵营，互相否决对方提出的董事会成员人选。2010 年 8 月，黄光裕发函要求国美董事会撤销包括陈晓在内的多位高管职位，而国美电器随后向香港地区法院起诉黄光裕，双方关系彻底破裂。2011 年 3 月 9 日，国美电器宣布陈晓辞去公司董事局主席、执行董事职务，由大中电器创办人张大中出任公司董事局主席及非执行董事。至此，"国美控制权之争"以经营者辞职、家族股东保住控制地位的结果落下帷幕。但在控制权争夺期间，国美电器业绩大幅度下降，一度落后同期其他竞争对手，原有家用电器零售业老大的地位岌岌可危，引发了投资者的担忧。

笔者认为，"国美控制权之争"的全过程清晰地反映了当今中国家族民营公司生存的社会、经济、法律以及伦理道德环境，深刻揭示出当下中国家族民营公司治理存在的问题，在一定程度上也昭示了其未来治理的路径。

首先，"国美控制权之争"使我们直观地看到："公司究竟是谁的？是股东的还是利益相关者的？"不是纯粹的学术之争。而这个在 19 世纪末 20 世纪初由西方社会发出的"世纪之问"，在当下中国得到的回答却显得颇为"传统"，即在控制权争夺期间，尽管黄光裕在押，但不仅所有黄氏家族股份持有人毫无二致地与黄光裕站在一起，而且在民间，同情黄光裕、斥责陈晓的声音也占压倒多数。这表明家族股份本身具有强大的控制欲望，也说明家族股份控制在中国具有深厚的伦理道德生存根基。换言之，对于现阶段的中国家族公司而言，公司属于家族股东——这不仅符合公司法基本理念，而且符合中国的伦理道德观念。与此相应，经营者与家族控制人之间的对立被看作是违反诚信原则的背叛行为，为中国伦理道德所不容。在这个意义上，陈晓与黄光裕之间关于控制权的争夺，对迅速发展中的中国大型民营家族公司的经营管理权由家族内向职业经理人扩展具有一定的负面影响。立法者必须思考：未来将如何为构建职业经理人与家族控制股东之间的信任关系提供制度支持，以保障家族创始人股东可以放心地将经营管理权交给家族以外的职业经理人？

其次，与其他类型的公司一样，当家族公司发展到上市融资阶段时，家族控股股东与中小投资者之间的利益冲突在所难免，而现代公司法为平衡这种利益冲突对大股东权利的某些限制，例如，公司股东会与董事会权利分配制度、大股东对小股东的义务和责任，等等，都势必与家族股东控制公司的意愿发生冲突。在国美电器控制权争夺期间，陈晓的经营理念得到中小投资者、甚至机构投资者的支持，其做法也得到国内外很多学者的支持，就充分证明了这一点。因此，作为家族民营公司的创始人以及控制股东的"黄光裕们"应该思考的是：在家族公司向上市公司发展的过程中，家族股东应该如何增强其公司的社会责任意识，尊重现代公司治理规则，通过改变自己的行为方式，避免或者缓解与中小投资者之间的矛盾，保持公司的健康稳定发展，而不是仅仅将上市作为单纯的融资场所？同时立法又将为此提供怎样的制度支持？

最后，据媒体披露，"国美控制权之争"发生在家族控制股东与经营者之间，陈晓的所作所为并不违反当时《国美电器公司章程》对董事会权限范围的规定。早在2004—2006年间，国美电器公司的章程就已经规定：①董事会可以不经过股东会，随时调整董事会构成，随时任免、增减董事，并不受人数限制；②董事会有权以各种方式扩大股本，包括供股（老股东同比例认购）、定向增发（向特定股东发行新股）以及对管理层、员工实施期权、股权激励；③董事会可以订立各种重大合同，包括与董事会成员有重大利益关系的合同。从这些规定可知，当时的国美电器公司董事会是公司权利的中心，但这种原本符合现代企业管理特点的"董事会中心主义"，在提高国美电器公司经营管理效率的同时，[1] 又为国美家族股东与经营者之间的控制权争夺埋下了伏笔。这种情况无可辩驳地证明：在家族公司中，是家族关系而不是公司法主导着公司权力的分配和实际运作，无论《公司法》对公司治理机构的规定如何，为保持对公司的稳定以及持续控制，家族成员都会将这些规范作为保持自己控股股东地位和公司经营者双重身份的工具。因此学界应当思考："董事会中心主义"是不是当下中国家族民营公司治理的有效措施？应当如何处理家族公司治理中自由与监管的关系？

三、创始人经营者控制下的公司治理问题

（一）创始人经营者控制公司的由来

基于国家经济改革政策所激发的民间创业热情，中国存在大量互相信任的自然人以及法人之间合股创办的有限责任公司及股份有限公司。就实际情况看，此类民营公司投资人之间的信任合作关系大多产生于改革开放初期下海经商中的共同打拼，而另一种受到广泛瞩目的信任合作关系则产生于网络数据技术在中国的推广和运用。众所周知，在中国经济对外开放的过程中，随着跨国公司在中国的投资经营，汉字输入系统的成功开发以及个人计算机在中国的迅速普及，起源于美国的互联网技术借助中国新兴市场得到广泛的传播和运用，众多电商行业在中国产生

---

〔1〕　网络资料显示，在此期间，黄光裕依据公司章程对董事会权利的规定，套现上百亿，持股比例降至34%，并利用拆借的资金高效率地完成了鹏润地产投资以及对大中电器、三联商社的收购。

并迅速发展起来，并且借助智能手机的迅速普及，与中国百姓的生活产生了密切联系。从联想、腾讯到京东、阿里巴巴、滴滴出行以及其他依托互联网技术产生并发展壮大的类似公司中，基于互联网技术运用的特殊性，一方面，由于公司属于高科技行业，具有创始人身份的经营者对互联网技术运用的创意、理念以及行为方式，对此类公司的产生、发展、壮大都有非常重要的影响。可以说，几乎每个互联网公司的产生发展、公司文化的塑造乃至公司成为国内外知名企业，都与创始人的理念和行为有直接关系，[1]创始人经营者已经成为这些公司的形象甚至公司信用的一部分，离开了创始人经营者将可能造成企业文化及传统的丢失。另一方面，创始人经营者在对公司经营具有绝对控制地位的同时，由于多次融资，其所持有的公司股份数额被不断稀释，例如，阿里巴巴自成立之后，在其成长的16年里多次增发新股，创始人股权被反复稀释，至2014年5月6日（美国时间）阿里巴巴向美国证监会递交首次公开招股申请时，公开披露的招股说明书显示，创始人马云和联合创始人蔡崇信持股合计仅12.5%，而日本软银与雅虎持股合计达到57%。[2]在此类公司中，经营者具有绝对的控制地位，但他们持有的股份数额与他们对公司经营的绝对控制力之间形成巨大反差。这颇有些类似伯利和米恩斯所言的"脱离所有权的经营者控制"，但不同也非常明显，互联网公司经营者既是公司创始人，也是公司的小股东，而"经理人革命"理论中所言的"经理人"并不具有股东身份，也不一定是公司的创始人。

---

〔1〕 2013年9月10日阿里巴巴14周年庆时，马云在"致阿里人的邮件"中将此称为"创始人文化"，认为阿里巴巴的"合伙人制"是一个"为传承创始人使命、愿景和价值观而建立的机制"。资料来自互联网。

〔2〕 资料来源于百度知道，最后访问时间：2021年8月5日。

（二）创始人经营者控制下的公司治理问题分析

这些由创始人经营者控制的民营公司，其内部控制关系状态如何？总体来看，在实践中，此类公司中的小型公司一般采用有限责任公司形式，其内部治理结构与《公司法》规定基本一致，即此类公司内部控制关系与投资人在公司中所占股份比例直接相关，"股权结构决定公司内部控制状况"就是此类公司内部控制关系状况的准确概括。但在以数字网络技术为基础建立的民营公司中情况则有很大区别。

首先，经过早期创业进入发展阶段后，一方面，电商企业需要在互联网技术的开发运用中投入较多的资金，因此此类公司具有强烈的融资需求。另一方面，基于创始人及其经营团队对公司长远发展的重要意义，此类公司的创始人经营者意图在大规模融资的同时又保持对公司的控制，这导致双层股权结构成为大型互联网民营公司实现上述目的的最佳选择。而作为此类民营公司内部权利（力）分配的制度基础，双层股权结构不仅颠覆了"股权结构决定公司内部控制状况"的一般规律，而且衡量控股的标准也由股份数额转变为股权的内容。表面上看，具体的双层股权结构体现了公司股东之间的自由协商和选择，但这种自由协商和选择的目标和结果都在于确定公司大股东与经营者之间的关系，因此在采用双层股权结构的公司中，主要利益冲突关系仍然发生在股东与经营者之间。尽管这种利益冲突关系可以通过股东协议以及公司章程的规定得到平衡，但基于公司法规则，并非全体股东在这种谈判中都具有同样的发言权以及影响力，因此准确地说，双层股权结构关系的本质是大股东与经营者协商产生的一种公司内部控制关系，我们不能排除这种控制给其他股东以及利益相关者带来损害的可能。在这个意义上，双层股权结构公司在治理中的首要问题仍然是中、小股东权益的保护，即由于大股东和经营者在公司治理中处于核心地位，因此立法者需要加强对公司章程以及股东协议内容的司法监督，防止大股东与经营者在博弈过程中对中、小股东的损害。

其次，在创始人经营者控制的数字网络公司中，立法者还应当关注新经济对此类公司利益相关者关系的影响。在人类社会由工业社会进入信息社会的发展过程中，数据网络经济以一种全新的方式在一些领域打破了传统工商业的经营模式。具体到中国，随着数据网络经济的迅猛发展，腾讯、阿里巴巴、京东在各自的领域奠定了电商经营模式的基础，而智能手机以及强大的物流更是将互联网终端服务推到一个极致。笔者认为，基于数字网络经济对企业盈利方式、人类生产及生活方式的巨大影响，学界应当从以下几个方面关注数字网络经济对既有公司关系的影响：

第一，平台企业的出现。按照利益相关者理论，公司在传统经济中是股东、经营者、债权人、雇员、消费者等利益相关者的连接体，而在数字网络经济中，这个连接体变成了平台企业。那么，传统公司与平台有什么不同呢？笔者认为，平台企业至少在三个方面改变了传统经济：一是催生了强大的物流业和快递业；二是导致部分传统销售渠道的消失；三是催生了新的盈利方式。如同我们所看到的那样，以各种网上购物平台为支撑的商品和服务的网络销售，在取代部分中低端商品和服务的门店销售的同时，催生了中国的快递业；网约车平台几乎淘汰了出租车揽客的传统经营方式；各种网上支付平台大大减少了交易中的现金支付。基于上述，以平台为载体建立起来的投资者、经营者、生产者、供货商、消费者之间的关系也与工业化时代的传统公司具有明显不同，立法者面临的第一个问题是：如何看待并定性平台企业及其所连接的公司关系？这种新的公司关系对既有公司制度下的交易秩序有何影响？上述问题的回答是立法者构建数字网络经济时代市场交易新秩序的基础。

根据 2021 年 2 月 7 日发布的《国务院反垄断委员会关于平台经济领域的反垄断指南》第 2 条的规定，互联网平台是指通过网络信息技术，使相互依赖的双边或者多边主体在特定载体提供的规则下交互，以此共同创造价值的商业组织形态。根据这一定义，笔者认为可以将互联网平台企业连接的关系归纳如下图：

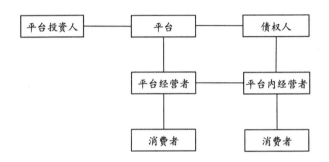

图 3　互联网平台连接的关系

根据图 3，笔者认为：其一，平台是由数字信息网络技术所构建的交易空间或者交易场所，因此平台在本质上也是一种商业组织形态，它也存在投资人、经营者、债权人这三个基本经济关系。但与传统公司不同，平台所构建的交易空间，其基础是数字信息技术、电脑终端和移动智能终端，并且以海量的数据以及不断优化的算法和算力作为支撑。正是这些，使既有公司关系在平台中发生了变化。其二，平台经营者是指向自然人、法人及其他市场主体提供经营场所、交易撮合、信息交流等互联网平台服务的经营者。由于平台经营者在运营平台的同时，也可以在平台上提供商品，因此平台与消费者之间存在间接和直接两种经济关系。其三，平台内经营者是指在互联网交易空间内提供商品或者服务的经营者，其地位类似当下大型商场招租的商铺，在存在平台内经营者的情况下，尽管消费者不直接与平台发生关系，但由于平台的存在，消费者与平台内经营者之间的关系要受到平台及其所设置的交易规则的影响，也就是说，平台内经营者与消费者之间的关系会受到平台的影响。例如平台的信誉会影响消费者对平台内经营者的选择，基于此，平台也应该对这种间接的消费关系承担一定的义务，这种连带关系必然使得平台企业对平台内经营者具有监督关系。

第二，经营者成为企业的核心。建立在数据网络基础上的平台企业，其创建所需要的技术含量以及创意，与工业化时代的公司不可同日而语。这导致几乎所有互联网企业的成功运营都有一个特点：企业创建与运营对创始人经营者具有强烈的依赖。例如：阿里巴巴对以马云为首的经营团队的依赖；腾讯对马化腾及其经营团队的依赖。显然，这种情况打破了以股东资本作为企业核心的传统观念，换言之，对于平台企业的盈利而言，最重要的因素不是资本，而是经营者对数据网络技术的运用和创新。当然，平台企业也有股东，但这些股东获取投资报酬的路径已经不再是依赖投资数额去控制企业经营，恰恰相反，基于对经营者能力以及平台企业发展的预期，特别是对创始人经营者能力的预期，股东自愿放弃对企业的控制，让经营者大显身手。这就意味着：互联网经济下的企业内部，传统的股东与经营者之间的关系已经发生了变化。过去的企业中，不持有股份或者只持有少数股份的经营者只是高级打工仔，而互联网企业中，持有少数股份的经营者会变成企业的控制人。这一点类似前文所述的"经理人革命"，但不同在于两者产生的根源：一般上市公司的经营者控制产生于股票交易以及股票市场的发达，而互联网公司的经营者控制产生于数据网络技术以及双层股权制度的运用；在前一种情况下，"经理人革命"是股东被动接受的结果，而在后一种情况下，经营者控制是大股东与经营者"合谋"的结果。笔者认为，无论公共公司中的经营者控制与互联网公司中的经营者控制有多么不同，股东权益保护都是立法者必须考虑的问题。因此在数字网络经济下，我们需要密切关注并研究：只具有小股东身份的经营者是否会侵犯大股东的权益？具有经营者身份的小股东与大股东之间在双层股权结构上的"合谋"是否会侵犯其他小股东的合法权益？

第三，消费者地位的变化。以数字网络为基础的电商行业主要从事商品销售以及网络服务产品的提供，这决定了互联网平台公司的建立和运行不仅依赖经营者，同时也依赖消费者。正如阿里巴巴创始人马云所言："客户第一、员工第二、股东第三，是 21 世纪的普遍价值观。"在现实中，电商平台对消费者的这种特殊依赖关系甚至使其创造出企业与消费者分享公司利润的经营方式。例如，趣头条将广告费用直接补贴给用户；而在一个对区块链的研究中，作者认为区块链技术将彻底改变公司制度，并举例——Gojoy 是一家创办在硅谷、定位为区块链平台的电商企业，该企业有一个区别于一般电商平台的特点：消费者是平台股东，享受股权增值收益，共享平台 50% 利润分红，作者认为这是一种企业与消费者共创利润的商业经营方式。[1]显而易见，传统公司中股东与消费者之间的界限逐渐模糊，不仅股东关心公司利润，消费者也开始关注公司利润。借用伯利和米恩斯的表述方式：虽然在法律上股东与消费者仍然是两种不同的主体，有各自的权利和义务，法律为他们提供不同的保护，但在平台经济中，消费者的身份开始接近股东。那么，立法应该如何定位，才能为这些"股东"或者"消费者"的合法权益提供必要保护？与此同时，立法者还需要关注的问题是：与平台对消费者的依

---

〔1〕 见龚焱、李磊、于洪钧：《公司制的黄昏：区块链思维与数字化激励》，机械工业出版社 2019 年版。

赖形成反差的是，平台消费者的弱势地位却更加明显。

第四，传统用工方式的改变。数字网络经济使得物流司机、外卖员、工程师、科学家、医生等行业的"临时工"现象发展壮大，而"零工经济"则导致以短期合同或自由职业为特征的劳动力市场正在扩张。在《零工经济——在新工作时代学会积累财富和参与竞争》一书中，作者认为：尽管由于缺少官方数据而很难给出零工经济工作者人数的具体数据，但全美仍有超过 4400 万人正在从事零工经济的工作。[1]而在中国，已经有企业放弃内部雇佣劳动者的模式转而采取外部合作的模式开展业务。例如，生猪行业的上市公司雏鹰农牧没有采取传统的雇员养殖模式，而是选择与当地的农户进行合作，雏鹰作为平台依靠信息技术手段对养殖业务流程进行切割，将技术要求高、风险大的业务部分分割出来由平台企业统一管理，将技术要求低但需要劳动力投入的业务分割为不同阶段的标准化流程，承包给各农户，平台企业提供统一的饲料、疫苗等，当每一阶段结束时，按照生猪的增重乘以约定价格向承包农户支付费用。[2]而基于互联网信息技术在满足个性化、定制化、小批量的客户需求方面所具有的成本优势，以及相关职业中介平台的出现，外部劳动者更加贴合企业的用工需求，劳动者有着向企业外部利益相关者转向的趋势。

行文至此，笔者得出这样的结论：创始人经营者控制下的公司治理问题不仅发生在股东之间、股东与经营者之间，而且也将发生在利益相关者关系的层面。由此，此类企业的公司治理制度资源也将从公司法扩

---

〔1〕 详见〔美〕玛丽昂·麦戈文：《零工经济——在新工作时代学会积累财富和参与竞争》，邱墨楠译，中信出版社 2017 年版，第 54 页。

〔2〕 魏炜、林桂平、朱武祥：《单边平台：定义、交易特征与设计步骤》，载《新疆社会科学》2016 年第 4 期。

展到与公司利益相关者保护有关的全部法律制度领域，包括证券法、消费者法、劳动法以及竞争法等。在这样的基础上，笔者认为，公司治理可能将从"对公司问题的治理"发展为"公司时代市场秩序的治理"。

本章小结

在将当下的中国公司划分为国家股份控制的公司、家族股份控制的公司以及创始人经营者控制的公司的基础上，从影响公司控制的本土因素角度，分别从不同公司的控制状态入手，对其治理问题（对象）展开分析。笔者认为：

首先，在中国国有企业公司制改造所形成的国家股份控制状态下，目前为止的国有资产管理体制改革仅仅是在国家层面确立了相对统一的股权行使机构，尚未按照"两权分离""政企分开"的目标对国家股份控制下的公司内部权利在国家股东和公司经营者之间做出相应的划分。即由于国有资产管理体制改革的滞后，公司内部制衡关系并没有伴随"新三会"的建立如期而至，国有公司也没有通过内部机构的建立健全获得新的行为模式，国有公司的运营成本依旧无法降低。这就是当下中国公司中国家股权控制的公司面临的治理问题。未来立法者应当考虑如何以权、义、责统一为原则，在国家股东与公司董事会之间进行公司权利的配置，并以种类股份为基础建立多层次的政府与企业的关系。

其次，对于现阶段的中国家族公司而言，公司属于家族股东——这不仅符合公司法基本理念，更符合现阶段中国社会的伦理道德观念。因此，在家族公司发展过程中，将面临家族控股股东与职业经理人之间、家族控股股东与中小投资者之间，以及公司治理规范与家族公司自主治理之间的冲突。至于经营者创始人控制的公司，其治理问题目前主要集中于平台企业。由于平台经济与传统经济的不同，以平台为连接的股东、经营者、消费者、劳动者等利益相关者关系发生了变化，其中，大股东与经营者协商产生的控制最为引人注目。因此，大股东与经营者"合谋"产生的中小投资者保护问题、平台经营者与劳动者之间的利益冲突问题、处于弱势中的消费者权益保护问题成为此类公司面临的治理问题。

在本章之后的第四、五、六、七章中，笔者将对上述公司治理的制度构建展开详细探讨。

第四章 国有公司中国家股东与董事会关系模式的选择

　　始于 20 世纪 80 年代末的中国国有企业公司制改革，完成了国有资产的国家所有权向国家股权的转换，而各级国有资产监督管理机构的建立，标志着国家股权主体制度基本框架的初步建立。但如前所述，由于国家股权主体与私人股权主体的不同，国有资产监督管理机构行使股权具有公权力行使的特性，因此无论是独资控股还是相对控股，举凡在国家股份控制的公司中，国有资产监督管理机构直接行使国家股权将放大并强化国家股份对企业的直接控制，大大增加对企业经营过度干预的风险，最终将导致改革在一定程度上背离"两权分离""政企分开"的初衷。基于此，在国家股份占控制地位时，国家股东与董事会之间权利配置的调整是公司治理必须解决的首要问题，而 20 世纪末改革中提出并不断发展演化的"国有资产授权经营"，将因此被赋予新的内涵，成为国有公司中国家股东与董事会权利分配的工具。[1]笔者认为，在公司法层面，这一改革思路合理性的基础在于：股份公司股东（会）与董事会关系模式的选择，既取决于股东人数和公司规模，也与股东自身状况

---

　　〔1〕　这一内容笔者将在下一章详细论述。

密切相关。

笔者认为，由于股东人数、公司规模、股东自身状况等方面的区别，董事会在不同公司中被需求的程度不同，这导致股东（会）与董事会的关系在不同类型公司中出现差异。一般来说，股东（会）控制公司的程度依股份公司、有限公司、一人公司的顺序递增，董事会被需求的程度则依次递减，而董事会在公司中被需求的实际状况将决定公司应该由股东控制还是由经营者控制。就国家股份全资控制的国有独资公司而言，基于其所具有的一人公司治理结构方面的弊端，履行出资人职责机构直接行使国家股权将导致股东权在实际上过于强大，进而影响股东与经营者之间的分权与制衡关系，因此即便只有一名股东，公司也必须选择"强董事会"的内部分权模式。至于国家股份相对控股的公司，由于在公司治理层面上，国家相对控股与全资控股所产生的问题并无本质区别，因此国家股东与董事会关系的基本模式也应当是"强董事会"模式。区别仅在于具体的制度设计。

为避免不必要的误读，笔者特对本章使用的以下概念做出说明：

首先，关于"国有公司"概念的使用。根据我国《公司法》和《企业国有资产法》的规定，国家可以采用独资、控股及参股等形式对公司投资，前两类公司，即《公司法》规定的国有独资公司和国家股份占控制地位的股份公司，本章标题将其统称为"国有公司"，专指"国家股份在其中占控制地位的公司"。同时，基于学界普遍将国家股份在公司中占控制地位的公司称为"国有公司"或者"国有企业"，在论述中，"国有公司"也可称"国有企业"。之所以在论述中不区分是否全资控股，主要理由在于笔者认为，无论是否全资控股，董事会与国家股东之间关系的处理都是国有公司面临的治理问题，换言之，国有独资公司与国家股份控制的公司具有相同的治理问题。

其次，对"国家股份"概念的使用。由于我国国有资产实行统一所有、分级管理，国家股份由中央和地方各级政府持有，国家股份控制可以在中央及地方不同层面上进行，因此，本章所言"国家股份"包含了中央和地方各级政府依照《企业国有资产法》持有的公司股份。另外，国家股份可以按照资产类型的不同划分为国家金融股份以及国家非金融股份，限于本书讨论的范围，在本章以及第五、六章中所言"国家股份"不包含国家金融股份。

最后，关于"国家股东"概念的使用。我国《企业国有资产法》的规定，国有资产属于国家所有即全民所有，国务院代表国家行使国有资产所有权；国务院和地方人民政府依照法律及行政法规的规定，分别代表国家对国家出资企业履行出资人职责，享有出资人权益；国务院国有资产监督管理机构以及地方人民政府按照国务院的规定设立的国有资产监督管理机构，根据本级人民政府的授权，代表本级人民政府对国家出资企业履行出资人职责；国务院以及地方人民政府根据需要可以授权其他部门、机构代表本级人民政府对国家出资企业履行出资人职责。基于上述规定，国家作为股东不是一个机构而是一个机构体系。因此，在本章以及第五、六章的相关表述中，国家在公司中的地位笼统用"国家股东"表达，在更具体的法律关系中，分别使用"履行出资人职责的机构""国有资产监督管理机构或者国资监管机构""国务院国资委"等称谓。

一、不同类型公司股东（会）与董事会关系的比较

现代公司法理论对董事会地位的论述主要从董事会与公司之间关系的角度切入，"委托代理""委任""信托""双重关系""法定关系"等诸多学说据此得以创立。笔者认为，首先，由于公司是由股东投资建立的，因此在不考虑利益相关者因素的前提下，可以认为这些学说实际上是在论证股东（会）与董事会之间的关系。在目前中国《公司法》修订讨论中，股东会与董事会之间的关系成为学界关注的焦点充分证明了笔者的这一判断。[1] 其次，学界对这些学说的分析和评价表明，[2] 由于公司本身的复杂性，因公司类型、规模以及股东自身情况的不同，董事会与公司的关系不同，股东（会）与董事会之间的关系也特征各异。这对笔者下文的论述具有重要意义，即从公司类型的视角去研究董事会在公司中的地位，将有助于我们准确把握对股东（会）与董事会关系处理中的一般规律，进而为下文对国家控股公司的股东（会）与董事会关系的探讨奠定基础。[3]

在现代股份公司中，公司规模巨大以及股东人数众多对股东会制度产生的影响首先表现为：现代商事交易的迅捷使得事事都由一个庞大的股东会批准变得不现实，[4]同时，人数众多的股东试图通过直接控制公司运营的民主方式来经营公司也变得非常困难。正是为了解决上述问题，法律赋予被选举的董事管理公司的权利。[5]这导致过去由所有者掌握的权利逐渐集中到少数经营管理者手中。[6] 其次，股东自身情况的

---

〔1〕 例如，赵旭东：《中国公司治理制度的困境与出路》，载《现代法学》2021年第2期；徐强胜：《我国公司人格的基本制度再造——以公司资本制度与董事会地位为核心》，载《环球法律评论》2020年第3期。

〔2〕 主要参见梅慎实：《现代公司治理机构规范运作论》，中国法制出版社2001年版，第358~370页；张民安：《现代英美董事法律地位研究》，法律出版社2000年版，第28~46页。

〔3〕 由于国有独资公司属于有限责任公司的一种，其股东与董事会关系的构建必然以股东承担有限责任的公司为原型，因此，本书的分析仅限于股东承担有限责任的公司。另外，本讨论中不探究和区分董事与管理者（经理）之间的关系，将其视为经营者整体。

〔4〕 谢朝斌：《独立董事法律制度研究》，法律出版社2004年版，第126~127页。

〔5〕 Julian Velasco, "The Fundamental Rights of the Shareholder, Notre Dame Law School Legal Studies Research Paper No. 05-16（2/06/2006）", available at http：//ssm. com/abstract = 761904, 2006-4-10.

〔6〕 Thomas Lee Hazen, Jerry W. Markham, *Corporations and other Business Enterprises*, West Groups, p. 9.

变化导致了股东整体对公司经营管理的漠视，因此股东会在股份公司经营管理中地位下降，董事会逐渐成为公司经营管理中心，最终使得董事会权利为法律授予的立法理念得以确立，并由此形成了公司立法上的董事会中心主义。[1]

　　而在有限责任公司中情况则有很大不同。作为在股份公司之后产生的新型公司，股东人数少且直接参与经营管理是有限责任公司最显著的特征，这直接导致了以下几方面的结果：首先，股东直接控制并介入公司经营管理使得董事会的设置变得随意。如在德国，有限公司的法定机构只有股东会和经理，多数有限责任公司不设董事会，而且股东与经理之间常常在人员上完全或者部分重合。[2] 法国的规定也与此相同。[3]而在日本，有限公司直接由业务执行股东来执行公司事务。[4] 其次，公司法允许有限公司股东通过章程对董事会或经理的权利进行限制。如德国有限公司经理只在公司合同和股东决议授权的范围内进行经营管理。[5]法国有限公司股东可以将经理的权利仅限制在日常管理权利范围

---

〔1〕　笔者认为，在过去 20 年来，美国的资本市场结构发生了根本性的变化，各种机构投资者（包括各种退休基金、互助基金、保险基金等）持有资产占企业总资产的比例，由 1970 年的 12.4% 提高到 1997 年的 48%，这使得美国股东分散化的状况发生了很大变化，出现了由"管理人资本主义"向"投资人资本主义"的转变。但对这一点是否导致了股东会中心主义的回归也存在不同观点。

〔2〕　[德] 托马斯·莱塞尔、吕迪格·法伊尔：《德国资合公司法》（第 3 版），高旭军等译，法律出版社 2005 年版，第 524 页。

〔3〕　[法] 伊夫·居荣：《法国商法》（第 1 卷），罗结珍、赵海峰译，法律出版社 2004 年版，第 540 页。

〔4〕　《日本公司法》第 590 条，参见崔延花译：《日本公司法典》，中国政法大学出版社 2006 年版，第 276 页。

〔5〕　参见《德国有限责任公司法》第 37 条第 1 款、第 45 条的规定。转引自 [德] 托马斯·莱塞尔、吕迪格·法伊尔：《德国资合公司法》（第 3 版），高旭军等译，法律出版社 2005 年版，第 526 页。

内。[1]此外，在公司法对股东权的规定中，有限公司股东权的范围明显要大于股份公司股东。如《德国有限责任公司法》第51a条、第51b条规定，有限公司股东可以查阅公司账簿和文件，该查询权不仅包括正确评判股东会议题所必需的内容，而且包括所有股东可以查询的利益，因此在权利范围上远大于股份公司股东。[2]在法国，有限公司股东享有的知情权与德国法律规定的范围基本相同，不仅如此，股东在公司财务处于困难时还可以每年一次书面向经理管理人提出问题，经理管理人对这些问题的回答要通知会计监察人，公司的诸多文件[3]都要寄到股东的住所，这是股份公司股东没有的权利。[4]

再来看一人公司。在此类公司中，股东的唯一性不仅为股东直接控制公司运营提供了方便，而且股东的权威在公司法中也得到了充分的强调（即使一人有限公司也是如此）。如国外立法一般规定一人有限公司可不设董事会：美国《1948年标准公司法》第21条规定，若公司章程中有规定者，法定闭锁公司的不设立董事会;[5]在日本，法律虽无类似规定，但在学理上也有类似的解释。[6]在中国，根据《公司法》第57条规定，一人有限责任公司董事会适用一般有限责任公司的规定，即规模较小的一人公司，可以不设立董事会而只设一名执行董事。

---

〔1〕［法］伊夫·居荣：《法国商法》（第1卷），罗结珍、赵海峰译，法律出版社2004年12月版，第549页。

〔2〕［德］托马斯·莱塞尔、吕迪格·法伊尔：《德国资合公司法》（第3版），高旭军等译，法律出版社2005年版，第452页。

〔3〕如提请审议的决议文本、经理管理人的报告、会计监察人的报告、各类经营文件等。

〔4〕［法］伊夫·居荣：《法国商法》（第1卷），罗结珍、赵海峰译，法律出版社2004年版，第560~561页。

〔5〕该条规定转引自赵德枢：《一人公司详论》，中国人民大学出版社2004年版，第269~270页。

〔6〕赵德枢：《一人公司详论》，中国人民大学出版社2004年版，第269~270页。

从公司类型角度对股东会（股东）与董事会关系的分析，笔者得出以下结论：由于股东人数、公司规模、股东自身状况等方面的区别，董事会在不同公司中被需求的程度不同，导致股东会（股东）与董事会的关系在不同类型公司中出现差异：一般来说，股东会（股东）控制公司的程度依股份公司、有限公司、一人公司的顺序递增，而董事会被需求的程度及其权利则依次递减。这意味着：一方面，作为公司的一种类型，国家股份控制的公司中股东（会）与董事会之间关系的处理应当遵循公司内部关系处理的一般规律；另一方面，尽管从股权结构的角度，国家全资控股的公司可以被纳入一人公司的范围，但从其规模巨大以及内部管理复杂的角度，国有独资公司在经营管理上却更接近股份有限公司。于是，以股份有限公司为样本对大型公司中股东（会）与董事会关系的分析成为本书论证的一个重要方面。

二、现代股份公司股东会与董事会关系的两种基本模式[1]

作为经营管理机构，董事会在公司中的地位与其在公司经营管理中被需求的程度具有密切联系，而公司对董事会的需求程度则与公司规模密切联系。因此，如果在大型公司中董事会是必需的，那么，以股份公司为样本对大型公司中股东会与董事会的关系展开研究，对同属大型公司的国家控股公司内部关系的处理具有重要意义。这里应当说明的是，从学界既往研究看，世界范围内的公司机构模式主要有以美国为代表的单层委员会制（董事会委员制）、以德国为代表的双层委员会制（监

---

[1]　关于这一分析的观点和阐述最早发表于徐晓松、范世乾合著的《论国资委与国有独资公司董事会的关系》（载《月旦财经法杂志》2006 年第 6 期）一文。

事会制）和以日本为代表的中间模式。[1] 由于中间模式是指股东在设立公司时可以自主决定采用董事会委员会制或者监事会制，[2] 因此笔者的分析以美国、德国为样本展开。

（一）强董事会、弱股东会模式

强董事会、弱股东会模式以美国公开公司最为典型。无论是从判例法还是成文法的角度，美国股份公司中董事会均处于公司经营管理的核心，股东会则处于弱化状态。首先，在 1906 年英国上诉法院审理 Automatic Self-cleansing Filter Syndicate Co. v. Cunninghame 案中，法院确立了一项赋予董事享有管理权力的规则，除非通过修改公司章程，否则股东会不得干涉其行为。[3] 美国判例法借鉴并严格执行了此规则，[4] 使得董事会在公司经营管理中的核心地位得以建立。其次，根据《美国示范商业公司法》第 8.01（b）节对董事会权利的规定："公司的所有权力都应当由公司董事会行使，或者在公司董事会的授权下行使，公司所有的商事活动和商业事务都应当在董事会的指导下进行管理，但公司章程和股东的协议对此作了限制性规定的除外。"[5] 具体而言，美国公司董事会的权利包括：宣布公司股利的权利；选择、监督和解除公司董事

---

〔1〕 采用董事会委员会制的国家主要为英美法系国家，如英国、加拿大、澳大利亚、新西兰、印度等；采用监事会制的国家主要为大陆法系国家，如北欧诸国、荷兰、奥地利、瑞士、比利时、意大利等；与日本采用相同模式的主要有法国、西班牙、葡萄牙及其原殖民地国家。

〔2〕《日本公司法》第 326~328 条。参见崔延花译：《日本公司法典》，中国政法大学出版社 2006 年版，第 156 页。

〔3〕 John Farrar, *Corporate Governance in Australia and New Zealand*, Oxford University Press, 2001, p. 70.

〔4〕 Julian Velasco, "The Fundamental Rights of the Shareholder, Notre Dame Law School Legal Studies Research Paper No. 05－16（2/06/2006）", available at http: //ssm. com/abstract ＝ 761904, 2006-4-10.

〔5〕 See Model Bus. Corp. Act § 8.01（b）（2002）.

长、副董事长、秘书、会计师等高级官员的职位；对公司章程的修改、公司合并、公司重要财产的出售以及公司自愿解散等重大事项变更作出决策；提起法定诉讼的权利等。[1]此外，代理投票制的规定使得美国公司的股东通常不参加股东会会议，而通过代理投票者来行使表决权，[2]但在代理投票时，董事依法控制着代理投票机制，因此代理投票方法对股东不利。[3]例如，现任董事可以使用公司资金来为其再选征集代理权，为了对抗他们，一个股东必须要承担代理权竞争的可观费用支出，另外，根据代理权规则，股东只能对现任董事提出的候选人进行投票，他们既不能推翻董事提名的候选人也不能提议新候选人。这就削弱了股东对公司事务的决策影响，从而维护了董事会的权威。[4]

（二）弱董事会、强股东会模式

弱董事会、强股东会模式以德国资合公司最为典型。德国公司法规定了双层委员会制度。公司内部设立监事会（supervisory board，也有学者译为"监督委员会"或"监督董事会"）和董事会（managing board，也有学者译为"管理委员会"）。监事会具有监督公司的经营管理、审查年度报表、对重大事项行使同意权、独立的经营管理权、董事任命权等项职权，而董事会则在监事会的监督下行使公司的经营管理权，因此德国公司董事会的地位较低。当然，一般而言，监事会的决议对董事会没有约束力，如果监事会与董事会就某一措施发生分歧，监事

---

〔1〕　张民安：《现代英美董事法律地位研究》，法律出版社 2000 年版，第 125~132 页。

〔2〕　See Del. Code Ann. tit. 8, §212（2001）；Model Bus. Corp. Act §7. 22（2002）.

〔3〕　See generally Black，"Shareholder Passivity Reexamined"，89 *MiCh. L. Rev.* 520, 526-29（1990）；Jeffrey N. Gordon，"The Mandatory Structure of Corporate Law," 89 *CoLum. L. Rev.* 1549, 1575-77（1989）.

〔4〕　Julian Velasco，"The Fundamental Rights of the Shareholder, Notre Dame Law School Legal Studies Research Paper No. 05－16（2/06/2006）"，available at http：//ssm. com/abstract = 761904，2006-4-10.

会原则上不能命令或者阻止董事会执行该措施。但对监事会拥有同意保留权的事项，监事会可以通过行使其权限否决董事会的动议。在其他情况下，监事会可以通过与董事会协商或者通过否决决议来阻止董事会措施的执行，如果这些措施没有效果，监事会还可以在其工作报告中对董事会的措施提出异议（《德国股份法》第 171 条第 2 款），或者根据《德国股份法》第 93 条的规定向法院提起中止执行或者损害赔偿之诉。在有重大原因的情况下，监事会甚至可以提前解散整个董事会。[1]

同样是股份有限公司，为什么股东会与董事会之间具有如此不同的关系？基于以下分析，笔者认为这源于股权结构、公司立法体制、公司外部治理环境等三个因素的影响。

1. 股权结构对股份公司股东会与董事会关系的影响

从公司运作实践看，美国股份公司的股权更为分散，股东对公司的控制度较低。与之相比较，德国股份公司的股权更为集中，股东（尤其是大股东）对公司的控制程度更高。这是形成美、德两国股份公司具有不同内部关系的根本原因。

在美国，股权高度分散，个人股东只持有公司很少部分的股份。[2]这种股权分散的特征有其深刻的历史渊源。研究显示，美国建国以后，由于害怕经济集中，害怕公司会侵蚀个人的权利，因此敌视公司的存在，而这种思维定式长期左右着法律对公司的态度。正如布兰迪斯（Brandeis）大法官在 Louis K. Liggett Co. v. Lee 一案中所指出的：虽然，公司在商业和工业上的价值早被人们全面认可，但注册商事公司仍被禁

---

〔1〕〔德〕托马斯·莱塞尔、吕迪格·法伊尔：《德国资合公司法》（第 3 版），高旭军等译，法律出版社 2005 年版，第 175~179 页。

〔2〕Diane K. Denis, "International Corporate Governance", available at http://papers. ssrn. com/sol3/papers. cfm? abstract_ id=320121, 2004-4-10.

止。这是因为早期人们害怕公司的力量，害怕公司会侵蚀个人的自由和机会，害怕劳动者会依附于资本，害怕独裁，害怕吸纳资本、永久存在的公司会给社会带来不良后果。[1] 因此，虽然随着美国经济的发展，设立公司的限制也越来越少，但法律仍然限制公司的集中，禁止公司交叉持股。只有在法律采纳了布兰迪斯大法官在 Louis K. Liggett Co. v. Lee 案中确立的规则之后，公司才开始被允许持有其他公司的股份。[2] 因此，马克·罗伊（Mark Roe）教授认为，美国现在分散的所有权状况是一系列政治决策的结果，这些决策主要出自对经济力量集中的担忧。在这些法律中，最重要的是直接或间接限制金融机构持有单一公司股份的比例。[3] 特别是在经历了 20 世纪 30 年代的经济危机之后，美国在反垄断法的基础上对经济集中行为保持极高的警惕，这使得美国大部分公众公司中没有突出的所有者，单一股东对公司的控制较弱，而控制公司的权利自然集中到少数管理者手中。尽管在二战后机构投资者持有公司股份有增大的趋势，但由于法律的限制，美国公司股权分散的局面仍然没有根本改观。例如，美国有关法律限定保险公司所持股票不得超过该公司股票总值的 5%，养老基金和互助基金不得超过 10%，否则将会面临高昂的纳税问题。因此，一个机构投资者在某个特定的公司里通常只持有 1%~2% 的股份，仍然难以构成控股股东。[4] 由此可见，政治原因是美国公司股权分散的重要影响因素。

而德国的情况则不同。德国在资产阶级革命后一直强调中央集权，

〔1〕　See Louis K. Liggett Co. v. Lee, 288 U. S. 517, 53 S. Ct. 481, 77L. Ed. 929 (1933).

〔2〕　Thomas Lee Hazen, Jerry W. Markham, *Corporations and other Business Enterprises*, West Groups, p. 10.

〔3〕　Thomas Lee Hazen, Jerry W. Markham, *Corporations and other Business Enterprises*, West Groups, p. 13.

〔4〕　See Robert Gertner and Steven Kaplan, "The Value-Maximizing Board", *Working Paper*, *University of Chicago*, 1996.

对经济集中的控制不是很严，在金融业从来都实行全能银行制，因此股东对公司的控制历来很严密。首先，股份公司所有权高度集中和少数股东作用有限。2005 年的一项研究显示，1998 年在德国 100 家最大的公司中，只有平均 26%的公司实行所有权分离，18%的公司被家族控制，14%的公司由政府控制，17%的公司由国外投资者控制，14%被其他公司或银行控制；这种所有权结构在 2005 年之前的 20 年间并没有多大改变。而 1999 年，银行和非金融公司持有德国最大的 25 家公司中的17.8%的股份。[1] 其次，所有权与其他组织的战略利益相关度大。公司和银行倾向于追踪战略性的组织利益，以促进公司间的合作，从中获得收益。公司间的密切联系抑制了经营权市场的发展，从而吸引投资者参与公司管理。最后，德国的全能银行作为大股东对股份公司起到了主要的监管作用，银行通过信贷和大量持股建立起了与公司经营管理之间的紧密联系，行使代理投票权，并监管董事会成员。[2]因此，德国银行作为大股东或者股东的受托人，对公司行使实际的控制权，形成了主银行治理机制。在此模式下，银行对公司的控制紧密，股东会处于强势地位，董事会受股东会的支配。

2. 公司法立法体制对股份公司股东会与董事会关系的影响

立法体制对不同公司治理模式的形成具有重要的作用。美国公司立法权在各州，出于税收因素的考虑，各州为吸引更多的公司来本州设立，在公司立法层面展开了竞争。实践证明，这种竞争并不是以股东利益最大化为目标的"向顶端竞争"，而是对管理者有利的"向底限竞

---

[1] John C. Coffee, "The Rise of Dispersed Ownership and Control", available at http: //papers. ssrn. com/sol3/papers. cfm?abstract_id=254097, 2005-12-27.

[2] 胡鞍钢、胡光宇编：《公司治理中外比较》，新华出版社 2004 年版，第 348~349 页。

争"。[1]　即由于管理者对公司在何处注册拥有重要的影响，为了吸引更多的公司来本州注册，州公司立法不得不考虑管理者的利益。结果，州公司法竞争的结果是管理者的利益得到了维护，[2]股东对公司的控制力越来越小，而管理者的权利越来越大。[3]例如，在1985年，为了迎合董事的要求，特拉华州修订了公司法以限制董事违反注意义务的个人责任。[4]而很多州为了吸引管理者在本州开展营业而改革了反收购立法，通过严格限制收购行为和赋予管理者采取反收购措施的权利，新的立法保护管理者免受收购和控制权竞争的威胁。[5]而德国由于没有采用公司法"州立法模式"，公司法由联邦统一制定，因此不存在州之间的法律竞争。德国在资产阶级革命后一直强调中央集权，而且原有的容克贵族的权利得到了保留，大地主大资产阶级控制着国家经济的命脉，因此政府立法对经济集中的控制不是很严。在德国，金融业从来都实行全能银行制，法律对大银行股东在公司治理中的核心作用予以了肯定。

3. 公司外部治理环境对股份公司股东会与董事会关系的影响

依赖资本市场生存是股份公司区别于其他类型公司的最典型特征，那么，以资本市场为核心的对公司董事会和管理层的监督机制所构成的公司外部治理环境，对股份公司股东会与董事会之间关系具有什么样的影响？在美国，发达的资本市场使得对董事会和管理层的监督主要依赖

---

〔1〕　Lucian Arye Bebchuk, Alma Cohen, Allen Ferrell, "Does the Evidence Favor State Competition in Corporate Law?", *California Law Review*, Vol. 90, pp. 1775–1821 (2002).

〔2〕　Lucian Arye Bebchuk, Alma Cohen, Allen Ferrell, "Does the Evidence Favor State Competition in Corporate Law?", *California Law Review*, Vol. 90, pp. 1775–1821 (2002).

〔3〕　Lucian Arye Bebchuk, "Federalism and Corporation: The Desirable Limits on State Competition in Corporate Law", 105 *Harv. L. Rev.* 1435 (1992).

〔4〕　Marcel Kahan, Ehud Kamar, "The Myth of State Competition in Corporate Law", *Stanford Law Review* 679 (2002).

〔5〕　Jesse H. Choper, John C. Coffee, Ronald J. Gilson, *Cases and Materials on Corporations*, 6th edition, Aspen Publishers, 2004, p. 25.

于外部市场，包括股票市场、公司控制权市场、经理人市场、产品市场等。这在一定程度上弥补了股份公司内部监督的不足。围绕资本市场监管，首先，美国的外部审计机构、投资银行等中介机构发挥了重要作用。外部审计机构通过对上市公司的审计保证了公司运营的透明度，进而保护了股东的利益。投资银行通过对贷款事项的审查和贷款执行情况的监督保证了公司财务状况的正常。其次，强有力的事后监管和严厉处罚，提高了违法违规成本。美国证券交易委员会对违反信息披露、欺诈等违法违规的行为处罚严厉，在安然事件后颁布的《萨班斯法案》更是加大了对信息虚假犯罪的制裁力度，刑罚由原来的最长 5 年增加到25 年。[1]最后，健全的法律制度，特别是股东诉讼制度（如集团诉讼、股东代表诉讼、股东代位诉讼等）有效保护了投资者的利益。[2] 上述均表明，美国依赖强有力的外部约束，使得股权分散下的"强董事会"模式能够得以存在并有效运作。而德国正与此相反，其一，由于资本市场不发达，外部监督机制作用不大，银行大股东的内部监控一直是德国公司治理改善的动力。[3] 其二，由于企业主要依靠银行的债务融资，证券市场规模远远小于美国，金融市场监管局在公司治理中所起的作用有限。[4] 其三，德国股东代表诉讼制度由于诉讼适格门槛过高，限制了其效用的发挥。[5]

---

〔1〕　陈继勇、肖光恩：《美国公司治理结构改革的最新发展及其启示》，载《经济评论》2004 年第 5 期。

〔2〕　上海证券交易所研究中心：《中国公司治理报告（2004）：董事会独立性与有效性》，复旦大学出版社 2004 年版，第 17 页。

〔3〕　瞿强、普瑞格：《德国的公司治理结构》，载《财贸经济》2002 年第 4 期。

〔4〕　过去，对德国金融市场的监管分别由德国银行监管办公室、保险监管办公室和证券交易监管办公室负责。而进入新千年以后，德国设立了金融市场监管局来统一负责证券、银行和保险业的监管。

〔5〕　《德国股份公司法》第 147 条。

综上所述，笔者的结论是：首先，受股权结构、公司立法体制以及公司外部治理环境的影响，股份公司股东会与董事会的关系大致呈现两种基本模式，即以美国为典型代表的"强董事会、弱股东会"模式和以德国为代表的"弱董事会、强股东会"模式。这说明，尽管在总体上对董事会的需求强于小型公司，但大型公司董事会的地位仍然会在某些因素的影响下出现差异。其次，在影响股份公司股东会与董事会关系的诸多因素中，股权结构因其在决定股东状况以及股东对公司管理的态度方面具有决定性影响而基于主导地位；相比之下，公司立法体制对股东会与董事会关系的影响因受制于国家体制而具有较强的本土性；而公司外部治理环境则是在股权结构和股东状况既定的情况下生成的董事会运转的外部支持系统，因此严格说来不能算是影响股东会与董事会关系的因素。

上述结论对国家股份控制的公司中国家股东与董事会关系的处理具有重要意义：首先，毫无疑问，由于类似的股权结构，股份公司股东会与董事会关系的模式对国家股份控制的公司具有借鉴意义；其次，尽管国家全资控制的国有独资公司在股权结构与股份公司相去甚远，其董事会运转也与资本市场无关，但从股权结构对股东状况以及股东对公司管理的态度具有决定性影响的一般规律出发，股份公司与独资公司仍然具有可比性。

三、国家控股股东与董事会关系的模式：以国有独资公司为样本的分析

在展开论证之前，应当先解释笔者对分析样本的选择。基于我国公有制为基础的社会经济制度，目前为止，通过国企全面公司制改革形成的公司主要是国有独资公司和国家股份控制的公司。笔者认为：总体上看，无论国家是全资控股还是相对控股，只要行使股权的机构不变，国家股东直接行使股权都会带来相同的公司治理问题。不同仅在于：国家股东借助股权行使直接干预企业经营管理的程度，可能因为全资控股和相对控股而有所区别。另外，从目前国家股份相对控股的公司的实际情况看，在大部分公司中，国家控股股东持股比例一般在60%以上，[1]非控股股东大多是其他国有企业，不同所有制资本之间合作并不多见，即便是上市公司，中小投资者占比也很小，因此不足以影响公司治理，这必然导致国家股份全资控股与相对控股之间的区别主要表现在形式上。这也是近年来党和国家提出并推行国有企业混合所有制改革的重要原因。基于上述，笔者认为在公司治理层面，国家相对控股与全资控股所产生的问题与治理路径并无本质区别。为避免重复论证，关于国家控股股东与董事会关系模式选择的分析论证，笔者以国有独资公司为样本展开。

独资公司中国家股东与董事会的关系可能更接近哪一种公司或哪一种模式？影响国有独资公司董事会地位、进而决定国家股东与独资公司董事会关系模式的关键性因素是什么？为了回答上述问题，我们循着前文分析的结论，运用演绎推理的方法，分别将国有独资公司与最相类似的一人公司和股份公司进行比较。

（一）国有独资公司的制度价值

作为中国国有企业公司制改革过程中对国外一人公司制度借鉴的结果，国有独资公司在《公司法》中与其他类型的公司并列，无疑是中国国有企业改革以及公司法理论研究与立法实践的一个创举。由于国有独资公司特殊的内部关系以及治理问题，决定了立法者从一开始就对国

---

〔1〕 详见徐晓松等：《国有股权行使和监管法律制度研究》，北京大学出版社2016年版，第57~58页。

有独资公司适用范围有严格限制。1993 年《公司法》第 64 条规定：国有独资公司是指国家授权投资的机构或者国家授权投资的部门单独投资设立的有限责任公司；国务院确定的生产特殊产品的公司或者属于特定行业的公司应当采取国有独资公司的形式。随着国有资产监督管理体制改革的深入，2005 年修订的《公司法》第 65 条规定：国有独资公司是指国家单独出资，由国务院或者地方人民政府授权本级人民政府国有资产监督管理机构履行出资人职责的有限责任公司。比较上述规定我们可以看到，虽然 2005 年修订《公司法》删除了国有独资公司适用范围的规定，但国有独资公司的基本特点——国家单独出资、由中央及地方政府授权本级政府国有资产监督管理机构履行出资人职责的有限责任公司——在《公司法》修订前后并没有变化。而无论是否明确规定，按照国家国有企业改革的方针政策，国有独资公司主要应当适用于与国家经济命脉、国家安全、基础设施以及重要自然资源具有密切关系、必须由国家 100% 控股的国有企业。上述，充分体现了国有独资公司制度设计的初衷以及国有独资公司制度存在的意义：首先，由于中国经济体制改革的渐进性，国有独资公司可以为由于政策和体制原因暂时无法实现股权多元化的大型国有企业的公司制改革提供过渡手段；其次，国有独资公司应当成为建立和完善国家全资控股公司内部治理结构的工具。

在实践中，国有独资公司制度的实施是否实现了立法者的预期？早在 2005 年就有相关研究数据显示：截至 2003 年，全国国有大型企业集团共计 1619 户，其母公司已进行公司制改制的为 1212 户，而在这 1212 户企业中，改制为国有独资公司的高达 749 家，占改制企业总数的

61.8%。[1] 2005 年，国务院国资委向海内外公开招聘中央企业的高级管理人员，学界有人提出此举不符合《公司法》关于公司高级管理人员由董事会聘任和解聘的规定，国务院国资委在对此进行的回应中披露：由国务院国资委聘任高级管理人员的中央企业均不是公司，不属于《公司法》而属于《全民所有制工业企业法》的调整范围。那么国务院国资委管辖的中央企业改制为国有独资公司的面究竟有多大？至 2005 年，国务院授权国资委履行出资人职责的中央企业为 196 户，其中实施公司制改造的仅为 22 户，而在 22 户公司中，有限公司 11 户，国有独资公司 10 户，其他 1 户，合资 1 户，仍然按照国有企业法运行的企业为 74 户，占 88.8%。[2] 从上述两组数据大致可以看出：在《公司法》实施后的十几年间，地方国有企业改制为国有独资公司的面要远大于中央企业，而在地方国企中，改制为国有独资公司的比例远远高于其他公司。因此，我们基本上可以得出这样的结论：在实践中，早期国有独资公司更多是充当了大型国有企业股权多元化改革的过渡性工具。[3]

造成上述情况的原因何在？正如一些研究成果所显示的那样：在实践中，中央国有企业的改制在总体上明显慢于地方国有企业，这有多种多样的原因，比如垄断性、寡占性企业较多；企业经济效益相对较好或者中央部门可以动员的救助资源较多，因而缺乏改制的压力；中央企业规模比较大、人员比较多、普遍存在企业办社会问题，因而改制的技术

---

〔1〕 北京师范大学经济与资源管理研究所：《2005 中国市场经济发展报告》，中国商务出版社 2005 年版，第 36~39 页。

〔2〕 该数据来源于张德霖博士（时任国务院国资委政策法规局局长）2005 年 4 月 13 日为中国政法大学经济法专业博士生所做的专题讲座记录。

〔3〕 在实践中，许多国有独资企业或国有控股公司控制着数量众多的全资子公司，以至于大大扩展了国有独资公司的适用范围。此类情况在《公司法》修订之后已经合法化，因此不在本书讨论的范围。

难度比较大；中央企业对社会稳定问题有更多的考虑，等等。[1] 笔者认为，垄断性经营并不构成国有独资公司制度实施的障碍，关键问题在于，国有独资企业改制为国有独资公司的过程并非简单的企业形态转换，而在于政府与国有企业之间关系的变革。因此从公司治理的角度，在改革者真正从制度上厘清国有企业与国有独资公司的区别之前，大型国有独资企业改制为国有独资公司的必要性很难得到论证，改革所涉及的诸多主体也就不会产生改革的意愿。上述情况使得部分学者对国有独资公司在国有企业改革中地位和作用产生失望，国有独资公司应该被继续保留在《公司法》中还是另行单独立法，是《公司法》颁布以来的历次修订讨论中涉及的内容。

2013 年党的十八届三中全会发布《中共中央关于全面深化改革若干重大问题的决定》之后，2015 年中共中央、国务院发布《关于深化国有企业改革的指导意见》，提出了 2020 年基本完成国有企业公司制改革的目标，国务院办公厅为此印发了《中央企业公司制改制工作实施方案》。毫无疑问，党和国家的上述文件加速了国有企业，尤其是中央国有企业的公司制改革步伐。在国务院国资委的大力推动下，其下辖的 69 家集团公司以及 2600 多户下属企业在 2017 年底全部完成了公司制改制。其中，改制为混合所有制企业的占比达到 68%，而包括国家电网公司、中国石油天然气股份有限公司、中国核工业集团公司、中国航天科技集团公司、中国华电集团公司、中国化学工程集团公司、中国航空油料集团有限公司、中国东方航空集团公司、中国铁路通信信号集团公司等一批被称为"公司"的全民所有制企业，均被整体改制为国有独资

---

〔1〕 张文魁：《国企改制调查报告：成本支付、股权结构、绩效变化》，载《改革》2005 年第 10 期。

公司。[1]

显而易见，党的十八大之后，国有企业公司制改制的全面加速使得国有独资公司这一企业形态被适用到更多的大型国有企业。这进一步印证了笔者的观点，即当下中国国有企业体制改革的进展情况，决定了国有独资公司首先可以为由于政策和体制原因而暂时无法实现股权多元化的大型国有企业的公司制改革提供过渡手段；其次，也是最重要的，国有独资公司承担着构建国家全资控股公司治理结构、提高其经营效益的重要任务，这一点是中国实施国有独资公司制度意义所在。基于上述，去除传统国有独资企业的弊端，抛弃传统国有企业中政府对企业的直接行政控制，在现代公司机构制度基础建立起国家出资人（股东）与独资公司董事会之间的独立制衡关系，就成为国有独资公司改制是否成功的重要环节。那么，已经完成改制的国有独资公司运转状态如何？

（二）处于制度缺陷中的国有独资公司内部关系

自 1993 年《公司法》确立国有独资公司制度以来，围绕其进行的改革实践及理论研究始终没有对以下基本问题做出相对令人满意的解释：国有独资公司与传统国有独资企业究竟有什么区别？国有独资公司如何能够改变国有独资企业的行为机制并提高其经营效益？从公司法角度，上述问题实际上是国有独资公司的运作模式及行为机制问题。

由于股东身份的特殊性，国家股东直接行使股权控制的公司往往存在股东"过度控制"或者"失去控制"。[2]较之国有股份相对控制的公司，由于股东的单一性，国有独资公司在运作中更容易出现国家股东"过度控制"，而国家股权行使的种种弊端是国家股东对公司"过度控

---

〔1〕 资料来源于国务院国资委官方网站，最后访问时间：2020 年 11 月 17 日。

〔2〕 详见徐晓松等：《国有股权行使和监管法律制度研究》，北京大学出版社 2016 年版，第 61~66 页。

制"的主要原因。基于此,《公司法》明确规定,履行出资人职责的机构除行使必要的股东权外,其余权利可以通过授权交由董事会行使,这意味着国有独资公司首先应当建立一个规范而强大的董事会制度,此即国有独资公司与一般一人有限公司的重要区别。因此在改革实践的层面,国有企业改制为国有独资公司面临的首要问题,就是要完成由传统的厂长(经理)负责制向规范的公司董事会制度的转变。

自 2006 年以来,国务院国资委就在公司治理层面致力于在中央国有企业中建立规范的董事会制度。从学界研究看,虽然鲜见以独资公司董事会为研究对象,但研究结论仍然显示,实践中国有公司董事会存在较为严重的"虚置"现象,即国有企业在改制前实行厂长(经理)负责制,企业的经营和决策权集中在厂长(经理)手中,企业内部建立起一整套与这种权利集中行使相适应的工作体系。国有企业改制为国有公司后,尽管建立了董事会,但以董事会为核心的企业内部工作系统和管理制度并未随之建立起来,这使得国有公司董事会本身缺乏权利行使的工作支持系统,因此不能适应大型国有企业经营管理的需要,不能承担起科学决策的职责,有权无法使,有权不知如何使,此即董事会"虚置"。笔者认为,在相同的国有资产管理体制下,这一研究结论与国有独资公司董事会的情况是基本吻合的。但笔者并不认为通过改革公司法定代表人制度,允许公司可以任意选择董事长或总经理作为法定代表人即可解决国有企业董事会"虚置"问题,因为这一问题的形成是中国经济体制转型过程中多种因素相互影响和作用的结果。具体而言,由于现实中的董事会无法适应国有公司经营决策的需要,导致了政府部门对国有公司的被动干预,这更突出了董事会的"形同虚设",且使国有独资公司的运作完全依赖于经理层,于是公司经理的权利在实际上得到强化。这种现象形成了改革对传统的厂长(经理)负责制的路径依赖。

换言之，国有公司中的经理制度依赖厂长（经理）负责制的制度惯性畸形发展起来，成为公司运作的核心，于是国有公司董事会的"虚置"又被进一步巩固。现实中，为满足《公司法》的要求，很多国有公司中董事与经理层高度重合，甚至董事长和总经理由一人兼任的现象充分证明了这一点。

综上，笔者认为，在现实中国有独资公司赖以运行的基础实际上并不是《公司法》意义上的董事会领导下的经理制，而是变相的厂长（经理）负责制。[1] 由此必然导致已经改制为国有独资公司的大型国有企业难以形成公司有效运营所要求的治理结构。具体而言：

首先，履行出资人职责的机构与国有独资公司的董事会之间没有建立起《公司法》所要求的相互独立与制衡关系。由于独资公司的董事会实际上不能适应其作为企业经营决策机构角色的需要，履行出资人职责的机构将对独资公司行使更多的控制权。这会导致两方面的问题：一方面，即便经过重组优化，目前国务院国资委直接行使出资人职责的中央国有企业仍然有 96 户，[2] 其中国有独资企业占比较大，国务院国资委很难做到完全熟悉每一家企业的具体情况，因而难以对企业实施个性化管理。虽然《企业国有资产法》规定企业国有资产的出资人以管资产为其主要职责，但如果"事事审批"，其结果必然是国务院国资委成为"老板加婆婆"，把企业管死。显然，这与通过国有独资公司建立良好政企关系的改革初衷相悖。另一方面，为实现改革目标，国务院国资委代表政府履行出资人职责必须本着既要监管好国有资产、实现国有资

---

〔1〕 这也表明，2005 年修订的《公司法》关于公司可以章程决定由董事长或总经理担任法定代表人的规定，对于国有公司而言，并不能解决国有公司董事长和总经理兼任的问题，相反会使问题进一步强化。

〔2〕 资料来源于国务院国资委官网 2018 年 6 月 28 日公布的央企名录。

产保值增值，又不干预企业独立生产经营的原则，这就需要以规范的董事会制度为平台。也就是说，董事会基于出资人的信任、受出资人委托并去管理企业，实际上是出资人职责的延伸，因此作为理顺国务院国资委与国有独资公司之间关系的桥梁，规范而强有力的董事会制度既可以实现出资人职责到位，又避免了出资人直接干预企业的自主经营权。否则，国务院国资委对国有独资公司的管理有可能陷入不会管、不敢管的尴尬境地，使得国有独资公司在失去出资人控制的同时产生内部人控制，从而导致国有资产流失。

其次，在已经改制的国有独资公司中，没有形成履行出资人职责的机构对公司经营管理层的有效监督。这主要表现在两个方面：一方面，由于缺乏规范而强有力的董事会，董事会职能无法得以充分履行，国有独资公司董事会实际上将被经理架空，因此不可能形成对经理层的管束，这必然加大内部人控制的风险。另一方面，在缺乏规范而强有力的董事会的情况下，履行出资人职责的机构不得不采用传统方式去控制国有独资公司，因此不注重发挥监事会的作用，这又将导致监事会流于形式，从而使国有独资公司运转面临国资监管机构对经营管理层行为的直接控制或失去控制。而无论哪一种结果，都与改革的初衷相去甚远。

以上分析证明，董事会"虚置"使国有企业改制为国有独资公司难逃"换汤不换药"的命运。这就是为什么改革至今，我们仍难以归纳出国有独资企业和国有独资公司的真正区别，而国有独资企业也较难在改制为国有独资公司之后获得公司行为机制的根本原因。那么，在国家股份全资控制的公司中，其内部关系应该是什么样的状态？

（三）"弱董事会"模式的否定

作为中国国有企业公司制改革中对国外一人公司制度借鉴的结果，从形式上看，国有独资公司属于一人有限责任公司的一种类型。从中国

《公司法》立法体例中我们可以看到这一点：国有独资公司位列一人公司之后，与有限责任公司同属一章。同时，根据《公司法》的规定，在没有特殊规定的情况下，国有独资公司的设立和组织机构适用与有限公司相同的规定。因此合乎逻辑的推理应当是：国有独资公司股东与董事会之间关系的制度安排应当比照一人有限公司的规定进行，即为保护国家的投资权益，国有资产监督管理机构作为独资公司的股东应当享有并直接行使全部股东权，以便能够达到完全控制公司运营的目的。

但稍加分析我们会发现，简单照搬一人有限公司内部关系来构建国有独资公司股东与董事会关系的思路是行不通的。一个最基本的事实是，与私人股东不同，中国的国资监管机构面对的不是十家八家国有独资公司。例如前文所述，尽管经过不断重组，但到目前为止，由国务院国资委履行出资人职责的中央国有企业仍多达96家，这些企业规模大，分布的行业和领域广，企业情况差别较大，国务院国资委很难做到熟悉每一户企业的具体情况，难以对所有企业实施个性化管理。这与一般一人有限公司股东设立公司数量少、公司规模小，因此股东本身能够专心公司具体运营的实际情况有着天壤之别。因此，如果按照一般一人有限公司内部关系模式来设计国有独资公司股东与董事会关系，其结果必然是国资监管机构变成"老板加婆婆"。换言之，即便我们假定国资监管机构是一个可以用来直接经营管理国有企业的机构，其作为众多国有独资公司的出资人代表行使股东权的结果都将导致国资监管机构人员膨胀、机构臃肿、管理控制高度集中而效益极度低下。在这种情况下，无论今天的国资监管机构在设计上与旧体制的下政府国有企业管理部门有多么不同，其权利行使的结果都将使国有独资公司在实际上退化为由政府部门直接管理的国有企业。

那么，中国的国有资产监督管理机构是不是一个用于直接经营管理国有企业的机构？关于这一问题的详细论述将在下文展开，此处笔者仅提出：在中国高度集中计划经济体制下政府对国有企业的直接经营导致了国企效益低下，"政企分开"已经成为国有企业改革的重要指导方针。而在对"政企分开"进行制度安排的层面，中国在立足本国国情的基础上，充分吸收了国外国有企业管理的成功经验：一是国家所有权行使在政府层面尽可能集中化；二是政府层面的国家所有权行使机构不应当陷入国有企业的日常管理；三是允许国有企业享有充分的经营自主权。[1]因此无论就其设计初衷还是其本身的实际情况，中国的国有资产监督管理机构都不可能是一个用来对国有企业进行直接经营管理的机构。基于此，如果以一人有限公司内部关系模式处理国资监管机构与国有独资公司董事会之间的关系，极有可能导致新的"政企合一"。

　　既然一人公司内部关系模式不可取，那么股份有限公司的内部关系模式是否可以为国有独资公司所借鉴？如果回答是肯定的，那么国有独资公司股东与董事会的关系是更接近其中的"强董事会"模式还是"弱董事会"模式？

　　首先，尽管从与资本市场联系的角度来看，国有独资公司与股份有限公司没有可比性。但由于国有独资公司在规模上类似股份有限公司，因此从董事会在大公司经营管理中的重要地位的角度来看，国有独资公司与股份有限公司具有可比性。同时，根据股权结构影响股东与公司关系的一般规律，国有独资公司特殊的股权结构和股东自身状况的重要性

---

　　〔1〕　笔者对新加坡、法国、德国、加拿大、俄罗斯、匈牙利、芬兰等国国有企业管理资料的查阅证明，尽管国有企业数量不同，政府对国有企业管理的方式也有差异，但政府与国有企业的关系所尽可能体现的这三个方面是不同国家对国有企业管理的最大共同点。经济合作与发展组织在其 2005 年《OECD 国有企业公司治理指引》对此进行了精辟地总结。详见经济合作与发展组织：《OECD 国有企业公司治理指引》，李兆熙译，中国财政经济出版社 2005 年版，第 5~7 页。

被凸显出来。即如果董事会对于国有独资公司这样的大型公司是必设机构，那么，履行股东职责的国资监管机构的状况对公司董事会的地位就具有决定性的意义：如果国资监管机构是一个适合于直接从事公司经营管理的机构，那么这个唯一履行出资人职责的机构就会在独资公司经营管理中处于中心地位，而董事会必然处于相对弱势地位；反之，则相反。据此，笔者得出结论，尽管国有独资公司具有股权集中的最极端形式，但基于前文论述过的原因，即中国不仅国有独资公司数量众多，而且国资监管机构本身不是一个对国有企业进行具体经营管理的主体，因此股份有限公司"强股东会、弱董事会"的内部关系模式对国有独资公司没有借鉴价值。

其次，国有独资公司是否可以借鉴股份有限公司"强董事会、弱股东会"的内部关系模式？笔者认为，尽管公司规模巨大决定了国有独资公司可以在一定程度上借鉴股份有限公司的内部关系模式，但两者毕竟分属不同的公司类型，国资监管机构作为在国有独资公司中履行股东职责的机构，其地位和状况与股份有限公司小股东也具有很大区别。具体而言，在公司法依然将股东会定位为公司权力机构的情况下，股份有限公司股东会的弱势地位主要表现在事实上而不是法律规范上，即尽管股东会是公司的权力机构，但在公司的实际运作中，股票市场、股份公司经营管理的专门化、公司法基本规则所导致的公司经营控制的发展，都使得股东会的地位在整体上处于弱化状态。但国有独资公司并不存在这种情况，独资经营的必要性以及不依赖股票市场存在的特性，决定了国资监管机构不可能漠视或放弃其股东权的行使。因此按照公司法，国资监管机构无论在法律规范上还是在事实上都不应当是一个类似股份公司小股东地位的"弱股东"。循着这个思路笔者发现，如果国有独资公司要借鉴股份公司"强董事会、弱股东会"的内部关系模式，需要论证以下两个问题：其一，面对数量众多的国有独资公司，作为履行股东职责的机构，国资监管机构不是一个适合经营管理的主体，因而国有独资公司不得不采用"强董事会"的模式；其二，为了避免股东过于强大而使国有独资公司股东与董事会之间的独立制衡关系遭到破坏，影响公司经营独立，必须采用"强董事会"的模式。

前文的论证已经部分地涉及第一个问题。但上述两个问题所体现的共性尤其重要，即国资监管机构作为履行国有独资公司股东职责的机构所表现出来的与众不同之处，对其与独资公司董事会之间关系的处理具有决定性的意义。笔者认为：按照公司法的宗旨，在股东与公司董事会关系的处理中，股东权及其保护是公司得以生存和运转的重要条件，这一规律应当适用于所有的公司。但在公司股东由政府机构来担当时，其不同于私人股东的特殊性会导致股东力量实际上过于强大，从而破坏股东与经营者之间的分权与制衡关系，此时一般规律不再发挥作用，即便只有一名股东，公司也必须选择"强董事会"的内部分权模式。行文至此，国资监管机构的性质和地位问题就成为论证的关键，即当国资监管机构是一个不同于一般法人的具有行政性质的政府机构时，上述论证即可成立。

（四）"强董事会"模式的选择

应当指出，在改革过程中，国有资产监督管理机构的性质和地位是企业国有资产出资人制度中最受学术界关注的问题之一，也是最令人难以从传统理论框架去理解的问题。从诸多不同观点看，争论的焦点在于国资监管机构是不是或者应不应当是一个行政机构。具体而言，很多文献以国务院国资委*为对象展开，研究结论大致可以归纳为以下几种不同观点：①国资委是国务院直属特设机构。即从其设立目的看，国资委应当被界定为公司制企业中行使国有股权的股东和全民所有制企业中的国有资产出资人，它是一个超脱于行政机构的国务院直属特设机构。②国资委是独立的法律主体。即国资委应当是独立的、直接对《企业国有资产法》负责的法定机构。③国资委是国有资产管理公司。即应该完全剥离国资委现在承担的制定政策法规的行政职能，将其变成一个单纯的国有资产管理公司，直接接受国务院的监督，对国有资产的保值增值负责。④国资委是董事会。即国资委是受广大人民与政府委托管理国有资产的一个董事会，在市场关系上，其只相当于一个企业主，应受市场监管机构的监管。⑤国资委是出资监管人。即从实现政企分开的角度，国资委不是行政机构，也不是国有资产出资人，而是以出资人身份对国有资产进行监督管理的主体。⑥国资委是半行政事业性组织。即国资委具有行政事业性与经营性的二重属性，但随着改革的深入，国资委将逐步分离行政管理职能，分别设立国有资产监督委员会和国有资产管理委员会，分别行使监督职能和管理职能（出资人职能）。⑦国资委是特殊政府机构和国有资产所有者职能机构。即在基本不具有一般意义上公共管理职能的前提下，国资委仍然具有一定的公共管理职能。国资委是代表国家相对集中地行使国有资产所有者职能的专门机构，其国有资产所有者职能，包括国有资产管理者职能和国有资产出资人职能。[2]上述观

＊ 目前学界多将国务院国有资产监督管理委员会直接简称为"国资委"，故为文字简洁起见，本书后文也或直接简称为"国资委"，特此说明。——作者注

〔2〕 上述观点参见胡瑞生、陈浩：《关于"国资委"若干法律问题思考》，载《南方经济》2003年第12期；郭复初：《试论国资委的性质、管理范围与职责》，载《国有资产管理》2003年第8期；王全兴、傅蕾、徐承云：《国资委与国资运营主体法律关系的定性探讨》，载《法商研究》2003年第5期；平新乔：《未能追求人民福利总和最大化 国资委功能错位》，载《经济管理文摘》2005年第5期。

点暗含的意思是：如果国资委仍然是一个行政机构，那么无论是国资委的成立还是出资人制度的建立都不符合"政企分开"的原则。基于此，笔者认为，对国资委性质和地位分析的关键仍然在于对"政企分开"的理解，即我们应当回答：首先，目前的国有资产监督管理机构是否具有国家行政机构的性质？其次，由国家行政机构履行企业国有资产出资人职责是否会导致"政企不分"？

1. 国有资产监督管理机构的性质

笔者认为，要回答国资监管机构是否具有国家行政机构的性质，必须对国家所有权职能与公共行政的关系、国家所有权与国家行政权的关系进行梳理。

首先，国家所有权职能与公共行政的关系。讨论国资监管机构是不是国家行政机构，首要前提是确定国家行政机构的判断标准。按照《现代汉语词典》的解释，行政是行使国家权力的活动以及机关、企业、团体等内部的管理工作。[1]学术界认为，一般意义上，行政是指社会组织基于特定目的对一定范围内的事务进行组织管理的活动，因此行政存在于所有的社会组织之中；特定意义上，行政又可以分为国家行政和非国家行政，国家行政可以存在于所有国家机关的活动之中，但如果将国家职能进行划分，那么国家行政专指国家行政机关的活动。[2]很显然，由于行政含义的多层次性，衡量国资监管机构是否属于国家行政机构至少要适用两条标准：从狭义角度，要看其是否仍然属于国务院所属政府行政机构的序列；从广义角度，要看其是否行使国家对公共事务的组织和

---

〔1〕　中国社会科学院语言研究所词典编辑室编：《现代汉语词典》（第2版），商务印书馆1983年版，第1409页。

〔2〕　张树义：《行政法与行政诉讼法学》，高等教育出版社2002年版，第1~5页；姜明安主编：《行政法与行政诉讼法》，北京大学出版社、高等教育出版社1999年版，第1~6页。

管理职能。根据现行法规，前者是一个无须讨论的问题；而后者则涉及一个复杂的问题，即对公共行政的理解。与一般行政不同，国家公共行政是国家行政机关为实现公众利益的目的对公共事务的组织与管理，是国家职能活动，因此可以采用命令、处罚、强制等手段。根据《企业国有资产法》第11条的规定，各级政府的国有资产监督管理机构不行使政府的社会公共管理职能，只根据本级人民政府的授权、代表本级政府对国家出资企业履行出资人职责。而按照学术界对公共行政的理解，[1] 虽然政府社会公共管理职能的行使属于公共行政，但公共行政却不以政府的社会公共管理职能为限。因此，企业国有资产出资人职责的行使是否属于公共行政是一个复杂的问题。从本质上讲，国家所有权承载的公共职能正是其存在的理由。由于私有权的特性，在关系到人民生产生活的公共物品的提供方面、在信息严重不对称而可能导致交易成本过高的市场领域、在关系国家安全的领域以及一些新生领域或高科技领域，国家所有权的作用是无可替代的。因此在国有企业执行公共职能和政策的作用的层面上，我们也可以说国资委权利行使的目标具有公共性。换言之，政府的政资职能虽有不同，但根本目标都是为了促进社会资源的优化配置，最大限度地维护社会公众的利益。

其次，国家所有权与国家行政权的关系。从权利行使机构的角度，我们可以将国家所有权主体看作是由国家、授权主体（政府）、权利行使主体（根据国有财产使用方式确定的国家或政府专门机构）、监督主体（对具体权利行使主体进行监督的机构）组成的体系。显然，国有资产监督管理机构处于国家所有权产权主体体系的重要位置。事实证明，由于国情不同，这个产权主体体系的构成会有差异。例如，新加坡

---

〔1〕 张树义：《行政法与行政诉讼法学》，高等教育出版社2002年版，第3~4页。

最大的国有控股公司淡马锡投资控股公司即由国家财政部主管；德国以财政部作为国有资产所有权的代表；俄罗斯设立了联邦财产关系部与联邦资产基金会管理国有资产；意大利政府将国有企业改组成股份公司，其所有权归国库部；在韩国，由财政经济部国库局持有国家在所有政府投资企业的股份；在加拿大，国有企业所有权的职能是由议会行使，具体执行由内阁、财务秘书处以及负责部长分工负责；在美国，国会和政府在国有企业的管理方面都享有权利。[1]但无论采用何种方式，国家所有权的特性决定了国有资产监督管理机构只能或者由政府的某个机构担任，或者由议会所属的机构担任。这就从根本上决定了，无论采用何种模式，国家所有权的行使都会与国家行政发生联系。不同仅仅在于，在不同模式下行政权的内容和范围可能因与政府联系的紧密程度不同而有差异。

　　基于上述，笔者认为，仅仅根据《企业国有资产法》第 11 条的相关表述，我们还不能断言国有资产监管机构属于非国家行政机构。它只能说明，国家在仍然确定将国有资产所有权控制在政府手中的前提下，试图将所有权职能与除此之外的政府社会公共管理职能分开，并由不同的机构行使。换言之，国家设立国资监管机构的意义仅在于使国家所有

---

〔1〕　上述资料来源于宋春风：《法国、新加坡国有企业的比较研究及启示》，载《社会科学家》1998 年第 S2 期；吴英：《国有企业监管的国际比较及启示——国资委与国有企业的关系探讨》，载《常州工学院学报》2005 年第 3 期；高萍：《西欧国有公司制企业法人治理结构模式比较与启示》，载《中南财经大学学报》1998 年第 2 期；林晓：《德国国有企业管理的特点》，载《德国研究》1995 年第 4 期；北京君策经济研究中心理论部：《俄波捷体制改革国资管理的经验教训》，载《中国青年政治学院学报》2003 年第 5 期；杨伟文等：《意、法、英国有企业产权制度改革及其对我国的启示》载《湘潭大学社会科学学报》2001 年第 3 期；于梦森、王旭：《论西方国家如何管理国有企业》，载《中国科技信息》2005 年第 12 期。黄雷、叶勇：《国有资产管理的国际比较研究》，载《西南交通大学学报（社会科学版）》2004 年第 5 期；陈玉娥、杨宇：《从美国的国有企业经营看中国的国有企业改革》，载《工业技术经济》2004 年第 2 期。

权的行使在政府层面实现专门化和集中化。这就是 2005 年《OECD 国有企业公司治理指引》（以下简称《指引》）向所有成员所建议的：国家应当通过一个集中化的所有权（行政）实体或有效的协调主体来行使其所有权职能，使国家所有权与政府监管职能严格分开，以更好地确保国家所有权能够以一种专业化和问责的方式进行。[1]

2. 对"政企分开"的准确理解

既然不能根据《企业国有资产法》第 11 条的表述得出国资监管机构是非国家行政机构的结论，那么问题的关键就不在于国资监管机构是不是行政机构，而在于现阶段政府的社会公共管理职能与国有资产出资人职能分开的模式能不能实现改革者所预期的政府与企业分开的目标？换言之，"政企分开"是否意味着履行企业国有资产出资人职责的机构必须是一个非行政机构？这个问题的回答取决于我们对"政企分开"的理解。

所谓"政企分开"是一个与中国国有企业改革紧密相关的范畴。在 1949—1979 年的中国，由于高度集中的计划经济体制，国家对国有企业采用了直接管理和经营的做法，企业直接隶属于政府机构，政府直接经营管理企业。由此造成了国家所有权与经营权的合一、政府与企业的合一。这种状态在改革中被称为"政企合一"及所有权与经营权"两权合一"，而所谓"政企分开""两权分离"就是为改变上述状况而确定的国有企业改革方针。其目的在于，在坚持国家所有权的前提下，通过这两个"分开""分离"建立新型的政企关系，转换国有企业的行为机制，提高企业效益。随后，在自下而上的改革中，公司制被引入成

---

[1] 经济合作与发展组织：《OECD 国有企业公司治理指引》，李兆熙译，中国财政经济出版社 2005 年版，第 2 页、第 33~34 页。

为"政企分开""两权分离"的重要制度安排。也正是在国有企业公司制改造的过程中，人们逐渐认识到，如果"政企分开"的途径是以公司制的产权关系为模式建立国有企业和政府之间的关系，那么这一制度实施的一个重要前提就是"政资分离"。但与此同时人们又发现，在国家所有权的前提下，所谓的"政资分离"只能是指国家行政权与国家所有权的行使在政府层面的分离，而不是国家完全放弃所有权的行使。因此，在国家所有权背景下，"政企分开"并不是政府（国家）机构绝对不能作为国家所有权的产权主体，而是指政府不能采用行政方式直接经营管理企业。这在企业国有资产管理体制上，首先体现为政府社会公共管理职能与国有资产出资人职能分开，其次体现为国有资产经营的所有权与经营权分离，政府对国有企业只行使必要的控制权。所有这些，都必须通过法律对国资监管机构与其他政府机构之间关系，尤其是国资监管机构与国有企业之间关系的规范得以体现。于是我们得出结论："政企分开"的目标能否实现，其关键不在于国资监管机构是否是行政机构，而在于我们以何种方式处理国资监管机构与企业经营管理层的关系，我们如何通过法律对双方的权利、义务和责任进行具体设计。

行文至此，笔者回答了前文的问题：由于国有资产监督管理机构在广义上仍然是一个国家行政机构，因此面对数量众多的国有独资公司，其不仅不是一个适合对公司进行直接经营管理的股权行使机构，而且由于国家行政机构本身的特性，即便其依照公司法规则行使股权，也会因股权行使机构的力量实际上过于强大而造成对公司经营权的侵犯，从而破坏股东与经营者之间的分权与制衡关系。在这种情况下，即便只有一名股东，国有独资公司经营管理也必须选择"强董事会"模式，才能在国资监管机构与独资公司董事会之间建立起相互独立与制衡的良性关系。在这个意义上我们可以说，在目前的国有资产管理体制下，"强董事会"的公司内部关系模式是国家股份控制的公司实现"政企分开"的重要途径。

本章小结

本章行文至此，笔者论证了这样的观点：由于股东人数、公司规模、股东自身状况等方面的区别，董事会在不同公司中被需求的程度不同，这导致股东（会）与董事会的关系在不同类型公司中出现差异。一般而言，股东（会）控制公司的程度依股份公司、有限公司、一人公司的顺序递增，而董事会被需求的程度则依次递减，董事会在公司中被需求的实际状况将决定公司应该由大股东控制还是由经营者控制。就国家股份全资控制的国有独资公司而言，基于其所具有的一人公司治理结构方面的弊端，履行出资人职责机构直接行使国家股权将导致股东权在实际上过于强大，进而影响股东与经营者之间的分权与制衡关系，因此即便只有一名股东，公司也必须选择"强董事会"的内部分权模式。至于国家股份相对控股的公司，基于目前的实际情况，在公司治理层面上，国家相对控股与全资控股所产生的问题并无本质区别，因此国家股东与董事会关系的基本模式也应当是"强董事会"模式。区别仅在于具体的制度设计。对此，笔者将在第五、六两章进行详细论述。

第五章　国家股份控制下的国有资本授权经营制度

在论证了"强董事会"应当成为国有独资公司和国有控股公司中国家股东与董事会之间关系模式的基础上，国家股东与董事会之间权利配置的重新调整成为这两种公司治理必须解决的首要问题。而在 20 世纪国有企业改革过程中提出、并不断发展演化的"国有资产授权经营"，将因此被赋予新的内涵，成为国有股份控制的公司中股东（会）与董事会之间权利配置调整的工具。本章将对此展开系统论述。[1]

笔者认为，首先，从产生与发展历史的角度分析，国有资本授权经营制度提出的初衷，在于通过企业国有资产经营管理权在国家与企业之间的合理配置，解决因国有资产管理体制改革滞后所造成的企业法人权利不到位的问题，因此，在国有企业全面完成公司制改革的今天，国有资本授权经营制度能够适应国有控股公司中国家股东与董事会之间关系调整的需求，进而成为"强董事会"模式实施的重要法律工具。其次，在法律关系分析的层面，尽管由于国家股权主体的特殊性，国有资本授

---

〔1〕　本章所涉部分资料由笔者的学生梁伟亮（中国政法大学民商经济法学院经济法学专业 2019 级博士研究生）收集整理。

权经营关系至今未能在信托或者委托等传统民商事关系理论框架内得到圆满解释，但建立在公司制度基础之上的国有资本授权经营关系，其本质上仍然是公司权利在股东与经营者之间分配的调整，因此授权经营双方权利、义务以及责任的统一是授权经营制度构建的核心理念。最后，面对授权经营之后必然出现的公司董事会地位的加强，通过界定授权范围以及规范被授权主体的义务和责任规范，建立一个可以被问责的董事会制度，是国有资本授权经营制度构建的重中之重。

在展开论证之前，笔者对"国有资产授权经营"以及"国有资本授权经营"这两个概念的使用做如下说明："国有资产授权经营"的概念自提出至今已近三十年，期间，随着国有企业以及国有资产管理体制改革的不断深入，在国有企业公司制改革全面完成之后，授权经营法律关系的客体无疑已经由"国有资产"转换为"国有资本"。考虑到"资本"一词容易被误解为"注册资本"，导致授权经营客体范围以及监管范围受到局限，笔者特别说明：本章所使用的"国有资本授权经营"中的"资本"不是"注册资本"意义上的"资本"，而与"资产"含义相同。此外，本章其他相关概念的使用与第四章相同。

一、国有资本授权经营制度的公司治理价值

（一）以落实企业自主权为目标的国有资产授权经营

1978 年底，我国开始了波澜壮阔的经济体制改革。1979 年 7 月，国务院发布扩大国营工业企业经营管理自主权、实行利润留成、开征固定资产税、提高折旧率和改进折旧费使用办法、实行流动资金全额信贷等五个方面的文件并进行试点，国有企业开始在生产经营和利益分配方面享有了一定权利，经营效益大大提高。笔者认为，尽管 1979 年扩大企业自主权的改革主要聚焦于国家、企业、个人三者之间的利益分配，但对日后中国国有企业改革的走向产生了重要影响。首先，随着改革的深入，国有企业在享有越来越多经营管理权利的基础上，开始朝着成为自主经营、自负盈亏的独立市场主体的方向迈进；其次，基于国有企业经营管理自主权的扩大，旧体制下政企关系的改革被提上日程。时至今日，尽管在中国建立符合社会主义市场经济体制需求的政企关系仍然处于持续的探索之中，但以扩大企业自主权为起点，改革始终没有偏离国有资本经营管理权在政府与企业之间科学合理分配的基本方向。

事实正如我们所见，扩大企业自主权开启了国有企业法人制度建立的通道。按照 1983 年国务院发布的《国营工业企业暂行条例》，国有企业是在国家计划指导下实行独立经济核算、从事主产经营的基本单位。1984 年《中共中央关于经济体制改革的决定》将增强企业活力，特别是增强国有大中型企业的活力作为以城市为重点的整个经济体制改革的中心环节，在处理国家与国有企业的关系问题上，首次提出了所有权与经营权分离的理论，明确指出，改革的目标是要使国有企业真正成为"自主经营、自负盈亏的社会主义商品生产者和经营者"，成为"具有一定权利和义务的法人"。1988 年 4 月，全国人大通过并颁布《中华人民共和国全民所有制工业企业法》，第一次以法律形式明确规定："企业对国家授予其经营管理的财产享有占有、使用和依法处分的权利"，"企业依法取得法人资格，以国家授予其经营管理的财产承担民事责任"，从而确立了国有企业法人制度，而 1993 年颁布的《中华人民共和国公司法》，则将国有企业公司制改革全面纳入公司法框架，随着国有资本的国家所有权向国家股权转换，国家直接投资的经营管理权在政府与企业之间的分配成为公司法的调整对象。

扩大企业自主权虽然最终使得国有企业的独立法人地位在法律上被确认，但由于与此紧密相关的国有资产管理体制改革的滞后，国有企业法人制度的建立并没有带来企业经营机制的彻底转换以及企业经营效率的大幅度提高。实践中，在转型经济中运行的国有企业法人依法应享有的权利被"层层截留"，企业虽身为法人却无法完全自主经营，更谈不上维护自己的合法权益。在这种情况下，国家不可能要求企业自负盈亏，实际上也没有真正摆脱对企业承担的无限责任。为解决国有企业经营机制转换的问题，1991年9月，中共中央制定了旨在增强大中型国有企业活力的二十条措施，1992年7月，国务院发布《全民所有制工业企业转换经营机制条例》，以落实企业法人权利为目标，明确规定国有企业享有包括生产经营决策权、产品劳务定价权、产品销售权、物资采购权、进出口权、投资决策权、留用资金支配权、资产处置权、联营及兼并权、劳动用工权、人事管理权、工资及奖金分配权、内部机构设置权、拒绝摊派权等十四项经营管理自主权。与此同时，为改变国企分散经营和缺乏经济规模的现状，此前的20世纪80年代末，国家开始探索培育和发展企业集团。1987年12月，国家经济体制改革委员会和国家经济委员会联合颁发《关于组建和发展企业集团的几点意见》，明确提出"企业集团具有多层次的组织结构，一般由紧密联合的核心层、半紧密联合层以及松散联合层组成"。但在实践中，由于受国有资产管理体制改革滞后的影响，企业集团内各成员企业之间却形成了以行政隶属关系和生产协作关系为主的非产权关系，各主体权、责、利关系不明确，导致企业集团内部无法实现集团化管理，难以发挥集团公司在促进结构调整和优化资源配置方面的优势。[1]基于此，当时的东风汽车公司（东风汽车集团的主体厂、核心企业）基于企业的发展需求，于1989年

---

〔1〕　陈少晖、廖添土等：《国有资产管理：制度变迁与改革模式》，社会科学文献出版社2010年版，第271页。

向刚成立的国家国有资产管理局[1]提出"国有资产授权经营"的申请。

相关文献显示,"国有资产授权经营"一经提出即被视为我国国资管理体制改革的一项重大理论及实践课题受到广泛关注,研究和试点随即展开。[2]1990年1月全国第一次国有资产管理工作会议召开,会议决定在东风汽车集团、中国重型汽车集团等四大企业集团中开展我国首批国有资产授权经营试点工作,[3]并于次年纳入企业集团试点工作的整体部署。1991年12月,国务院批复国家计委、国家体改委、国务院生产办公室《关于选择一批大型企业集团进行试点的请示》,规定相关部门抓紧制定和实施国有资产授权经营办法、企业集团登记管理办法等,并就国有资产授权经营在大型企业集团中分批分期试点工作进行安排。1992年9月,国家国有资产管理局等根据以上批复的精神,制定了《关于国家试点企业集团国有资产授权经营的实施办法(试行)》,在制度层面第一次明确了"国有资产授权经营"的概念,并按照该实施办法规定的分期分批试点原则,将东风汽车集团、第一汽车集团、中国五矿集团等七家企业集团纳入第一批试点企业范围。

综上所述,笔者认为,"国有资产授权经营"这一概念的提出,其直接目的在于解决国有企业法人制度建立之后,因国有资产管理体制改

---

〔1〕　国家国有资产管理局于1988年5月经国务院批准成立,为国务院直属机构,归口财政部管理。这是社会主义国家第一个专司国有资产管理的机构。

〔2〕　如二汽在1991年就组成"国有资产"课题组,研究企业集团国有资产授权经营试点的相关问题。相关文献参见二汽"国有资产"课题组:《授权企业集团(公司)经营国有资产试点方案设计》,载《经济理论与经济管理》1991年第2期;张冀湘:《切实推进企业集团国有资产授权经营的改革》,载《集团经济研究》1992年第8期;黄速建:《论企业集团国有资产的授权经营及其他》,载《中国工业经济研究》1994年第6期等。

〔3〕　详见张冀湘:《切实推进国有企业集团国有资产授权经营的改革》,载《集团经济研究》1992年第8期;王子民:《论企业集团国有资产授权经营》,载《轴承经济》1993年第10期。

革滞后所造成的企业法人权利不到位的问题。因此从本质上看，与扩大企业自主权一样，国有资产授权经营的目的是解决在社会主义市场经济条件下、以转换国有企业经营机制、提高企业经营效益为目标，将企业国有资产经营管理权在国家与企业之间进行合理配置的问题。

（二）从财产划拨到公司权利配置：授权经营内涵的演化

1. 早期国有资产授权经营：财产划拨的法律形式

在前述 1992 年《关于国家试点企业集团国有资产授权经营的实施办法（试行）》中，"国有资产授权经营"被定义为：国有资产管理部门将企业集团中紧密层企业的资产统一授权给集团公司（核心企业）经营管理，通过建立产权纽带增强集团企业中紧密层企业与核心企业的凝聚力，使前者成为后者的全资或控股子公司，以发挥整体优势。显而易见，改革者对早期的国有资产授权经营寄予了如下期望：一是通过产权纽带的建立，形成集团企业内部母子公司之间的控制与被控制关系，同时将国有资产授权经营的授权方确定为国有资产管理部门，以解决国有企业在建立现代企业制度过程中存在的产权不明晰以及政企不分等问题；二是作为国有资产授权经营关系中被授权方的集团核心企业，可以按照母子公司的结构体系，以资产为纽带，理顺集团内各企业间的产权关系，以解决企业集团经营管理中存在的权责不明晰及管理科学性欠缺等问题，达到现代企业制度中"权责明确""管理科学"等要求。

在中央企业试点的基础上，1994 年 8 月之后，深圳、武汉、浙江等地也相继开展国有资产授权经营试点，上海、青岛等地则尝试对一些原企业主管部门管辖的国有资产进行授权经营，使其由行政主管部门转变为经营国有资产的企业。而随着各地对国有资产授权经营试点范围的扩大，授权经营制度在理解和执行上也出现了一系列问题。例如，在授权中对授权范围和授权内含糊不清、授权程序不规范、授权与授权后的企业公司制改革脱节，等等。针对这些问题，1996 年 9 月，国家国有资产管理局发布《关于企业集团国有资产授权经营的指导意见》，对各地企业集团国有资产授权经营的试点工作进行规范。该指导意见将"企业集团国有资产授权经营"界定为：政府将企业集团中的国家出资企业（这些企业往往与集团没有产权关系）的股权授予集团公司持有。由此可见，这一阶段的国有资产授权经营是在国家组建企业集团的试点中，政府将企业集团中非核心企业财产划拨并授权给集团核心企业，其目的在于以资产为纽带建立两者之间的母子公司关系，使核心企业在负责经营管理的同时承担国有资产保值增值的责任。

综上，笔者认为，基于上述历史背景，在试点过程中，早期的国有资产授权经营最终演化成为国家国有资产管理体系内财产划拨的法律形式。毫无疑问，这对国有企业集团的形成、发展以及壮大发挥了积极的作用，但这也意味着，同一时期已经进行了公司制改革的企业，以及母子公司关系本身清楚明确的企业集团可以不再实施授权经营。因此，随着国有企业公司制改革的全面展开，国有资产授权经营制度进入了新的发展时期。

2. 从"国有资产"到"国有资本"：公司制改革中授权经营客体的变化

以 2002 年党的十六大召开为标志，国有资产授权经营的实践探索进入新阶段。党的十六大明确提出要开启新一轮国有资产管理体制改革，同时提出要进一步探索公有制的实现形式，积极推行股份制，其后 2003 年中共十六届三中全会报告提出要建立健全现代产权制度，之后 2007 年党的十七大和 2013 年中共十八届三中全会都重申了现代产权制度的重要性，明确了产权改革在国企改革中的核心地位。与此同时，2003 年国务院国有资产监督管理委员会正式成立，这是我国新型国有资产监管体制初步确立的重要标志，我国在中央政府层面第一次做到了政府的公共管理职能与国有资产出资人职能的分离，国家股东权与公司法人财产权实现了相互独立。[1] 而 2008 年《企业国有资产法》的颁布，则标志着国有资产监督管理框架的基本形成。对上述改革实践，笔者认为：

首先，由于现代产权制度的建立和逐渐完善，以国有企业公司制改革为主要内容的现代企业制度加速推进，我国企业国有资产在公司制基础上归属明晰，这赋予了国有资产授权经营制度以新的运用平台，即在全面公司制改革的背景下，国有资产授权经营将由国有资产划拨的法律形式转换成为国家股东与公司董事会之间权利科学配置的制度工具。1993 年《公司法》第 72 条明确规定："经营管理制度健全、经营状况较好的大型的国有独资公司，可以由国务院授权行使资产所有者的权利"，这清楚表明国有资产授权经营法律关系的客体在法律内涵上发生了由"国有资产"到"国有资本"的变化。与此同时，通过改革逐步确立的新的国有资产监督管理体制基本形成了以下特点：①形成了"国家统一所有，政府分级监管，企业自主经营"的国有资产监管基本框架，"国家统一所有"明确了国有资产所有权归属于国家，国务院代表国家行使国有资产所有权，统一掌握国资监管的各项权力。"政府分级监管"即由中央政府和地方各级政府分别代表国家行使出资人职责，形成权、责、利关系明确的中央、省级和地方三级国有资产监管体制，而履行出资人职责的机构则根据国家及地方政府的授权对其所管辖范围的国有资产行使监督管理职能。②初步形成了"政企分开、政资分开"

---

[1] 徐晓松等：《国有股权行使和监管法律制度研究》，北京大学出版社 2016 年版，第 80 页。

的国有资产管理体制改革局面。从政府机构设置的方面，把政府的公共管理职能与出资人职能分开，政府公共管理职能由政府公共部门行使，国企的出资人职责则由中央、省级和地方三级政府分别设立的国资监管机构行使。这就从制度安排和机构设置上解决了"政企分开、政资分开"的问题。③实现了国资监管权、义、责"三统一"和国资监管机构管人管事管资产"三结合"式的管理模式。在国资领域，撤销原来的行业管理部门，设立国资监管机构专门履行出资人职责，这是"五龙治水"分权治理模式终结的标志。2008 年的《企业国有资产法》第 12 条规定国有资产监督管理机构享有资产收益、参与重大决策和选择管理人的权利，这是国资监管机构管人、管事、管资产的"三结合"管理模式在法律上的确认。

其次，正是在企业国有资本的国家所有权向国家股权转换中所出现的新问题，导致在产权清晰的情况下，合乎逻辑地出现了对国有资本授权经营的制度需求。正如笔者在前一章所分析的那样，由于国家股东与私人股东在构成上的不同，国家股东并非一个单一机构，而是在不同性质机构之间通过层层授权所形成的一个机构体系，其中，作为同级政府中专司国有资产监管职能的特设机构，各级国资委对企业国有资产履行出资人职责，必然使国家股权的行使具有公权力行使的特性。这决定了在国家独资或者控股的公司中，按照《公司法》规定行使股权的结果将在实际上使国家股东的地位被大大强化，进而形成国家股权在公司中的"超级控制"状态，[1]并不可避免地导致国家（政府）在一定程度上又恢复了对企业的直接管理。事实表明，2003 年国资委成立之后，

---

〔1〕　关于"超级控制"状态的论述，详见徐晓松等：《国有股权行使和监督法律制度研究》，北京大学出版社 2016 年版，第 56~60 页。

企业国有资产运营依然在较大程度上存在政企不分、政资不分的问题，国资监管也存在缺位、越位、错位等现象，国资监督机制不健全，国有资产流失，国有经济布局和结构优化性欠缺，国有资本运营的效率偏低等问题突出。基于上述，如何改革现有体制机制并提高国资运营效率，成为改革者面临的新问题。2015 年，中共中央、国务院印发了《关于深化国有企业改革的指导意见》，这是新时期指导和推进国有企业改革的纲领性文件，该指导意见提出：要在建立国有资产投资、运营公司的背景下，以管资本为主推进国有资本授权经营制度改革。2018 年 7 月 14 日，国务院印发《关于推进国有资本投资、运营公司改革试点的实施意见》，2019 年 4 月、6 月，国务院国资委相继印发《改革国有资本授权经营体制方案》以及《国务院国资委授权放权清单（2019 年版）》。上述规范的密集出台，标志着国有企业以及国有资产管理体制改革进入了国有资本授权经营的新阶段。

综上，随着国有企业改革的不断深化和社会经济转型的加速，国有资产授权经营所要解决的核心问题已经发生了转化：从改变国有企业分散经营、竞争力弱的局面转向以管资本为主加强国有资本监管、实现授权与监管相结合、放活与管好相统一；从单纯解决企业的生产力问题转向在法治框架下建设权责明晰的授权机制问题。当然，面临的问题也非常明显：在现行国有资产管理体制下，法律法规既没有对授权经营的法律性质作出明确界定，也没有对授权后相关主体的权利行使以及义务承担提供有效规则，主体的责任承担问题更是尚未真正提上议事日程。整体来看，国有资本授权相关立法的层级偏低、效力偏弱，各自为政，立废随意，没有统一、清晰的立法逻辑，有较强的行政化管理色彩。基于此，笔者下文将对国有资本授权经营关系进行分析，为授权经营法律制度框架的构建奠定法理基础。

二、权、义、责统一：国有资本授权经营法律关系分析

国有资本授权经营关系是一种什么性质的法律关系？这是关系到授权经营制度构建的基础性理论问题。

（一）国有资本授权经营法律关系定性的分析与思考

就国有资本授权经营法律关系的性质，既往学界研究中存在两种主流观点：一是委托代理说，二是信托说。持委托代理说的学者将民法的委托代理理论运用于国有资产运营实践，认为在授权经营体制下，国资委将国有资本出资人权利通过委托授予投资运营公司，后者在授权范围内履行出资人权利，在将国有资本的投资和运营职责部分授予投资、运营公司之后，国资委只需承担国有资本的监管职责。因此，授权经营法律关系的本质就是委托代理，可以被定义为基于委托代理的一种契约关系。[1]而持信托说的学者则认为，通过信托可以实现国有资产产权主体的人格化，使国资产权相对转移而不是终极所有权的根本转移，从而解决国资产权主体虚置的问题。[2]具体而言，国资管理机构通过信托将国有资产委托给投资运营公司，后者按照委托人意愿，以自身名义，为全体人民利益，对国有资产进行使用、管理和处分。在国有资本信托关系中，相关主体的权利义务在信托关系的基础之上设立，国有资本委托人、受托人以及受益人分别履行如下义务：对于委托人，在遵循二元财产理念的基础上，需让渡一部分财产所有权，将其授予投资运营公司，并就所经营的财产及收益按照一定的比例向后者支付佣金。对于受托人，由于接受委托人让渡的财产所有权，具有较大的经营自由，为保障委托人的权益，需要履行较多的义务。包括：①为受益人利益的最大化

---

〔1〕 详见罗建钢：《委托代理：国有资产管理体制创新》，中国财政经济出版社 2004 年版。

〔2〕 详见席月民：《国有资产信托法研究》，中国法制出版社 2008 年版，第 103 页。

忠实履行自身义务，严格按照信托契约的约定，对国有资产进行经营和管理。当然，这种义务的履行一定程度上取决于受托人自身的专业知识和机构管理的科学性，对于国企的运营，也即公司内部治理是否科学，经营管理是否高效。受托人对国企的经营管理产生的效益，都应归属于信托利益，应归入国有资产的范围。②对信托事务的执行，受托人必须严格按照信托契约规定，如契约没有特别的约定，只有在紧急情况下才可以委托他人代办信托事务，当然这种法律后果由受托人自身承担。在资产的经营管理中应做到分别管理、分别记账。③在国有资产经营管理中有过失或违反信托契约的，使信托财产遭致损失的，应承担赔偿的责任。对于受益人而言，其义务是不妨碍受托人在国有资本经营管理中自主权的行使，但是可以对受托人的经营管理行为行使监督权，促使其在法律法规的规范之内从事经营活动。

就国有资本授权经营委托代理说而言，笔者认为，首先，将国有资本授权经营关系视为民事代理关系，其要义在于将国有资本授权经营主体视为具有平等地位的民事主体，因此其存在的主要问题在于没有将主体之间基于国家股权特殊性可能存在的公权力因素考虑进去。进一步说，即使抛开主体间地位不平等因素，国有资本授权经营这种"委托代理"也是委托人资质不健全的委托，国有企业"没有最终委托人"的问题依然明显。正如学者所言："在国有企业庞大的体系内，实际参与管理的都是各类代理人，而并没有可以追溯的最后委托人。"[1]其次，按照民事代理关系，代理人必须严格依照被代理人的意思表示以其名义从事参加法律行为，且代理人从事法律的后果由本人承担，换言之，只

---

[1] 徐士英等：《国有资产授权经营公司与政府部门关系初探》，载《华东政法学院学报》2001 年第 2 期；赵旭东等：《国有资产授权经营法律结构分析》，载《中国法学》2005 年第 4 期。

要代理合约是被代理人遵守的，则代理人可以只顾行为不顾后果。这显然与国资监管的实践不符：一方面，国家股权行使、国有资本运营各主体几乎都依照自己意思表示，并以自己名义进行法律行为，并没有、也不可能如代理理论中所述，每一级代理人都以上一级的名义，并层层向自己的本人请示汇报后再为法律行为；另一方面，作为代理人的国资运营主体，其在国有企业的经营过程中必须承担相应的法律责任，这恰好是国有资产授权经营得以实施的基本保障。综上所述，笔者的结论是，如果单从授权经营中的个别关系分析，委托代理说的分析确有一定合理性，但在总体上，授权经营中国有资产流动的路径和主体定位并不符合民事代理的基本特征。

至于国有资本授权经营的信托说，其基础是财产所有权的二元理论，信托关系成立之时，信托财产则分离成为独立的财产，但在授权经营体制下，设立投资运营公司的目的在于将国有资本所有权与国企经营权相分离，国资委将国有资本出资人权利授予投资运营公司，后者在授权范围内行使出资人职责。由此可见，国有资本授权经营的本质是为了增强企业国有资本运营的自主性，而不是实现所授权的国有资本的独立，因此将其理解为国有资产所有权的二元化，显然不符合信托法的一般原理。

基于上述，笔者认为，国家股权主体的特殊性以及股权行使的公权力因素，注定了国有资本授权经营关系不能在传统制度的理论框架内得到解释。因此，在国有资本授权经营法律关系的定性问题上，我们应该转换思维方式，彻底跳出传统制度理论框架，将国有资本授权经营关系看作一种既与传统法律关系密切联系、但又不同于传统法律关系的新型法律关系。如此，学界可以暂时搁置国有资本授权经营关系在传统制度理论框架内定性所引发的长期争议，转而在制度实施的层面，去深入探讨现行法律对授权经营关系的调整问题。

（二）权义责统一：国有资本授权经营制度构建的核心问题

如前所述，从其产生发展的角度，国有资本授权经营是在承认国家股权行使特性以及弊端的前提下，在坚持和贯彻"两权分离""政企分开"的国有企业改革方针的基础上，为避免国家控股股东对企业经营管理的直接干预而进行的制度创新。这决定了国有资本授权经营制度构建的目的在于解决国家股份控制之下国家股东行使股权带来的公司治理问题。关于国有企业公司治理，经济合作与发展组织（OECD）早在其2005年发布的《指引》中就已经明确指出：国有企业治理不同于一般的公司治理，国有企业面临的特殊治理问题主要是由于其面对的是一系列与完全私有的企业不同的特殊的治理挑战。这些治理挑战或多或少取决于国家政府行政监管部门传统习惯的特点、国有部门改革的历史和经济的自由化程度。国有企业往往受困于国家对所有权行使的消极和被动，或者是相反，受困于国家不适当的行政干预。来自预算约束的软化，可能造成责任被稀释。更为基本的是，国有公司治理的困难来自这样一个现实：复杂的代理链（管理层、董事会、行使所有权职能的机构、政府部门、政府）、缺乏清晰可确认（或间接的）的负责人。国有企业有多重负责人，包括政府部门、议会、全体人民和利益集团，以及国有企业自身。因此，为了促进国有企业管理层做出有效的决策和确保担当起他们的责任，构筑这些复杂的代理链上各部分的责任制度是一个很大的挑战。[1] 上述国有企业公司治理中的问责机制在2015年《指引》

---

〔1〕 详见经济合作与发展组织：《OECD国有企业公司治理指引》，李兆熙译，中国财政经济出版社2005年版。

的修订中再次被重申。[1]笔者认为，我国国有企业改革及国有资产管理体制改革已经从实践角度证明《指引》对国有企业治理特殊性阐述的精准，基于此，紧紧抓住国有企业公司治理的特殊性，国有资本授权经营关系即可定位为基于企业内部权利配置的调整而产生的权利义务关系，在此基础上，授权经营关系中主体权利、义务和责任的统一，就成为法律层面上国有资本授权经营制度的核心问题。

1. 国有资本授权经营的主体与客体

法律关系的主体是参与到法律关系中，享有权利和承担义务的人。在中国现行国有资本授权经营中，授权经营关系的主体，无论是作为履行出资人职责的国资监管机构，还是作为国有资本投资、运营平台的国有投资、运营公司，其在改革过程中所形成、并由相关法律法规所认可的身份，本身即代表其具有参与授权经营法律关系的资格和能力，这是授权经营法律关系主体与传统民事法律关系主体的不同之处。从法律关系的客体来看，显而易见在国有资产授权经营法律关系中，各主体权利义务共同指向的对象是企业经营权，即基于国家直接投资产生的一部分国家股权。

首先，在现行国有资产监管体制下，中央及地方各级政府所设国有资产监督管理机构是国有资本授权经营关系的授权主体。以国务院国资委为例，其在成立时即被定位为国务院直属特设机构，按照《企业国有资产法》的表述，国资监管机构是统一行使国有资产出资人权利的机构。因此，抛开对国资监管机构定位的争议，可以说国资委就是国家层面上在国家出资企业中统一行使国家股权的机构。其次，中央及地方各

---

〔1〕　详见鲁桐：《〈OECD 国有企业公司治理指引〉修订及其对中国国企改革的启示》，载《国际经济评论》2018 年第 5 期。

级国资监管机构所辖国有企业是国有资本授权经营关系中被授权或者接受授权的主体。按照《国务院国资委授权放权清单（2019 年版）》的规定，这是一个庞大的群体，包括：国务院国资委所辖中央企业（国有独资公司、国有控股公司）；综合改革试点企业（国有资本投资、运营公司试点企业、创建世界一流示范企业、东北地区中央企业综合改革试点企业、落实董事会职权试点企业）；国有资本投资、运营公司；特定企业（集团总部在中国香港地区、中国澳门地区的中央企业在本地区的投资、授权落实董事会职权试点中央企业、授权行业周期性特征明显或者经济效益年度间波动较大或者存在其他特殊情况的中央企业）。[1] 应当说明，由于国有资本授权经营尚处于改革过程之中，上述被授权企业的列举应该是一个变动中的概念。作为授权经营法律关系的另一方当事人，上述企业是国家股份全资或者绝对控制、依法独立经营的企业法人，其与国资监管机构之间的关系既不是平等主体关系，更不是行政隶属关系，但根据国资监管机构的授权，这些企业可以依法行使部分国家股东的权利。最后，我们再看授权经营关系的客体。根据现行法律法规，国资监管机构与国有资产投资、运营公司在授权经营基础上建立起相应的权利、义务和责任关系，在国有企业公司制改革的基础上，上述主体之间权利、义务指向的对象是依法可以被授权的国家投资、运营公司中的国家股权。与私人股权不同，国家股权是由国家所有权转换而来，在股权行使上具有公权力行使属性的新型股权。

由上可见，尽管类似公司法中股东与董事会之间的授权关系，但国有资本授权经营法律关系不属于任何一类传统民商事关系；尽管国资监

---

〔1〕 上述被授权企业的列举详见 2019 年 6 月 3 日发布的《国务院国资委授权放权清单（2019 年版）》的相关规定。

管机构与投资、运营公司之间的授权方式类似上、下级机构的关系，但国有资产授权经营关系也不属于行政关系。

2. 国有资本授权经营法律关系中权义责的统一

在将授权经营法律关系定位为基于企业内部权利配置的调整而产生的权利义务关系的基础上，我们进一步探讨这种法律关系中权利义务关系的特征。笔者认为，无论是代理关系、信托关系抑或是其他传统法律关系，其制度设置都源自非本人对他人财产权利的行使，因此当事人之间的权利义务关系、行为后果归属以及责任分担是此类关系的核心内容。而当市场主体发展到股份公司阶段之后，公司内部各机构之间基于法定权利分配以及经营管理必然产生内部关系的构建，在这一过程中，参与公司活动的各当事人权利、义务分配乃至责任分担，是公司制度构建以及运行的核心问题。相比之下，用何种理论来解释以及定位这种关系并不十分重要。因此笔者进一步推论，建立在公司制度基础之上的国有资本授权经营关系，虽然也类似于非本人对他人财产的权利行使，但由于并不存在如同私人股权那样的终极受益人或者是委托人，因此，改革应当关注的重点不是用何种理论来解释国有资本授权经营关系，而是应当如何确定国有资本授权经营法律关系各主体之间权利、义务、责任的边界。

从现有文献看，"权义责统一"概念的较早表述是经济法学界提出的"责权利效相统一"原则。在经济法学早期的研究中，学者就已经对"责权利效相统一"作为经济法调整原则给予了极大关注，认为经济法责任制度是根据社会生产、生活以及社会分工不同的需要，将参与主体的权利（力）、责任、利益和效益予以明确的规定，使其各负其责、各司其职的经济管理制度。"经济法中严格的责任制度是社会化大生产的客观需要，是经济法主体从事社会生产、生活不可缺少的条件，是克服官僚主义和无人负责有效措施"。[1] 在 1999 年由中国人民大学潘静成教授和刘文华教授主编的《经济法》中，史际春教授作为撰稿人在总结经济法学界研究成果以及对经济法调整方法概括的基础上，提出并完整表述了"责权利效相统一"原则。认为：所谓"责权利效相统一"是指经济法律关系中各主体所承受的权利（力）、义务、责任和利益必须是统一的，避免出现错位、脱节和不平衡的现象，"责权利效相统一"原则的核心是法律关系主体间权责利相一致。同时，经济效益和社会效益是一切经济工作的基本出发点和落脚点，为此，"效"既是权责利的起点，也是终点，并且是检验权责利的客观标准。[2] 由此可见，经济法学界关于法律关系主体责任的表述，尽管以改革初期克服旧体制弊端为目的，但提出将企业、政府机构等参与经济活动的诸主体之间关系定位于权利、责任、利益统一的基础之上，则体现了建立社会主义市场经济体制的改革思想。

那么，"责权利效"与"权义责"之间关系如何？如果做一个简单比较，我们不难发现经济法学关于"责权利效相统一"的概念和思想可以溯源到传统民商法。产生于市民社会的民法主要调整私人之间在日常生活生产中产生的各类权利义务关系，民事关系也因此被称为民事主体间的权利义务关系。在这种关系中，以私权为主的权利置于首位，义务则是作为权利的对立面出现的，也称为"权利的逆向表述"，而"责任"在民法中是"隐含"的，即主体不履行义务而受到的否定性评价或制裁，是由义务内容所决定的、必然产生的法律后果。随着市场经济的发展，"具备商业色彩的交易"——生产、销售的定型性、大量性、

---

〔1〕 见陶和谦、杨紫烜主编：《经济法学》（第 4 版），群众出版社 1989 年版，第 54 页。

〔2〕 见潘静成、刘文华主编：《经济法》，中国人民大学出版社 1999 年版，第 75 页。

连续性和反复性等特色的交易成为市场经济的主要内容。为了更好达到交易目的、获取更多利润，各种商事组织应运而生。为使组织顺利运转，组织内部机构及其权利（力）的分配便成为必须，因此商法中的"权义责"不仅包含民法的权利、义务和责任的内容，而且还包含了权力。并且，由于商事关系扩大了私法的自治空间，对交易保护和信赖保护都有更高的要求，这使得商人应具有特别的注意义务和职责。[1]为此，商法中的"权义责"包括权利、义务、责任和主要针对商事组织内部适用的权力和职责。通过上述简单比较我们很容易发现的问题是：在国有企业已经全面完成公司制改造、国家股东及其权利行使机制已经初步建立的今天，为什么在授权经营中不直接套用公司法分权制衡原则基础上的权利与义务制度，而要将经济法范畴内"权义责统一"作为其核心理念？

笔者认为，"责权利效统一"的经济法基本原则本身是中国经济改革的产物，针对的是高度集中计划经济体制下国有企业虽有生产职责却缺乏自主经营的权利、政府直接干预企业经营却不承担任何经营责任的权利义务关系状态。而在社会主义市场经济体制建立后的今天，尽管国有资产经营管理已经由单纯的政府行为转变为以公司制度为基础的企业行为，但如前所述，基于国家股权主体的特殊性，授权经营中各方主体关系并不能完全被纳入商事权利义务之中，比较之下，作为政企适当分离和新型政企关系建立改革的组成部分，经济法学研究中"责权利效相统一"的理念和原则，最恰当地概括了授权经营所蕴含的制度改革思想。当然，在国有企业全面完成公司制改革、"国有资产"授权经营已经发展到"国有资本"授权经营的今天，授权经营关系中的"责权利

---

〔1〕〔德〕C. W. 卡纳里斯：《德国商法》，杨继译，法律出版社 2006 年版，第 6～11 页。

效相统一"必然吸收"权利义务一致"的民商法精神，走向"权义责统一"。基于此，笔者进一步认为，由于国家股权主体的特殊性决定了国有资本授权经营关系不属于传统民商事关系，但以公司制度作为国有资本运营的方式，却又使授权经营关系的构建必须吸收权利义务统一的民商事原则。上述两者，决定了国有资本授权经营关系中"权义责"内容与传统制度的异同。

首先，"权义责"中的"权"具体含义不同。在经济法范畴中，权利包括主体拥有的经济权利和经济职权。一般而言，经济法律关系的主体均可以成为经济权利的主体，但经济职权的主体只能是国家（政府）或由其授权的部门。同时，经济权利和经济职权在性质上也存在差异，前者是法律关系主体为实现自身利益而享有的一种行为自由，可行使也可放弃，而经济职权则具有命令和服从性质，拥有该项权利的主体不得放弃职权的行使。当然，"权"具体是经济权利还是经济职权，还要根据经济法律关系的主体和权利（力）行使的性质作出具体的判定。在国有资本授权经营关系中，"权"的内容包含国资监管机构对国有资本的监管权以及国家股权。前者通过对国资监管机构权力配置的调整实现，后者在实践中则具体表现为国资监管机构对国家控股公司董事会的授权。

其次，"权义责"中的"义"是与权利（力）相对应的。在私法中，所谓有权利必有义务，通过权利和义务的对等促成法律关系主体间的平等。在经济法中，义务的规定一般也与权利相伴，如在竞争法、消费者权益保护法等法律制度中，在规定经营者、消费者、劳动者等市场主体享有权利的同时，也同时规定了其应当履行的义务。在国有资本授权经营关系中，国资监管机构作为授权主体，依法授权是其职权，同时对其通过股份控制的国有独资公司和国有控股公司，国资监管机构应当承担不"越权干预"或者"延伸监管"的义务。而接受授权的国有公司，其在享有授权权利的同时，应不断完善内部公司治理，提高国有资本经营的效益。由此可见，所有主体的义务都与其权利相辅相成，是权利（力）配置得以顺利实现的必须的制度安排。

最后，在经济法学研究中，"权义责统一"中的"责"是与经济职权中的"职权"相呼应的，主要是指经济职责，[1]即国家（政府）或其授权部门在依法行使其干预经济的职权的过程中，所负担的应为或不为一定行为的责任。研究认为，在经济法中，突出责任是调整经济关系中公有制元素的内在客观需要，即将责任从违反义务的后果，深化和扩展到经济法律关系主体的角色和权利义务的设置中。[2] 在实现方式上，可以通过问责制的实施，构成一个包括角色担当、说明回应和违法责任在内组成的"三段式"系统。[3] 笔者认为，基于克服旧体制下国有资本经营管理"无人负责"弊端的需要，国有资产授权经营中的"责"，首先是指授权后国有控股公司中董事及高管的经营管理责任。

综上所述，笔者的结论是：在将授权经营法律关系定位为基于企业内部权利配置的调整而产生的权利义务关系的基础上，主体权利、义务和责任的统一就成为具体制度构建的核心。在下文中，笔者将围绕这一理念和原则，结合中国当下的改革实践，展开对国有资产授权经营相关制度构建的讨论。

三、国有资本授权经营制度构建的思考

如前所述，在公司制基础上的国有资本授权经营，在本质上是为缓

---

〔1〕 参见李昌麒主编：《经济法学》（第3版），法律出版社2016年版，第95~96页。

〔2〕 史际春、姚海放：《再识"责任"与经济法》，载《江苏行政学院学报》2004年第2期，第97页。

〔3〕 史际春、冯辉：《"问责制"研究——兼论问责制在中国经济法中的地位》，载《政治与法律》2009年第1期，第6页。

解国有股份控制引发的国家股东与公司之间的紧张关系而对公司法人权利在公司内部进行的重新分配，是国有企业公司治理的重要举措。基于此，在将国有资本授权经营关系定位为基于企业内部权利配置的调整而产生的权利义务关系，并将"权义责统一"作为其核心理念和原则的基础上，笔者提出，授权范围界定以及被授权主体义务和责任的规范是当下国有资本授权经营制度构建的两大关键问题。

（一）分类分层改革思路下国有资本授权经营范围的界定

1. 分类分层推进国有企业改革的思路

自中共十八届三中全会报告提出"准确界定不同国有企业功能"的深化改革要求后，为进一步推进改革，2015 年 8 月，中共中央、国务院发布《关于深化国有企业改革的指导意见》（以下简称《深改指导意见》）对不同国有企业进行功能定位，并明确将国企分为一般商业类、特定功能类和公共政策类三种类型。作为《深改指导意见》的配套措施，2015 年 9 月国务院发布《关于国有企业发展混合所有制经济的意见》，提出分类分层推进国企改革。根据上述文件，所谓分类改革，首先是将国有企业分为以下类型：①主业处于充分竞争行业和领域的商业类国有企业；②主业处于关系国家安全、国民经济命脉的重要行业和关键领域、主要承担重大专项任务的商业类国有企业；③主业处于公益类行业的国有企业，以此为基础，再根据国企所处的不同行业将其细化为六类，据此决定国有资本在相应国企中的控制程度，以有序推进国有企业混合所有制改革。[1] 2015 年 12 月，国务院国资委、财政部、发展改革委等三部委联合发布《关于国有企业功能界定与分类的指导意

---

〔1〕 详见 2015 年 9 月国务院发布的《关于国有企业发展混合所有制经济的意见》第 2 条第（三）至（五）项。

见》，其中正式将国企划分为商业类和公益类两大类，明确规定了商业类国有企业以增强国有经济活力、放大国有资本功能、实现国有资产保值增值为主要目标，按照市场化要求实行商业化运作，依法独立自主开展生产经营活动，实现优胜劣汰、有序进退。其中，主业处于关系国家安全、国民经济命脉的重要行业和关键领域、主要承担重大专项任务的商业类国有企业，要以保障国家安全和国民经济运行为目标，重点发展前瞻性战略性产业，实现经济效益、社会效益与安全效益的有机统一。[1]根据这一规定，商业类国企实际上又被划分为商业一类和商业二类，其中，商业一类指以营利为目标的竞争类企业，商业二类指兼具市场化和社会化目标的企业。[2]其次是在对国企分类的基础上，《深改指导意见》明确指出，通过界定功能、划分类别，实行分类改革、分类发展、分类监管、分类定责、分类考核，提高改革的针对性、监管的有效性、考核评价的科学性，推动国有企业同市场经济深入融合，促进国有企业经济效益和社会效益有机统一。[3]而国务院稍后发布的《关于国有企业发展混合所有制经济的意见》，则以分类为基础对混合所有制改革在不同类型国有企业中的推进做出了专门规定。

应当说，分类推进改革的思路脚踏实地、实事求是地正视我国目前国有企业的基本现状，抓住了我国当前国有企业改革中的主要矛盾，即虽经改制重组，但至今国家仍然拥有数量众多的国企，同时竞争性国企占据了相当比例，因此"一刀切"的改革措施难以适应不同国有企业

---

〔1〕 见 2015 年 12 月国资委、财政部、发展改革委发布的《关于国有企业功能界定与分类的指导意见》第 1 条。

〔2〕 王绛:《积极稳妥推进国有资本经营授权改革》，载《中国经济周刊》2019 年第 14 期，第 106 页。

〔3〕 见 2015 年 8 月中共中央、国务院发布的《关于深化国有企业改革的指导意见》第 2 条第（四）项。

的公司治理需求，这是造成当下国有企业改革困境的一个重要原因。但与此同时也应该指出，尽管分类推进改革的目标在于通过改革措施的精细精准化，因企施策，在总体上将改革向前推进，但由于改革本身涉及诸多利益关系的平衡，分类使得这些利益关系的平衡变得更加复杂，因此尽可能精准地分类就成为分类推进改革的前提。基于上述，我们不难发现，不仅《深改指导意见》对国有企业"分类"的标准的表述采用了概括、抽象的方式，而且作为配套的《关于国有企业功能界定与分类的指导意见》也缺乏对国企分类的明确标准，而分类标准在一定程度的模糊以及不确定性使得实践中的国企分类很难做到准确。针对这一问题，结合分类推进改革的总体目标，在国务院发布的《关于国有企业发展混合所有制经济的意见》中明确规定"分层推进国有企业混合所有制改革"：①引导在子公司层面有序推进混合所有制改革。对国有企业集团公司二级及以下企业，以研发创新、生产服务等实体企业为重点，引入非国有资本，加快技术创新、管理创新、商业模式创新，合理限定法人层级，有效压缩管理层级。明确股东的法律地位和股东在资本收益、企业重大决策、选择管理者等方面的权利，股东依法按出资比例和公司章程规定行权履职。②探索在集团公司层面推进混合所有制改革。在国家有明确规定的特定领域，坚持国有资本控股，形成合理的治理结构和市场化经营机制；在其他领域，鼓励通过整体上市、并购重组、发行可转债等方式，逐步调整国有股权比例，积极引入各类投资者，形成股权结构多元、股东行为规范、内部约束有效、运行高效灵活的经营机制。③鼓励地方从实际出发推进混合所有制改革。各地区要认真贯彻落实中央要求，区分不同情况，制定完善改革方案和相关配套措施，指导国有企业稳妥开展混合所有制改革，确保改革依法合规、有序推进。显然，分层推进改革能够在明确初始产权主体的基础上，以"政企分开"

为目标处理好初始产权和派生产权之间的关系，使得初始产权层面的国家控股股东尽量远离企业的具体经营管理。基于此，笔者认为，分层推进改革的做法提高了对现有国有企业分类的精准性，增强具体改革措施与相应类别国企之间的对应性。

2. 分类分层推进改革思路下国有资本授权经营的范围及现行规定的不足

党的十八大以来，随着国有企业改革的不断深入，国务院国资委扩大国有资本投资、运营公司试点，改革国有资本授权经营体制：[1] 首先，2014 年起，国资委先后选择了 8 家央企开展国有资本投资公司试点，选择两家央企开展国有资本运营公司试点，截至 2017 年底，各地国资监管机构共改组组建国有资本投资、运营公司 89 家，试点企业率先推进落实董事会职权、职业经理人制度、薪酬分配差异改革、混合所有制改革等，推动企业加快形成市场化经营新机制，有力激发了企业活力。其次，2017 年 4 月，国务院办公厅转发《国务院国资委以管资本为主推进职能转变方案》，在强化 3 项管资本职能、精简 43 项监管事项的同时，授权 8 项，涵盖了经理层成员选聘、业绩考核、薪酬管理以及职工工资总额审批等企业呼吁多年的事项；与此同时，29 个地方国资监管机构也制订了不同形式的国资监管权责清单。2019 年，国资委提出"加快实现从管企业向管资本转变，更好履行出资人职责，进一步加大授权放权力度，切实增强微观主体活力"，从"分类开展授权放权、加强行权能力建设、完善监管体系、建立动态调整机制"等四个方面着手，在 2018 年出台的《国务院国资委出资人监管权力和责任清单（试

---

〔1〕 以下资料来源于全国政协委员、国务院国资委副主任徐福顺 2018 年 3 月 12 日接受《经济参考报》专访文：《国资投资、运营公司试点更多扩围至充分竞争行业》。

行）》基础上，2019 年 6 月 3 日发布了《国务院国资委授权放权清单（2019 年版）》（以下简称《授权放权清单》），进一步细化了授权放权事项。

首先，《授权放权清单》规定，除主业处于关系国家安全、国民经济命脉的重要行业和关键领域，主要承担重大专项任务的子企业之外，被授权公司的董事会享有企业改制、对外投资、股权管理与变动的最终决定权。[1] 其次，在对外投资、股权变动方面，《授权放权清单》具体规定，在保持国家控股的前提下，被授权公司董事会享有国有股份转让、增持、受让、认购、发行可交换债券、短期债券、中长期票据等权利。[2] 再次，在薪酬激励方面，《授权放权清单》明确规定，中央企业的所属子企业有权决定其职业经理人的市场化选聘以及市场化的薪酬分配，央企所属子企业可以采取多种方式探索完善中长期激励机制，对所属科技型子企业股权和分红激励方案，分红激励所需支出计入工资总额，但不受当年本单位工资总额限制、不纳入本单位工资总额基数，不作为企业职工教育经费、工会经费、社会保险费、补充养老及补充医疗保险费、住房公积金等的计提依据。此外规定，中央企业在符合条件的所属企业开展多种形式的股权激励，股权激励的实际收益水平，不与员工个人薪酬总水平挂钩，不纳入本单位工资总额基数。[3] 最后，《授权放权清单》规定，对商业一类和部分符合条件的商业二类中央企业实行工资总额预算备案制管理；中央企业控股上市公司股权激励计划报国资

---

〔1〕 详见 2019 年 6 月 3 日《国务院国资委授权放权清单（2019 年版）》第 1 条第（1）至（4）项。

〔2〕 详见 2019 年 6 月 3 日《国务院国资委授权放权清单（2019 年版）》第 1 条第（5）至（12）项。

〔3〕 详见 2019 年 6 月 3 日《国务院国资委授权放权清单（2019 年版）》第 1 条第（13）、（15）、（18）项。

委同意后，中央企业有权审批分期实施方案；被授权企业有权决定与借款费用、股份支付、应付债券等会计事项相关的会计政策和会计估计变更；除负债水平高、财务风险较大的中央企业之外，中央企业可以合理确定公司担保规模，决定集团内部担保事项，决定向集团外中央企业的担保事项，制定债务风险管理制度，合理安排长短期负债比重，强化对所属企业的资产负债约束，建立债务风险动态监测和预警机制。[1]

笔者认为，《授权放权清单》的内容表明，首先，清单所列权利既包括了授权又涉及了放权，这从一个侧面说明，在以股东权行使为中心的国有资产管理体制下，国资委直接行使国家股权确实存在一定程度上在公司制框架内恢复了国家对企业直接管理的问题。其次，按照《授权放权清单》，被授权公司的董事会享有企业改制、对外投资、股权管理与变动的最终决定权，在保持国家控股的前提下，享有对外投资以及融资等权利，因此，授权的结果确实使中央企业董事会享有了国家股东的部分权利，以管资本为核心，中央企业经营管理重心将转移到董事会。最后，《授权放权清单》对央企所属子企业放权的规定，在一定程度上改变了此前国资委不仅直接对所属央企行使股权，而且这种权利行使穿透央企、直接到达其所属子公司的状况。因此可以肯定，《授权放权清单》在一定程度上体现了分类分层推进改革的思路。

但仍然存在的问题是：《授权放权清单》仅仅对国有资本投资、运营公司试点企业以及特定企业的授权事项作出了专门规定，但没有对接受授权和放权的企业在行业结构、规模、组织形式等方面进行精准划分，同时也没有考虑包括企业治理机制在内的内部环境，以及包括政策

---

〔1〕　详见 2019 年 6 月 3 日《国务院国资委授权放权清单（2019 年版）》第 1 条第（14）、（16）至（21）项。

与法律、经济与市场环境等在内的外部环境等环境条件对授权放权范围的影响，仍采取近乎"一刀切"的做法进行授权，导致授权放权的范围仍然比较粗放且狭窄，尤其没有体现出对处于竞争领域的国有企业授权放权的内容在一定程度上的扩展。基于上述，笔者认为，《授权放权清单》明显表现出在贯彻分类分层改革思路方面的欠缺。尤其是在分层改革方面，《授权放权清单》尚未全面系统考虑央企作为控股股东对其所属子企业的授权放权问题。

（二）董事会问责制的缺陷与改革：被授权主体义务和责任制度的完善

从公司内部关系的角度，即便是一般股份公司，经营者控制也会提高代理成本，因此在国有股份控制的公司中，董事会通过授权享有更多权利的同时，股东权益的保护问题随即成为公司治理的重要问题，在《公司法》制度基础上强化董事的义务和责任也随之成为保护国家股东权益、平衡国家股东与经营者之间关系的基本措施。2005 年《指引》明确指出，国有企业董事"应当诚实行事，并且对他们的行为承担受托责任"，为此，"国有企业董事会应对公司运营接受明确授权和最终责任，原则上应当按照公司法的规定义务和责任"。[1]《指引》的上述表述是 OECD 成员在国有企业改革和治理方面成功经验的总结。资料显示，许多国家对国有公司内部权利的配置，使得董事会在国有公司的运营中具有重要地位，除政府在特殊事项上享有决策权或否决权外，公司的经营职能由董事会来行使。与此同时，这些国家不约而同地注重对董事激励和约束，将企业经营业绩与董事收入挂钩，如果企业严重经营不

---

[1] 经济合作与发展组织：《OECD 国有企业公司治理指引》，李兆熙译，中国财政经济出版社 2005 年版，第 68~77 页。

善，董事将被解职。因此可以说，被授权公司拥有一个独立行使权力并被问责制约束的董事会是国有资本授权经营制度落到实处的基本保障。笔者认为，当下中国国有控股公司董事会可以被问责的基本标志，首先是董事义务的强化，其次是董事责任及其追究制度的完善。

1. 国有资本授权经营下董事勤勉义务的完善

在公司法理论层面，董事的义务和责任是构筑董事会制度的基础。笔者认为，在国有资本授权经营背景下，被授权公司董事会的权限将在《公司法》规定的基础上得到进一步的扩大，董事会在公司经营管理中的独立性将得到最大限度的增强。根据"权义责统一"的原则，董事会权利的扩大应当伴随董事义务的同步扩大。因此，授权经营下公司董事所承担的义务和责任也应当较普通公司的董事严格。只有这样，才能使国家股东与公司董事会的关系在新的层面上重新处于平衡状态，最大限度地保证公司经营管理层在权利扩大的同时不会侵害国家股东的利益，国家股东在放权授权的同时也不至丧失对企业的最终控制。

关于国有企业董事的责任，在 2018 年《OECD 国有企业公司治理准则》的修订中得到进一步的强调。"OECD 认为，提升国有企业董事会的自主权，改善其治理质量和成效，是确保国有企业实现高质量公司治理的根本，国有企业董事会在功能上与其他类型企业相比并无二致，必须具备必要的权限、能力和客观性，以履行战略指导和监督管理层的职能。但现实是，许多国家国企董事会往往机构臃肿，缺乏经营远见和独立判断。一些董事会成员可能由政府部门委派而不具备董事的能力。因此，改进国有企业董事会的质量是提高国有企业公司治理的一个基本步骤。"[1]笔者认为，在 OECD 对国有企业董事责任的强调中，以下几点值得关注：一是"提升国有企业董事会的自主权"，这无疑与我国通过授权经营制度使国有公司董事会享有更大的经营权具有相同的含义；二是"国有企业董事会在功能上与其他类型企业相比并无二致，必须具备必要的权限、能力和客观性，以履行战略指导和监督管理层的职能"，这表明公司法关于董事勤勉义务的规定应当完全适用于国有公司的董事；三是"一些董事会成员可能由政府部门委派而不具备董事的能力"，这意味着，明确规定董事勤勉义务可以改进国有企业董事会质量、提高国有企业的公司治理。换言之，只有对国有公司董事勤勉义务与责任做出规定，才能使国有公司董事会成为权利与义务相匹配的高质量的董事会。

在公司法层面，董事的勤勉义务是指董事在管理公司时应尽到适当的注意，以避免公司利益受损。与忠实义务不同，董事注意义务是一种积极的作为义务，而忠实义务既可以是积极的作为，也可以是消极的不作为，注意义务是否被违反取决于衡量标准的确定。结合当前中国国有资本授权经营体制改革的实际，我们不难发现，《公司法》对董事勤勉义务的规定过于原则性，以至几乎不具备可操作性，因此，在国有资本授权经营过程中无法对国有公司董事所承担的具体的注意义务加以衡量。2008 年的《企业国有资产法》虽然以第 71 条对国有独资公司董事责任作出了更加细化的规定，但所涉内容仍停留于忠实义务层面，未对注意义务作出规定。有鉴于此，笔者认为，在授权经营中，国资委有必要在《公司法》规定基础上，以规范性文件的形式对国有公司董事的

---

〔1〕 详见鲁桐：《〈OECD 国有企业公司治理指引〉修订及其对中国国企改革的启示》，载《国际经济评论》2018 年第 5 期。

义务作出系统规定，尤其应当细化国有独资公司和国有控股公司中董事的勤勉义务。具体而言，首先，应该以列举方式增加对董事技能义务的规定，要求国有公司的董事具备公司经营管理决策和监督所需的专业技能，董事不得以不具备公司经营管理所需的技能作为其在履职中产生重大失误时免责的理由。其次，应当以《公司法》规定为基础，细化国有公司董事在管理公司以及做出决策方面所负有的勤勉以及善良管理人的谨慎义务，避免授权经营下董事疏于履行职责给公司以及国家股份造成损失。

2. 国有资本授权经营下董事的责任及其追究机制的完善

显而易见，在授权经营所形成的公司内部权利配置结构下，董事个人经营责任的承担对提高国有公司治理水平至关重要。我国《公司法》对公司董事责任的追究主要为民事责任，具体分为两个部分，一是一般公司董事在执行职务时违法给公司造成损失的赔偿责任；二是股份公司董事对董事会决议的个人责任。笔者注意到，2018 年 7 月 13 日国务院国资委发布了《中央企业违规经营投资责任追究实施办法（试行）》，从集团管控、风险管理、购销管理、工程承包建设、资金管理、权益转让、固定资产投资、投资并购、改组改制、境外经营投资等方面详细列举了对相关人员追究责任的情形，并明确规定了国有资产损失认定的具体标准；将责任划分为直接责任、管理责任以及领导责任，责任的具体形式包括：组织处理、扣薪减薪、禁入限制、纪律处分、移送国家监察机关和司法机关。尤其值得称道的是，该实施办法以专章对责任追究主体作出了明确细致的规定。[1] 毫无疑问，该实施办法的出台有利于改

---

〔1〕　详见国务院国资委 2018 年 7 月 13 日发布的《中央企业违规经营投资责任追究实施办法（试行）》第六章"责任追究工作职责"的规定。

变长期以来国有资产经营管理中无人负责的状态，对建立一个独立的可以问责的董事会具有重要意义。但笔者认为，总体上看，该实施办法追究责任的依据是相关责任人员行为的合规义务，在本质上仍然是一个企业内部的行政管理规定，因此，该实施办法无法替代基于董事的忠实义务和勤勉义务而产生的民事责任以及相关的责任追究方式。另外还要指出，该实施办法中规定，违规投资经营发生较大资产损失时对领导责任人做出"调离工作岗位"的处理，发生重大损失时做出"改任非领导职务"的处理，而完全没有与《公司法》所规定的民事赔偿责任产生任何意义上的关联。笔者认为，这是国有企业经营管理人员聘任制度改革滞后的表现。

应当指出，完善董事高管责任的基本形式只是国有公司董事会可以被问责的第一步。按照公司法的逻辑，在对董事及高管义务与责任作出明确规定的基础上，通过股东即可形成对董事责任的追究机制，并最终实现国有公司董事权利、义务和责任的统一以及国家股东与公司董事会之间关系的平衡。但非常遗憾，尽管《公司法》对一般公司董事执行职务时违法给公司造成损失的赔偿责任的规定当然适用于国有独资公司以及国家股份控制的公司，《企业国有资产法》也重申了这一点，但由于股东在构成上的特殊性，《公司法》规定的股东诉讼制度在适用上需要有进一步明确规定，否则不具有可操作性；在授权经营之下，被授权公司的董事会享有比一般公司董事会更大的经营自主权，其责任追究也理应更为严格，现行法律法规却尚未对此类公司董事责任的追究作出特殊规定，这显然这不利于使被授权国有公司的董事会成为一个"可以被问责的机构"。

基于上述，笔者认为，目前对国有公司董事责任追究制度设计的关键，是在《公司法》的原则规定下，建立一套使这一制度具有可操作性的配套措施。具体而言，首先，在明确国资委在股东诉讼中具有原告资格的前提下，为避免权利行使的懈怠，应当在国资监管机构内部落实行使股东诉权的部门；其次，尽管从民商法角度，财产权利人对自己财产有任意处分的权利，因此在私人公司中，股东对高管违反受托义务之行为当然可以放弃诉讼权利，但在国有公司中则不可。考虑到国有独资公司财产的全民性，当履行出资人职责机构中具体承担股东诉讼职责的部门不依法追究董事高管的责任时，应承担相应的法律责任。因此应当明确规定，在国资监管机构不提起股东诉讼、造成国有资产重大损失的情况下，相关负责人以及直接责任人员应当被追究民事和行政责任。

最后，笔者认为，基于国有资产全民所有的性质、履行出资人职责的机构所具有的公私兼容性，无论是被授权公司的董事还是对其负有监督义务的履行出资人职责的机构，对其违反义务的责任的追究应该考虑打破常规，采取公法、私法多种手段综合进行。就目前而言，党的纪律检查部门应当对其中违反党纪的行为予以党纪处分；检察机关对应当其中的违法犯罪行为提起公诉，此外，还应当考虑通过公益诉讼制度的完善，强化对国有公司董事的监督。

本章小结

行文至此，笔者论证了以下观点：

首先，从产生与发展历史的角度分析，国有资本授权经营制度提出的初衷在于通过企业国有资产经营管理权在国家与企业之间的合理配置，解决因国有资产管理体制改革滞后所造成的企业法人权利不到位的问题，因此在国有企业全面完成公司制改革的今天，国有资本授权经营制度能够适应国有控股公司中国家股东与董事会之间关系调整的需求，进而成为"强董事会"模式实施的重要法律工具。其次，在法律关系分析的层面，尽管由于国家股权主体的特殊性，国有资本授权经营关系至今未能在信托或者委托等传统民商事关系理论框架内得到圆满解释，但建立在公司制度基础之上的国有资本授权经营关系，其本质上仍然是公司权利在股东与经营者之间分配的调整，因此授权经营双方权利、义务以及责任的统一是授权经营制度构建的核心理念。最后，面对授权经营之后必然出现的公司董事会地位的加强，通过授权范围界定以及被授权主体义务和责任的规范，建立一个可以被问责的董事会制度，是国有资本授权经营制度构建的重中之重。

第六章　国家类别股制度：
多元化的国家股权控制体系构建

自中国国有企业公司制改革以来，在国家股份独资或者占控制地位的公司中，以"一股一权"规则为基础控制企业，已经取代"国有国营"成为国家实现其直接投资的公共利益目标的途径。如前所述，基于国家股东的特殊性及其直接行使控股权所产生的公司治理问题，以董事会为重心调整国家股东与董事会之间的关系成为国有公司治理的重要途径。但应当指出，基于我国公有制为基础的社会经济制度，同时为尽量减少改革对经济以及社会的负面影响，在国有企业公司制改革中，我国并未如同其他经济体那样采取国有企业全面私有化的方式，而是通过法定程序将企业国有资产转换为国有股份，由各级政府代表国家持有股权，并授权各级国资监管机构履行出资人职责。当然，如前所述，改革带来的问题是，国有企业公司制改革之后，国家股份的数量在改制后的公司中占有绝对优势的控制地位，在国家股权行使的过程中产生了特定的公司治理问题。

基于此，中共中央、国务院 2015 年《关于深化国有企业改革的指导意见》中提出"分类推进改革"以及"发展混合所有制经济"的重要举措。这意味着，在某些行业或者领域中，国家股份在公司中的数量优势与国家股权控制之间可以不存在完全对应的关系，换言之，就整体而言，国家股份在数量上占优势不必然导致国家股权对公司经营的控制。显然，随着国企国资改革的进一步深入，随着部分国有公司股权结构的变化，改革者必须在国有资本授权经营制度之外，寻找相应的公司治理途径。本章将对此展开研究。

笔者认为，首先，尽管国家股权在具体权能上表现出与私人股权的明显不同，但在公司法层面，与私人股权一样，国家股权是满足国家投资的公共利益目标的工具，而由于社会经济以及国际环境对国家投资的公共利益内涵的影响，国家股东也如同私人股东一样，需要根据具体投资所承载的公共利益的内涵，在战略投资、财务投资或者其他投资方式之间进行选择，而类别股制度恰好可以满足国家股东的不同需求。其次，基于混合所有制改革对部分国有公司股权结构的影响、其所要求的不同所有制性质股东之间和谐共处，乃至混改本身的顺利进行，均构成对以数量为基础的"一股一权"的单一国家股权控制方式的挑战，这在"商业类"国企混改中表现尤为突出。本着国家股权控制方式应当与其所承载的、处于变动中的具体公共利益内涵相匹配的思路，变革"一股一权"基础上的国有股权控制制度是应对挑战的重要举措。国家应当在国有企业分类的基础上，通过对不同国企与公共利益之间关系的评估，以公司类别股制度为基础，设计不同种类的国家股份，满足国家股东对不同公司的不同控制需求，最终在国家种类股份制度体系构建的基础之上建立起多层次的政府与企业关系。

一、国家股权制度及其在国企公司治理中的价值

举世瞩目的中国国有企业改革完成了企业资产的国家所有权向国家股权的转换，使得全面否定私人股权制度作为国有资产商业运作方式的

观点失去了现实意义。[1] 但在国家股权制度的建构中对私人股权制度
的简单复制或模拟却带来了新的问题：在独资及控股条件下，以数量为
基础的股权平等使得国家股权强化了政府对国有企业的直接控制，企业
国有资产所有权与经营权从"分离"重新走向"合一"。如何破解这一
难题并将改革继续推向前进？笔者在前一章明确提出，将国有资本授权
经营制度作为国家股东与国有公司董事会之间权利配置调整的工具，以
便在国家必须独资或者绝对控股的公司中最大限度地减少国家股东直接
行使股权带来的弊端。但同时笔者也认为，在国家独资或者控股必要性
降低的情况下，我们应当通过对国家股权在基本制度层面的研究，[2]在
全面认识国家股权的特性、客观评价国家股权制度价值的基础上，建立
国家类别股制度体系，开启深化改革通道。

（一）国家股权：与私人股权并列的新型权利

众所周知，早在 20 世纪 90 年代前后，围绕法律对国有企业"法人
财产权"的规定，中国法学界试图通过这一权利的定性来割断国家
（政府）与国有企业之间的财产联系。[3] 在一个受大陆法系"一物一
权"思想影响的国家，这一论证的难度可想而知。尽管国有企业公司制

---

〔1〕 此观点可参见王军：《国企改革与国家所有权神话》，载《中外法学》2005 年第 3
期。

〔2〕 自国有企业公司制改革以来，学界相关研究多关注并偏向改革进程中具体问题的解
决和具体制度设计。由于对国有股权制度本质的研究不够深入，导致一些制度设计缺乏整体
性和系统性，甚至在一定程度上偏离了改革的初衷。股份制全面推进之后反而强化了政府对
企业的直接控制就是其典型表现。

〔3〕 1988 年的《中华人民共和国全民所有制工业企业法》规定，国有企业是依法自主
经营、自负盈亏、独立核算的社会主义商品生产者和经营单位，对国家授予其经营管理的财
产享有占有、使用和依法处分的权利，企业依法取得法人资格，以国家授予其经营管理的财产
承担民事责任。1993 年的《中华人民共和国公司法》规定，公司是企业法人，享有法人财产
权。期间，国内法学界围绕国有企业法人独立财产权利展开了大量的基础研究。代表性论著
有：江平、孔祥俊的《论股权》（载《中国法学》1994 年第 1 期）、孙宪忠的《论公有制的法
律实现方式问题》（载《法学研究》1992 年第 5 期）等。

改革的实践并未因此而伫足，但此后国家股权制度建设的困境却在一定程度上佐证：对国家股权制度的认识确实是国家所有权向国家股权变革过程中应当认真研究的问题。

笔者认为，从国家股权与私人股权区别的角度，国家成为股东将在重大事项决策、股份自由处分以及股利分配等方面对股权权能产生影响，进而使国家股权表现出与私人股权不同的样态，在上述意义上，国家股权可以被视为与私人股权并列的新型股权。[1]

1. 股东重大事项决策：政企关系调整的法律工具

股东重大事项决定权奠定了现代公司所有权与经营权分离的基础，因此，当国家成为股东时，股东重大事项决定权法律边界的确定及其相应的权利行使将为政府与国有企业之间关系的调整提供基本制度框架，这也是改革者对国有企业公司制改革的基本预期。但基于股东结构以及股东行使权利中的公权力因素，首先，如前所述，在国有资本独资和控股的公司中，国家股东依法行使重大事项决定权的结果，是在新的产权制度环境中重现所有权与经营权的"两权合一"。这种公司制改革反而缩小了国有企业自主权的怪异现象，被形象地称为"老板加婆婆"，并导致了学界对"国资委性质"的持续争论。其次，按照公司制的作用机理，当处于控股及独资地位时，股东将由于对自身财产的高度关切而通过行使重大事项决定权制约公司经营者。但对于国家股东而言，对国有资产的关切不因控制地位而自动产生，只能完全依赖人为的制度设计和安排，这类似现代大型股份公司中不享有所有权的"经营者理性行为"的形成机制，其核心是法律层面上的权利、义务、责任统一。因此

---

〔1〕　笔者在 2018 年发表的《国家股权及其制度价值——兼论国有资产管理体制改革的走向》（载《政法论坛》2018 年第 1 期）一文中提出并论证了这一观点。

可以说，在整体上，国家股东对公司财产的关切度并不取决于其对剩余风险的直接承担，而取决于法律上权利、义务、责任的制度建构。但问题是，在获得了"老板加婆婆"权利的同时，国资委无法对自己的行为承担责任。这种现象使得长期以来"谁来监督国资委？"成为学界讨论的焦点问题。

综上，笔者认为，基于国家投资的公共利益目标，国家股东有动力通过重大事项决定权对公司进行控制，但其权利行使方式的公权性，却导致国家股东行权过程存在与私人公司完全不同的"代理问题"，又在整体上降低了其理性行权的可能性。有鉴于此，笔者进一步认为，基于国家股东行使股权方式的公权属性，不仅其重大事项决定权的边界需要重新界定，而且以"权利、义务、责任"统一为核心的改革将贯穿整个国有股权主体制度建设的始终。在这个意义上可以说，对于国家必须控制的公司而言，重大事项决策权是政府与国企之间关系调整的制度基础。

2. 国家股份的处分：受公共利益审查限制的权能

对私人股东而言，在不能参与或无力控制公司的情况下，股份自由处分为其规避投资风险开辟了道路，同时借助股票市场还可形成其对公司经营者的约束，但对国家股东却不然。由于国家股权设置目标的公益性，当所处分的国家股份达到一定数量时，可能影响或者改变国有资本在某一领域或行业的存在状态，甚至使国家股份丧失控制地位，最终影响到投资目标的实现。此时，对股权设置公共利益目标变化的考量就成为国有股份处分权行使的限制性因素。

如前所述，国有企业的价值在于满足公共利益的需求，但仔细分析各国国有企业设置的具体情况，我们不难发现，政治经济制度以及经济发展水平的不同，决定了在不同国家、在同一国家的不同发展时期，国有企业所要满足的"公共利益"在内涵上存在差异，这种差异决定了不同时期国有资本在国民经济各领域进退的必要性和正当性。以此为基础，当国家成为股东时，公共利益考量必将成为影响国家股东行使股份处分权的重要因素。那么，在法律层面上，如何判断某一国家股权的设置或者处分是否出于公共利益的需要？由谁来判断国有股的进入和退出是否符合公共利益的需求？显然，在法律层面，这一考量过程所涉及的主体及其权利配置和程序控制等，已经远远超出了私权处分的范畴。[1]

3. 股利分配：与国家财政密切联系的权能

作为公司的出资人，股东投资的重要目的之一是通过股息和红利的分配来获得投资报酬，因此股利分配权理所当然地成为股权的重要权能，国家成为股东也不例外。但鉴于国家投资的公共利益目的，国家股东分红涉及两个重要问题：首先，国有企业盈利是否有悖于其生存的公共利益目标？其次，较之私人股东，国家股东行使"分红权"形成的法律关系有何特殊性？

应当指出，虽然前文已经对国有企业生存的公益目标进行了论述，但基于中国目前尚存在大量的"商业类"国有企业，以及由此导致的国民财富分配在当下中国经济发展中的重要地位，本书的论述不能省略前一个问题。笔者认为，特殊代理问题的存在导致国有企业高成本运营的事实，并不意味着此类企业不能盈利，这里的关键在于区分"盈利性企业"和"盈利的企业"。显然，前者是指企业设立的目标，后者则是指企业经营的结果。尽管国有企业的生存价值是为满足公共利益的需求，因此这类企业的设立目的不是为了盈利，但至少基于以下理由，国

---

[1] 该内容详见徐晓松等：《国有股权行使和监管法律制度研究》，北京大学出版社 2016 年版，"第三部分"。

有企业有可能成为"盈利的企业"。其一，出于国家安全的需要，一些领域的投资只能由国家进行，由于这些企业的产生和存在本身是为了避免非国有资本染指，因此有可能形成垄断国企，而垄断本身是会带来利润的。其二，当国家为实现某些特殊的公益目的——例如为保障国民福利而由国家垄断经营国有资源时，此类企业肯定是有盈利的，否则便不能实现其设立目标。其三，国家投资设立的企业一般规模较大，尽管运营成本较高，但不排除其可获得规模效益。基于上述，"非盈利性国企"不等于"亏损国企"。最后还应当指出，由于历史背景，中国国有企业经四十多年改革却依然体量巨大，这必然意味着相当数量的国企仍处于竞争性领域，这些企业显然是以盈利为目的的企业，尽管其实际上并不一定盈利。

　　那么，就公司利润分配而言，国家股东与私人股东有何不同？依公司法理，股利分配是股东之间、股东与公司之间的利益分配关系，但当国家成为股东时，这一过程不仅体现了公司与国家股东之间的利益分配关系，而且基于国有资本来源的公共财产性质以及国家直接投资的公共利益目标，国有资本收益的收取和使用不仅要考虑公司本身的发展，更要惠及全民。因此，国家股东分配股利的活动还体现着国家投资企业与全民之间分配国有资产经营收益的关系。基于此，国家股东股利分配权的行使实际上是国家财政预算收入行为的组成部分，世界各国均将其纳入预算法调整。在我国，自 2007 年起，国有股股利分配权行使制度构成了国有资本经营预算制度的重要内容，是国家预算法律制度的重要组成部分，而基于预算制度的功能，全民在分享国有资本经营收益的同时还实现了对国有企业经营者的监督。由此可见，通过投资被混合于公司资本中的国有股份，其本来面目在分配环节又被充分还原，使得国家股权在权能的层面上体现出与私人股权的不同。

（二）国家股权：满足国家股东控制需求的工具

国家成为股东使得传统股权被赋予了新的内涵。作为股权制度体系中的新成员，国家股权与私人股权具有怎样的联系？

笔者认为，在总体上，股权是人类为满足工业化社会中有效运用财产的需求而以所有权为基础创造的财产权制度。从历史发展的角度，无论是作为财产运用的新工具还是作为人类文明的新成果，股权制度与所有权制度之间必定存在继承与发展的关系，区别仅在于不同法系对这种关系的解释不同。[1] 正是基于与所有权的密切关系，股权在不同法系中均被看作是生存于公司制度体系之中、与公司法人权利相辅相成的权利，即股权是与公司法人权利相互独立又相互制衡的权利。这种关系不仅确定了股权的边界及其保护规则，更重要的是它造就了股权对公司的控制方式，即在类似于代议制的民主制基础之上，以对公司重大事务的表决权为核心、辅之以股份的自由处分、加之董事和高管的义务和责任，股东即可根据自己的意愿和实际情况，实现对公司财产运作的控制。显然，这是一种来自所有权又有别于所有权的新的财产控制方式。尽管股东控制的"真实性"随着上市公司以及股票市场的出现受到质疑，[2] 但不能否认，有关股权控制的制度安排确实是现代公司能够被投资者接受的根本原因。在现实中，现代公司产生以及发展演化的历史已经证明，作为在所有权基础上产生的财产运用方式，股权的产生和存在必须以所有权人运用其财产的意图为前提，是所有权人的投资意图而不是其他因素决定了股权法律关系的产生和存在。综上，虽然股权制度

---

　　〔1〕　大陆法系国家在传统所有权层面解释股权，而英美法系国家则在信托关系层面定位股权。

　　〔2〕　美国学者伯利和米恩斯在其 1932 年的《现代公司与私有财产》中认为，随着股票市场的出现和发展，在股权极度分散的股份公司中出现了"经理人控制"，在此类公司中，股东已经很难控制公司。

确实改变了投资者对财产占有、使用、收益和处分的具体方式，但股权制度不会改变所有权人投资的最终目的。由此得出的结论是：从国家所有权到国家股权的转换，不会改变国家（政府）投资的公共利益目的，也不会影响国家（政府）出于实现公共利益目标的需要而对公司的控制。笔者认为，这不仅使得公司制度能够在世界范围内被引入国有企业改革，也使得公司股份制度能够最大限度地为国家股东所利用。

行文至此，如何理解国家股份对公司控制的多层次性成为问题的关键。笔者认为：

首先，尽管中国国有企业公司制改革已经全面完成，但公有制基础上的国家所有权观念，使得"公司是股东的"在学界和实务界对国家股权制度的认知中根深蒂固，而股权控制较之国家所有权控制的灵活性则被忽略。面对改革之后仍然体量大、分布领域宽泛的国有企业，学界很少去关注作为其生存基础的"公共利益"的具体内涵在不同行业及领域中的差异，笔者也极少看到对不同行业或者领域国有企业与其所承载的具体公共利益之间关系的专门研究。基于此，在类别股份制度极为发达、并在域外被包括国有公司在内的企业广泛运用、股东群体也因此由"同质化"走向"异质化"的今天，中国国家股东却始终维持着以持股数量为基础、以"一股一权"为原则的传统股权控制方式。

其次，由于国有企业改革始于高度集中的计划经济体制、国有企业几乎是国民经济的全部基础，因此在国有企业公司制改革全面完成的今天，中国的国有公司不仅仍然数量较多、分布领域比较宽泛，而且国家股东持股在数量上占有绝对优势，这是我们必须正视的现实。世界各国的实践已经证明，尽管提高企业国有资产的运营管理效率始终激励着从国家所有权向国家股权的制度变革探索，国家（政府）与国有企业的关系也因此发生了变化，但唯一没有改变，或者不能根本改变的是：无论是国家所有权还是国家股权，其权利主体的法律形态都只能由国家机关或政府机构在层层授权关系下形成。在"国家（政府）以什么样的组织形态来行使股权"的问题上，国有股权将承继国家所有权的基本特性，通过制度安排拟制出符合要求的权利主体、并形成相应的权利行使机制。而所有的制度安排，都会因国家（政府）机构的特性而使股东权利的行使带有公权行使的特征，进而带来特定的公司治理问题，而迄今为止所有类似改革的结果也只是使国家所有权行使在政府层面集中，并具有可问责性，[1] 此外并无其他。因此，在深化国企国资改革的过程中，我们需要思考：国家股份在公司中占优势地位是否意味着国家股东必然对公司经营实施控制？国有股权控制公司的程度与公共利益的具体内涵之间具有怎样的联系？

最后，正如笔者在本书第三章所分析的那样，在世界范围内，由于国家（政府）直接投资的弊端，"我们为什么需要国有企业？"始终是理论与实践的一个重要争点。而无论答案有多么不统一，面对二战后资本主义市场经济体中出现的大量国有企业以及 20 世纪 70—80 年代全球性私有化浪潮这样的矛盾现象，公共利益最终成为被普遍认可的合理解

---

〔1〕 2005 年《OECD 国有企业公司治理指引》向所有成员建议：国家应当应通过一个集中化的所有权（行政）实体或有效的协调主体来行使其所有权职能，使国家所有权与政府监管职能严格分开，以更好地确保国家所有权能够以一种专业化和问责的方式进行。详见经济合作与发展组织：《OECD 国有企业公司治理指引》，李兆熙译，中国财政经济出版社 2005 年版，第 2、33~34 页。

释，[1] 换言之，国有企业进入或者退出市场皆取决于公共利益需求。就中国而言，经过多年改革，国有企业定位在官方表述中已趋近为"公共利益实现者"。那么，应当如何理解在国有企业定位问题上，行业或者类别的划分与公共利益之间的关系？笔者认为，从人类社会发展历史的角度，公共利益的具体内涵从来就不是恒定的，它是由不同社会发展阶段上人类生存和发展的共同利益所决定的。就一国而言，公共利益的内涵与其经济社会发展水平及其所处的国际环境具有密切联系，国民经济中不同行业或领域与公共利益之间的关系也处于变动之中。[2] 因此，面对历经近四十年改革之后仍然具有较大体量以及较宽分布领域的中国国有企业，其定位首先会涉及具体行业和领域。在这个意义上，所谓"分类推进改革"就意味着在某些行业或者领域中，国家股份在公司中数量的绝对优势与国家股权绝对控制之间可以不存在完全对应的关系。换言之，考虑到国家投资的具体公共利益目标处于变化之中，国家股权也存在对控制的不同需求，国家股东也可以如同私人股东那样，根据所投资的具体公共利益目标的不同需要，在战略投资或者财务投资或者其他投

---

〔1〕 代表性学者为凯恩斯，其认为资本主义并不能保证投资的数量足以弥补在充分就业条件下被储蓄掉的部分，因此在资本主义制度下会出现危机和失业的现象。而由于消费倾向、预期收益、供给价格和流动性偏好无法加以控制，因而国家应当对货币数量进行掌握，以便解决资本主义的危机和失业问题。参见［英］约翰·梅纳德·凯恩斯：《就业、利息和货币通论》（重译本），高鸿业译，商务印书馆 2009 年版。而以约翰·维克斯等学者为代表的一派则认为，由私人完成国有企业从事的业务更有利于社会效益的提高。详见［英］约翰·维克斯、乔治·亚罗：《私有化的经济学分析》，廉晓红、矫静等译，重庆出版社 2006 年版，第 48～49 页。

〔2〕 例如，20 世纪 30—40 年代在资本主义市场经济体中出现了大量国有企业，这些国企的运作弥补了自由市场经济的缺陷，同时也满足了政府在特殊时期控制重要资源的需求。之后，在二战结束后的近 30 年里，主要为克服原材料短缺、优化工业生产结构和保障必需服务的正常供应，欧洲国家的国有化浪潮也使其国有化规模达到了前所未有的高度。当然，在20 世纪 70—80 年代的全球性私有化浪潮中，西方国家又以公共利益为由将大多数国企还给了市场。详见［英］约翰·维克斯、乔治·亚罗：《私有化的经济学分析》，廉晓红、矫静等译，重庆出版社 2006 年版，第 48～49 页。

资目标之间进行选择。而在不改变国家股东持股数量的情况下，这种选择的需求最终只能通过国家类别股份制度的设计得到满足。

综上所述，笔者的结论是，基于股权与所有权之间的联系，在体现所有权主体以投资方式使用其财产意愿方面，与私人股权一样，国家股权是国家为维护其合法权益及实现投资目标而对公司经营实施控制的工具。因此，我国在国家股权制度构建的过程中，一方面应当彻底抛弃对私人股权制度的简单模拟和复制，将其作为一个具有明确改革目标的新制度创建过程；另一方面也应当将股权制度在现代发展中产生的一切有利因素——例如在股东投资意愿发展变化基础上产生的类别股份制度——用于国家股份制度建设，以开启持续和深化改革的大门。

二、混合所有制改革：国企公司制改革的进一步深化

笔者认为，随着我国国有企业混合所有制改革（为行文简洁，以下简称"国企混改"）的进行，"一股一权"规则在实现国家股份所承载的公共利益方面的弊端，已经成为我国国家种类股制度构建的制度改革触发点，研究亟待深入。[1]

（一）国有企业混合所有制改革的提出

2013 年《中共中央关于全面深化改革若干重大问题的决定》提出"积极发展混合所有制经济"，并明确指出：国有资本、集体资本、非公有资本等交叉持股、相互融合的混合所有制经济，是基本经济制度的重要实现形式，有利于国有资本放大功能、保值增值、提高竞争力，有利于各种所有制资本取长补短、相互促进、共同发展。笔者认为，对

---

〔1〕 文献检索显示，自 2013 年以来，国内学界对国企混改的意义、混改中面临的难点问题以及相关政策建议的研究方面取得了一定成果，但鲜见从法学角度对混改及其所引发的国家股权控制度变革问题的专门研究。详见黎娟娟：《国有企业混合所有制改革的问题及文献综述》，载《国有资产管理》2018 年第 8 期。

"混合所有"基本含义的理解是研究国企混改对现行国家股权控制制度影响的基础性问题。

在公司法层面，就一般而言，股份公司所有制的模糊状态应当就是广义上的混合所有。但笔者认为，对于当下中国的"混合所有"而言，问题的回答还应当在以下层面深入：在公司制改革基本完成之后，为什么还要提出国企混改？国有企业的公司制改革与混合所有制改革有何不同？其间关系如何？

关于国有企业混合所有制改革的目标，除上述《中共中央关于全面深化改革若干重大问题的决定》之外，2015 年中共中央、国务院《深改指导意见》将其具体表述为："以促进国有企业转换经营机制，放大国有资本功能，提高国有资本配置和运行效率，实现各种所有制资本取长补短、相互促进、共同发展为目标"。同年 9 月，国务院《关于国有企业发展混合所有制经济的意见》对混改的目标做出了更加详细的表述：为应对日益激烈的国际竞争而健全企业法人治理结构、提高国有资本配置和运行效率、实现各种所有制资本取长补短共同发展。[1] 该意见还明确了国企混改的基本思路，一是分类推进混改，即稳妥推进主业处于充分竞争行业和领域的商业类国有企业混合所有制改革，有效探索主业处于重要行业和关键领域的商业类国有企业混合所有制改革；二是分层推进混改，即引导在子公司层面有序推进混合所有制改革，探索在集团公司层面推进混合所有制改革；三是鼓励包括非国有资本、集体所有

---

〔1〕 国务院《关于国有企业发展混合所有制经济的意见》的详细表述为：应对日益激烈的国际竞争和挑战，推动我国经济保持中高速增长、迈向中高端水平，需要通过深化国有企业混合所有制改革，推动完善现代企业制度，健全企业法人治理结构；提高国有资本配置和运行效率，优化国有经济布局，增强国有经济活力、控制力、影响力和抗风险能力，主动适应和引领经济发展新常态；促进国有企业转换经营机制，放大国有资本功能，实现国有资产保值增值，实现各种所有制资本取长补短、相互促进、共同发展，夯实社会主义基本经济制度的微观基础。

制资本、外资等各类资本参与混改。[1]此后，在混改实践中，国务院国资委"积极推进主业处于充分竞争行业和领域的商业类国有企业混合所有制改革，有效探索重点领域混合所有制改革，在引导子公司层面改革的同时探索在集团公司层面推进混合所有制改革"[2]。就混改的方式而言，在主要采用改制上市方式的同时，[3]还采用了以下三种方式：一是通过股权转让、增资扩股、合资新设等方式，引入在业务、技术、管理等方面具有协同作用的战略投资者，做到互补互促，并实现国有资本有进有退；二是通过市场化重组等方式，围绕国有资本布局和企业发展战略，以双方自愿互利的市场化原则入股非国有企业，支持民营经济发展；三是通过基金投资方式，各类所有制资本共同出资成立股权投资基金开展项目投资，撬动社会资本，引导资本投向，增强资本流动性，促进国有经济战略性调整。据国务院国资委官方网站披露，目前混改企业的数量不断扩大，截至 2017 年 12 月，中央企业中已开展混合所有制改革的企业户数占比 68.9%，地方国有企业混改的数量也占到了 47%；参加混改的企业的级别也开始向集团公司层面拓展；在电力、石油石化、电信、航空、军工等领域，国资委分两批选择 19 家企业进行了混合所有制改革试点。[4]

综上所述，在党和国家政策及国企混改实践的层面，我们可以这样理解国企混改的目标：通过各种不同性质的资本在公司中的混合，实现

---

〔1〕 详见 2015 年国务院《关于国有企业发展混合所有制经济的意见》第（三）至（十三）项。

〔2〕 详见肖亚庆：《深化国有企业改革》，载《中国产经》2017 年第 12 期。

〔3〕 即国有企业根据实际情况选择上市模式、发行比例，通过上市实现混改，或在上市后以定向增发等方式引入战略投资者，优化股权结构，规范公司治理。

〔4〕《十八大以来国企改革情况发布会实录》，载国资委官方网站，http：//www.sasac.gov.cn/，最后访问时间：2020 年 11 月 17 日。

各种所有制资本取长补短、相互促进、共同发展，最终在微观上使企业法人治理结构得以健全，在宏观上使国有经济布局得以优化，真正提高国有资本的活力和控制力。以此为基础，笔者认为可以在法律层面对国企公司制改革与混合所有制改革的关系进行解读。

（二）国企公司制改革与混合所有制改革的关系

首先，根据我国现行《公司法》，国有独资公司是国有企业的重要法律形态，因此，国企公司制改革的结果不必然是股份制或者混合所有制。一人公司股权结构的单一所导致的治理问题，使其成为一般公司治理结构的例外，这早已是国内外学界的共识。因此笔者始终认为，[1]作为一人有限公司在国企改革中运用的结果，国有独资公司制度无疑在推进我国国企公司化改革中居功甚伟，但国家股东与国有企业之间关系的处理却始终是此类企业公司治理中的难题。在实践中，由于独资公司股权关系以及内部控制的独特性，在国有资产监督管理体制改革尚不到位的情况下，旧的国有企业经营管理体制在一定程度上可通过国家股权的行使在国有独资公司框架内合法延续，导致其很难达到国企改革的预期目标。与之相较，混合所有制改革虽然也会出现国家股份对公司的绝对控制，但改革的结果排除了国有独资公司的存在。这一差异揭示出，混合所有制改革要实现的股权多元化是在一个公司中不同所有制性质股份的共存，这也是形成良好的公司治理结构的基础。在这个层面上，此前国企公司制改革后的国有独资公司以及仅由两个以上国有企业法人共同出资举办的股份公司还不能算真正意义上的股权多元化公司。由此也可以说，国企混合所有制改革不完全等同于公司制改革。

其次，也是更为重要的，由于混合所有制改革的目标是不同所有制

---

[1]　详见徐晓松：《国有独资公司治理法律制度研究》，中国政法大学出版社2009年版。

性质资本之间共存意义上的股权多元化，是不同所有制性质资本的合作，因此混改必将使中国国有企业改革在以下方面向前推进：一是不同性质股东之间关系的处理将要求并促使公司治理结构进一步走向规范化，在这个意义上，混合所有制改革在根本上触及了目前国有公司内部治理的老大难问题——国家股权一股独大带来的国家股东对国有公司的超强控制；二是在经营目标基本一致的情况下，不同所有制性质的股权主体对投资回报的要求，将挑战公司制改革后仍然存在的国有公司经营管理人员权利、义务、责任不统一的痼疾，进而要求国企彻底抛弃与规范公司治理不相适应的经营管理制度，转而建立真正面向市场的企业高级管理人员权利、义务和责任统一的法律制度。这是国家股东从"管人、管事、管资本"向"主要管资本"过渡，从根本上解决了长期以来饱受诟病的国有资本经营管理无人负责、效率低下问题的制度基础。

据互联网报道，2018年中国联通作为首家集团层面整体进行混改试点的央企，混改后的联通集团虽仍是大股东，但占股比例下降到约36.67%，新引入战略投资者占股35.19%，在股权结构上有效避免了一股独大，实现了不同资本的相互融合和股权的有效制衡，混改后的新一届董事会由13人组成：非独立董事8人（中国联通派出3人、战略合作伙伴派出5人），独立董事5人，成立了发展战略、提名、薪酬与考核、审计等专门委员会，目前的董事来源多元化使得董事会的视角和思维可以多元化，与原来单纯的国有通讯企业的模式不同。而混改后的深圳市创新投资集团有限公司，目前深圳市国资委直接持有及间接控制的股权比例为51.67%，民营股东持股比例约为25%，这使其在激励机制方面得以采取收益分成模式，给予投资团队项目激励与全员绩效奖励，实施员工强制跟投、项目亏损罚金等约束机制；在长效激励机制方面，公司约定在销售额及净利润达成当年目标的情况下，允许公司在董事会批准后根据净利润的一定比例计提长期奖励基金，在锁定一定期限后分期发放到员工，以此来激发全体员工的积极性。[1]

综上所述，我们可以这样认为，国有企业混合所有制改革是公司制改革的持续和深入，混改将使国有企业体制改革以及国有资本监督管理体制改革进一步向前推进，这在目前的改革实践中已经初步显露出来。但与此同时，笔者认为另一个更加重要的问题是：国企混改挑战了现行以持股数量为基础的"一股一权"的国家股权控制制度，变革将不可避免。

三、混合所有制改革对现行国家股权控制制度的挑战

既有理论研究及改革实践均表明，股东以股份数额为基础，通过利益与风险相一致的表决权规则控制公司经营管理、进而形成公司运作机制，使得公司制能够被包括国家在内的不同所有制性质的投资者所利用。但与此同时，如前所述，由于国家股东所追求的公共利益目标，加之国家股权行使方式不同于私人股权的特性，又注定了国家股权对公司的控制必然带来与一般公司不同的特殊公司治理问题，这导致在采用公司形态经营国有资本的情况下，改革者必须始终致力于防范和去除国家股权控制的弊端。就中国而言，由于国有企业改革的出发点是高度集中的计划经济体制，数量众多、分布领域广泛的国有企业几乎是国民经济的全部基础，这在某种程度上导致以股份数额为基础、一股一票的股东表决权规则成为后来国家股东控制公司、实现国有股权所承载的公共利益目标的唯一方式。显然，这与为适应国家控制企业的多层次需求，黄金股、优先股以及其他特别股早已在域外国有企业中被普遍运用的情

---

〔1〕　资料来源于 2018 年 11 月 14 日国务院国资委新闻中心发布的《国务院国资委：将以更大力度更深层次推进国企混改》。

况形成鲜明对比。不仅如此，多年来国内学界对特别股制度的研究，以及民营公司股东为适应其特殊的投资需求对特别股的普遍运用，[1] 均未能撼动既有的国家股权控制制度——对国企而言，《公司法》关于特别股制度的规定始终处于不可操作的原则状态。[2]但随着国有企业混合所有制改革的进行，传统的以股份数额为基础的一股一权规则在实现国家股权控制方面的弊端逐渐显露出来。

（一）分类推进混改对国有公司股权结构的影响

2015 年中共中央、国务院《深改指导意见》提出"分类推进国有企业改革"，并根据国有资本的战略定位和发展目标，结合不同国企在社会经济发展中的作用、现状和需要，将国企划分为"公益"和"商业"两大类。依据《深改指导意见》，"公益类"国企以"保障民生、服务社会、提供公共产品和服务为主要目标"，而"商业类"国企则以"增强国有经济活力、放大国有资本功能、实现国有资产保值增值为主要目标"。从混合所有制改革对企业股权结构影响的层面，考虑其所承载的具体公共利益目标，国家股权的绝对控制无疑应当是"公益类"国企实现其经营目标的根本保障，显而易见，主业处于充分竞争行业和领域的"商业类"国有企业是混合所有制改革的重点。这意味着，混

---

〔1〕 自国有企业公司制改革以来，学界就开始了特别股制度的研究，随着经济的发展以及改革的深化，近年又出现了对双层股权结构在国有企业中运用的研究〔吴高臣：《国家特殊管理股的法律性质》，载《法学杂志》2018 年第 1 期；徐晓松：《双层股权结构在中国：市场需求与立法认可》，载《天津师范大学学报（社会科学版）》2018 年第 1 期；冯果、杨梦：《国企二次改革与双层股权结构的运用》，载《法律科学（西北政法大学学报）》2014 年第 6 期〕。而在实践中，非国有公司股东为适应其特殊的投资需求而采用特别股的情况就更加普遍，尤其引入瞩目的是京东、阿里巴巴等一批民营企业为解决融资后的经营控制问题，更是纷纷采取双层股权结构。

〔2〕 参见《公司法》第 131 条。在实践中，对民营公司而言，特别股的发行在非上市公司是由股东决定的，限制只发生在公司上市的证券监管环节，例如，各国对采用双层股权结构公司上市的监管；但对国有公司而言，国有股份是否采用特别股由国家股东决定，因此《公司法》的该条规定实际上构成对国有公司运用特别股的限制。

合所有制改革所引发的国家股权控制状况的变化在"商业类"国企中不仅必然会出现，而且是可以被接受的。

行文至此，我们触及一个重要问题：如何看待"商业类"国企所承载的社会公共利益目标？自国企分类改革实施以来，学界较多研究了国企分类的意义，但研究尚未深入到不同类型国企与公共利益之间关系的层面。笔者认为，就两类国有企业所承载的具体公共利益目标而言，"公益类"国企无疑最符合官方和学界对国有企业定位的共识，"商业类"国企则不然。正如笔者在第三章所言，从人类社会发展历史的角度，公共利益的具体内涵从来就不是恒定的，它是由不同社会发展阶段上人类生存和发展的共同利益所决定的。就一国而言，国有企业所承载的公共利益，其内涵和外延与经济社会发展水平及其所处的国际环境具有密切联系，因此国民经济中不同领域与公共利益之间的关系并非一成不变。基于此，面对历经四十多年改革之后仍具有较大体量且分布领域宽泛的中国国有企业，如果我们承认公共利益需求是国家（政府）直接投资产生并存在的原因，那么国有企业是否应当存在于某一行业或领域，就应当取决于我国目前经济社会发展阶段上的这些行业或者领域与公共利益之间的联系，也就是说，这种联系的存在与否将决定国有资本在这些领域的进或退。

由上我们可以推论，将国有企业划分为"公益类"和"商业类"，首先表明"商业类"国有企业也应该以公共利益为存在目标，我们切不可因其被划分为"商业类"就简单地认为此类国企必定要退出国民经济；其次，如此划分也在一定意义上表明两类国企所承载的具体公共利益目标不同。笔者认为，从中国国有企业改革历史以及未来发展的角度，可以说，"公益类"国企所承载的公共利益在内涵上相对比较传统，因而也比较稳定，而"商业类"国企则因其受社会经济发展以及国际经济政治环境影响比较大，其所承载的公共利益也处于变动之中。此外，如同笔者在本章开篇所言：我们应当承认，由于中国国企改革的特殊历史背景以及渐进式的改革方式，决定了目前部分"商业类"国企与国企的基本定位存在一定程度的不吻合。正是基于此，2015 年《深改指导意见》明确提出，"各地区可结合实际，划分并动态调整本地区国有企业功能类别"。

基于上述，笔者认为，随着我国社会经济以及所处国际经济环境的变化，国家直接投资和控制的行业及领域的变化会首先表现在"商业类"国企中，这既是此类国企在当下以至未来成为深化改革突破口的根本原因，也预示着以"商业类"国有企业为重点实施混合所有制改革必定会涉及国家股份进或退的问题。

（二）"一股一权"的国家股权控制与混合所有制改革的冲突

那么，在国企混改过程中，国家股份的哪些变动将与"一股一权"的现行国家股权控制制度发生冲突？

首先，在某些"商业类"公司中，由于国有资本所承载的公共利益内涵的变化，国家股份将由全面控制转而仅保持对某个方面的控制，这表现为国家股份的数量在混改后公司中的占比降低，仅处于"参股"状态。必须指出的是，基于中国的具体国情，国家股份"参股"存在两种不同情况：第一种情况是在国家无参股必要的行业和领域，由于国有资产监管体制改革的滞后或者经济社会稳定的需要，国家不得不保留参股地位；第二种情况是国有股份以某种公共利益的负担作为"参股"前提，例如稳定地区就业、为公共福利筹集资金等。笔者认为，前一种"参股"只是权宜之计，而后一种"参股"因其具有特定公共利益目标，故在实质上也是一种控制，这体现出国家股份参股较之私人股份参股的区别。正是在后一种情况下，以持有股份数量为基础的"一股一权"规则可能阻碍国家股份既定控制目标的实现。

其次，国家股份在公司中仍然保持数量上的绝对控制状态。具体又可分为两种不同情况：一种情况是，在国有资产监督管理体制改革相对滞后以及防止国有资产流失的指导思想之下，谨慎改革使得国有股份在混改初期的国企中保持绝对控股状态。如前所述，尽管在以改革政企关系、增强企业活力为目标的国企体制改革中，公司制最终胜出成为全面推进及深化改革的工具，但随之出现的问题是，举凡国家控股，就会出现国家股东的过度控制，政企关系也就由"婆婆"演变为"老板加婆婆"。这种状况足以表明，以股份数额为基础的一股一权规则在某些情况下已经成为新型政企关系建立的障碍。正因为如此，在通过国家股权管理体制改革去除国家股权行使弊端的过程中，[1] 混合所有制改革成为改善国有企业法人治理、深化国企改革的重要措施。但回顾改革实践我们却不难发现，尽管国家出台了一系列政策，[2] 国企混改也向其他所有制资本敞开了投资大门，但现实中非国有资本积极参与的现象并未如期而至。原因固然是多方面的，但仅从法律层面分析，笔者认为，首先应该肯定，基于混合所有制改革的背景，以数量为基础的国家股权绝对控制对改革的顺利推进具有重要意义，因此谨慎改革也应该是当下国企混改的主旋律。但在现实中，也正是基于谨慎改革的思想，在混改初期，由于国有资本仍然在公司中占比较高、国家在一定时期内对其在混改后的公司中股份占比处于不确定状态、民营资本体量过小等原因，国家股份仍然会在许多混改方案中占有较大比重，如果国家股东仍按照"一股

---

〔1〕　例如目前正在进行的国有资本监管由"管人、管事、管资产"到"以管资本为主"的改革。

〔2〕　自 2013 年通过《中共中央关于全面深化改革若干重大问题的决定》起，到 2015 年《中共中央、国务院关于深化国有企业改革的指导意见》以及《国务院关于国有企业发展混合所有制经济的意见》，都直接涉及了民营资本参与国企混改的问题。

一权"规则行使股权控制公司，必然使一些意欲进行战略投资的民营资本以及其他非国有资本因担忧其在未来公司中的话语权，进而对是否参与混改犹豫和观望，缺乏参与混改的积极性。而如果没有非国有资本的积极参与，国企混改不可能是实质性的，更遑论改革目标的实现。

　　另一种情况是，依国有企业的公共利益定位，结合混改的目标，国家股份在混改后的公司中虽数量有所降低，但仍居于控制地位，形成不同所有制性质的股份在公司中占比大致势均力敌的状态。应当指出，这是最符合国有资本和非国有资本互相取长补短的股权结构状态，但也恰好是在这种公司中，改革者将不得不面对不同所有制性质股份所承载的不同经营目标之间的冲突。对此，学界研究认为，混合所有制企业中不同所有制性质资本之间关系的处理是一个难点，学者提出的对策包括：改变企业治理机制及决策机制、增加非国有资本的话语权等。[1]笔者认为，解决问题的关键取决于我们如何实事求是地承认这种冲突的客观存在。首先应当指出，截至目前，国家并未在法律上对不同性质股东加以不同营商条件的规定，以历史的眼光来看，我们不能否认国有资本作为我国国民经济支柱在投资经营领域形成的优势地位，更不能否认改革开放以来国有企业虽逐步成为独立经营、自负盈亏的独立市场主体，但由于相关主体权利、义务、责任统一的经营责任制度尚未完全建立起来，国有企业在高管任用、业绩考核等方面并未完全实现市场化，其进入或者退出市场的途径自然也没有完全市场化。基于此，笔者认为，当不同所有制性质的资本在公司中占比势均力敌时，"一股一权"规则虽然符合传统公司法"资本平等"的要求，也符合"国有股份保值增值"的

---

〔1〕　详见黎娟娟：《国有企业混合所有制改革的问题及文献综述》，载《国有资产管理》2018 年第 8 期。

要求，但在实践中，国有股份事实上的优势会被放大，从而打破与不同性质股份之间和谐共处的局面。

行文至此，笔者的结论是，作为当前深化国有企业改革的重要举措，混合所有制改革对既有公司股权结构的影响、其所要求的不同性质股东之间和谐共处，乃至混改本身的顺利进行等，均对建立在股份数量基础之上的"一股一权"的国家股权控制方式提出了挑战。因此，破除对以股份数量为基础的"一股一权"控制方式的迷信，立足中国实际，尽早建立国家特别股制度体系并形成多层次政企关系，才能适应国有企业混合所有制改革对国家股权控制方式多元化的需求。

四、类别股份基础上的多层次国家股权控制体系构建

（一）多层次国家股权控制体系构建的整体思路

整体来看，作为为所有权人提供的一种新的财产运用方式，股权所特有的运作机制使国家股权较之国家所有权在财产控制方面具有更大的灵活性。而基于当下国有企业混合所有制改革所暴露出的国家股东控制公司方式单一的弊端，使得通过类别股份制度的构建改革国家股份制度、丰富国家控制公司的方式成为现实问题。

从其产生与发展的历史看，类别股制度是公司股份制度为适应经济发展之下股东对控制手段多样化需求而做出适应性改革的结果。在早期公司法中，股东投资目标的单一使得"一股一权"规则被奉为股东权保护的核心，对公司投资的数额成为股东控制权的唯一衡量标准。直至20世纪初，伴随着股票市场的迅猛发展，股东的投资目标开始发生了分化：随着股东对股票市场转让差价的追求，有利于转让的无记名股份开始流行；随着股东对公司控制在事实上的弱化，控制权逐渐失去了对中小投资者的吸引力，为最大限度吸引投资者，公司开始发行股息红利优先分配的股份；更有甚者，为避免上市融资而丧失经营者对公司的控

制，公司直接向公众发行无表决权的普通股。而各种类别股无一例外都是股东和公司基于实践需求的创造，类别股份的产生及流行也预示着传统的"一股一权"规则最终将随着股东投资意愿的发展变化而被打破，而法律最终对类别股份的认可，也表明传统公司股份制度在适应公司发展需求过程中已经逐步发展演化为一个开放的制度体系。尤其值得关注的是，随着二战以后至今公司制度被各国用于国有企业经营管理，优先分配股份以及控制特定事项的股份（例如黄金股）在国有公司中发展起来，成为国家为实现特定公共利益目的而对公司实施精准控制的法律工具：类别股的具体设计将使国家股份控制的公司内部关系呈现出另一种状态——在不改变国家所有权行使方式的前提下，不同类型的股份可以产生与之相应的股东与公司之间的关系，在整体上呈现多层次的国家与国有公司关系。

基于上述，笔者提出，为应对国有企业混合所有制改革对既有的单一国家股权控制方式的挑战，应当变革以股份数量为基础、"一股一权"为基本手段的股权控制方式，将优先分配股、黄金股以及双层股权制等引入国家股权制度，构建多层次的国家股权控制体系，适应国企改革和发展过程中多层次政企关系对国家股东控制方式多层次以及体系化的需求。具体而言：面对体量依然庞大且分布领域仍旧宽泛的国有公司，在尚不具备大规模退出条件的情况下，国家可以彻底放弃"一刀切"地维持其与企业紧密关系的"所有权式控制方式"，转而根据对国有资产与公共利益需求之间关系评估确定国家投资的侧重点，以此为基础设计与之相应的类别股份并运用于国家股份占优势地位的公司，使政府与国企的关系在层次上变得多样化，即便一些具体改革措施暂时不能见效，也能使政府与国有企业的关系按照"两权分离""政企分开"的改革目标在整体得到改善。对于正在进行的国有企业混合所有制改革而言，国家还可以根据国有企业混改中以及混改后的不同需要，通过"双层股权结构""优先股"以及"黄金股"等特殊类型股份的合理设置，既实现国家股份的控制目标，又解决"老板加婆婆"问题。

（二）国家类别股的具体设计

1. 在试点的基础上建立国家黄金股及分配优先股制度

关于这两种特别股类型，学界研究由来已久，2015 年国务院《关于国有企业发展混合所有制经济的意见》明确规定"探索完善优先股"，也表明理论与实务界对此已经达成基本共识。但笔者认为这两类股份并不适合在混改初期的公司中设置。究其原因，尽管优先股和黄金股有诸多不同，但两者的最大共同点在于基本取消了国家股东对公司重大事项的表决权：优先股将国家股权的设置目的定位于稳定的红利分配，而黄金股则将国家股权的设置目的定位于某些特定公共事项的决定，并通常采用否决权的方式。而如果国家投资的目的是获得稳定的红利分配，那么在股份占比较大的情况下，由于国有股权行使方式的特殊性，缺乏控制可能使稳定分红的目标实现受到威胁，因此很难大规模适用于混改初期的国有公司。而黄金股的设置目的在于使国家股东在股份占比较小的情况下享有某些特定公益事项的否决权，其更适用于混改完成后国有股份占比较小、但仍然承担某些公益目标的公司。当然，这也恰好从一个侧面证明，在混改中、后期，黄金股和优先分配股份可能更适应国家对商业类国企的不同层次控制的需求。

毫无疑问，利用类别股份制度采用多样性的控制方式，是国有股份控制公司的一个特点。因此我们会看到，当下中国公司中国有股份的具体控制方式正在向以下两个方向发展：一是传统的以股份数额为基础的控制，例如国家必须全资或者绝对控股的行业和领域内的国有独资公司及国有控股公司；二是以表决权特殊安排为基础的类别股控制。例如，

2015 年 9 月国务院发布《关于国有企业发展混合所有制经济的意见》第 14 条明确规定，国有资本参股非国有企业，或者国有企业引入非国有资本时，允许将部分国有资本转化为优先股，在少数特定领域，探索建立国家特殊管理股制度，依照相关法律法规和公司章程的规定，行使特定事项否决权，保证国有资本在特定领域的控制力。据此，目前处于试点中的国家特别股份有三种类型：优先股、黄金股和国家管理股，其中前两种属国际通行的国家类别股份，至于国家管理股，2014 年 4 月 2日国务院办公厅印发的《进一步支持文化企业发展的规定》指出，对按规定转制的重要国有传媒企业探索实行特殊管理股制度，经批准可以展开试点。2014 年 9 月，国家新闻出版广电总局发布《非公有制文化企业参与对外专项出版业务试点办法》，根据该试点办法的规定，所谓特殊管理股是以国有出版单位拥有特殊管理股为前提，允许其与非公有制文化企业，共同投资设立有限责任公司，允许非公有制文化企业绝对控股的国有股份。由上述规定可以看出，国家特殊管理股类似于国家金股，其特点在于：在其他投资主体绝对控股的情况下，投资数量没有绝对优势的国家股东，享有公司经营管理的控制权。[1] 综上所述，国家管理股或者黄金股与优先股的主要区别在于，法律对国家优先股在公司中的占比数量没有限制，但即便是大股东，国家优先股也不享有公司经营管理的权利，但在利润分配方面享有优先分配权，而国家特殊管理股或国家金股，其共同点是国家股份数量在公司中不占优势，但国家股东依照相关法律法规和公司章程规定，对特定事项享有决定权或者否决权。

---

[1] 详见吴高臣：《国家特殊管理股的法律性质》，载《法学杂志》2018 年第 1 期。

2. 将双层股权制引入混改初期的国有公司

就一般而言，双层股权结构是公司中大股东与具有经营者身份的小股东协商产生的公司控制方式。笔者认为，对于混改初期的国家股权控制而言，双层股权制可以调动非国有资本参与混改的积极性。如前所述，在混改初期，国有资本仍然在公司中占比较高、国家在一定时期内对其在混改后的公司中股份占比处于不确定状态、民营资本体量过小等原因，导致一些意欲进行战略投资的民营资本担忧其在未来公司中的话语权，进而对是否参与混改犹豫和观望。因此最大限度地调动民营资本参与国企混改的积极性就成为改革初期的当务之急。笔者认为，首先，在详细论证的基础上，在一部分国家预期可以放弃股权绝对控制的公司中，可以在股东协商的基础上，通过将某些事项的国家股权设计为少数表决权股，有条件地相对增加非国有股份的表决权，使国家股东不至于在股份占比较高的情况下"超控"混改后的公司。如此，既可以在混改初期增加对非国有资本的吸引力，同时又不会在根本上影响国有资产的保值增值。因此，较之分配优先股和特殊管理股，双层股权制不仅可以在混改初期保留了国家股东的表决权，同时又调动非国有资本投资的积极性，使改革得以顺利进行。其次，以目前的特殊管理股为基础引入双层股权制。在一部分国家确定可以放弃股权绝对控制的公司中，可以在股东协商的基础上，通过将国家小股东的股权设计为多数表决权股，有条件地相对增加国家股东的表决权。目前正在试行的特殊管理股，如果管理者不持有股份，那么管理者实际上是国家股权的代理人，原则上讲，国家完全可以放弃此类公司的控制，但为保证混改的稳步、顺利进行，有必要延续原有管理层对公司的控制，此时由国家股东确定的特殊管理股，在本质上就是双层股权结构的采用。

不能回避的问题是，双层股权结构设计是否会削弱国家股权？笔者认为，首先，学界对国外双层股权制产生发展历史的分析表明，认可双层股权制并非法律的倡导，而是公司股东的创造，换言之，是否采用这一股权结构是公司股东自身的选择。其次，也是最重要的，究竟多大比例的双层股权结构会构成股东权益的损害？由于不同的公司情况不同，这一问题难有统一答案。因此笔者认为，双层股权结构生存的关键主要不在于比例设计，而在于股东是否接受这种设计。换言之，只有股东自己才能判断某一种双层股权比例对其权益有无损害以及损害程度如何，因此，某种比例设计如果被接受，就表明股东忽略了所谓的损害，此时损害就只是一种理论推理。

上述结论对国企混改意义重大。由于国家股权主体及其权利行使中存在较长的代理链条，在每一项改革措施的制定和实施过程中，保护国有资产不受侵犯，使国有资产保值增值始终是国家关注的问题。而混改中双层股权结构的设计将使公司控制权由少数股东掌控，此时国家股份所承载的公共利益是什么？如何在不具有控制权的情况下实现国有股权的利益？需要国家股份持有人在认真论证的基础上加以确定。因此，是否实施双层股权制，要依国家直接投资公共利益目标的具体内涵而定，国家股东应当通过对双层股权结构协议条款的审查批准实现对经营者的制约，以维护国家股的合法权益。这是实现国有企业与国有资产管理体制改革目标的需要，也是国有公司双层股权制度设计的出发点以及制度设计的基本法律底线。

本章小结

行文至此，笔者从挑战与制度变革的角度论证了混合所有制改革背景下多层次的国家股权控制体系建立的必要性，并对制度建设提出了基本构想。笔者认为，首先，尽管国家股权在具体权能上表现出与私人股权的明显不同，但在公司法层面，与私人股权一样，国家股权是满足国家投资的公共利益目标的工具，而由于国家投资的具体公共利益目标处于变化之中，国家股东也如同私人股东那样，需要根据所投资的具体公共利益目标的不同，在战略投资、财务投资者或者其他投资方式之间进行选择，而类别股份制度恰好可以满足国家股东对公司控制的不同需求。其次，基于混合所有制改革对部分国有公司股权结构的影响、其所要求的不同所有制性质股东和谐共处，乃至混改本身的顺利进行，均构成对以股份数量为基础的"一股一权"的单一国家股权控制方式的挑战，这在"商业类"国企混改中表现尤为突出。本着国家股权控制方式应当与其所承载的、处于变动中的具体公共利益目标相匹配的思路，变革"一股一权"基础上的国有股权控制制度是应对挑战的重要举措。国家应当在国有企业分类的基础上，通过对不同国企与公共利益之间关系的评估，以公司类别股制度为基础，设计不同种类的国家股份，满足国家股东对不同公司的不同控制需求，最终在国家种类股份制度体系构建的基础之上建立起多层次的政府与企业关系。

第七章　中国民营公司治理法律路径的思考与探寻

在对国家股权控制公司的治理制度进行详细分析之后，本章将展开对民营公司治理法律问题的研究。

如前所述，改革开放以来，我国非公有制经济获得了巨大发展，我国目前的中、小型企业主要为民营企业，有限责任公司是其基本法律形态。以此判断为基础，在总体上，民营公司与国有公司因采用不同的公司类型而具有不同的内部控制状态，股东控制是民营公司内部关系的基本状态，但细分之，还可以划分为家族控制以及创始人经营者控制两种不同类型。基于上述，本章将分别对其公司治理法律路径展开研究。

笔者认为，尽管民营公司的治理问题在总体上可以用"股东控制权争夺"来概括，但由于不同控制状态下公司治理问题的不同，公司治理法律路径也存在差异。对于民营有限责任公司而言，在总体上，基于其规模和股权结构与大型股份公司的差异，以司法介入调整股东之间的关系应当成为此类有限公司治理的基本路径。而对于其中的家族公司，治理问题与其向现代股份公司的发展密切联系，当下为缓解发展壮大过程中家族股东与职业经营者以及小股东之间的紧张关系，我国政府应当不断完善《公司法》，为家族公司的变革提供充足的制度支持。至于创始人经营者控制下的民营公司，基于双层股权结构的采用，尊重股东协商以及政府监管并列，成为解决此类公司治理问题的基本路径。此外，基于数字网络经济对公司利益相关者关系的影响以及这种关系变化的实际情况，公司社会责任法律化程度的提高，应该作为创始人经营者控制下互联网公司治理的重要路径而受到关注。

一、司法介入：民营有限责任公司治理的基本路径

目前中国民营公司的主体为有限责任公司，这不仅意味着在整体上公司类型应当成为区别民营公司与国有公司控制状态的首要因素，也决定着民营企业当下以及未来公司治理法律路径的基调。但在我国《公司法》实施中暴露出来的问题与争议，以及目前学界关于《公司法》修订的讨论，均表明在公司治理问题以及治理路径上，有限公司与股份公司的区别并不明显，这在一定程度上表明研究还应当进一步深入。因此，笔者认为，在讨论家族公司以及创始人经营者控制的民营公司的治理路径之前，有必要讨论民营有限责任公司治理的一般法律路径，以厘清民营公司治理在整体上与国有公司的区别。

（一）有限责任公司：中国民营公司的主体

中国民营企业的萌芽可以追溯到明末清初。明代曾出现过类似西欧中世纪家族营业团体的合伙经营组织，但在政府"重农抑商"政策的阻碍和束缚下，企业规模及组织形式的发展都极为缓慢。直至 19 世纪后半叶，由于帝国主义的入侵以及洋务运动的兴起，官僚资本才开始仿效国外，采用官督商办、官商合办、招商集股的形式组建公司形态的企业。其中比较著名的有：1872 年创建的轮船招商局、1878 年创建的中兴煤矿公司、1878 年倡议兴办并于 1890 年投入生产的上海机器织布局等。[1]由于外国资本侵入，中国自然经济开始解体，民族资本企业产生。1872—1894 年，中国在缫丝、造纸、机器轧花、棉纺织、面粉、火柴、玻璃等行业先后办起了 50 多家企业。其中较有代表性的是：南海的继昌隆缫丝厂、宁波的通久源机器轧花厂、烟台的张裕酿酒厂、上海的裕元纱厂和燮昌火柴公司等。[2]随着企业的发展，清政府于光绪二十九年（1903 年）颁布了《公司律》，这是我国立法史上最早的公司法。1910 年，清政府农工商部提出了一部内容较为完备的《商律》，其中包括《公司律》，但因清政府被推翻而未颁行。[3]1911 年南京临时政府成立后，在公司立法上沿用了清朝的《公司律》。1914 年北洋政府农工商部将清政府 1910 年拟定的《公司律》草案修订增改，更名为《公司条例》后颁布；同年 7 月还颁布了《公司条例施行细则》；此外又先后颁布了《公司注册规则》《公司注册施行细则》。其中，《公司条例》奠定了我国公司类型的基础。1929 年 12 月国民党政府颁布了《公司法》，1931 年 2 月及 6 月又先后颁布了《公司法施行法》及《公司登记管理规则》。1929 年的《公司法》是我国公司立法史上一部比较完整的现代公司法，主要以德国、日本的公司法为蓝本，规定了无限公司、两合公司、股份两合公司和股份有限公司等四种公司形式。[4]1946 年，为适应战后恢复和重整国民经济的需要，国民党政府修改 1929 年《公司法》，于 1946 年颁行。修改后的《公司法》吸收了英美法的一些立法原则和具体规定，增加了关于有限责任公司的规定。[5]总体而言，至

---

〔1〕　参见陈旭麓等主编：《中国近代史词典》，上海辞书出版社 1982 年版。

〔2〕　参见《中国企业管理百科全书》，企业管理出版社 1984 年版。

〔3〕　参见蒲坚主编：《中国法制史》，光明日报出版社 1987 年版。

〔4〕　参见吴新平、高旭晨编著：《台湾公司法》，中国对外经济贸易出版社 1991 年版，第 8~11 页。

〔5〕　参见吴新平、高旭晨编著：《台湾公司法》，中国对外经济贸易出版社 1991 年版，第 8~11 页。

1949 年止，公司在中国企业中所占比例甚微，公司中规模巨大者少。

1949 年中华人民共和国成立后，即废除了国民党政府颁布的一切旧法律制度。为了尽快恢复遭到战争破坏的国民经济，保护民族资本主义工商业的发展，确立当时尚存的 11 298 家私营公司和其他私营企业的法律地位，[1] 鼓励私人投资经营有利于国计民生的企业，政务院 1950 年公布了《私营企业暂行条例》，1951 年公布了《私营企业暂行条例施行办法》。上述法规规定了无限公司、有限责任公司、两合公司、股份有限公司及股份两合公司等五种公司形式。随着国民经济的恢复及国家对资本主义民族工商业的社会主义改造，政务院于 1954 年 9 月颁布了《公私合营工业企业暂行条例》。根据该条例，公私合营企业实际上是有限责任公司。其后，随着全行业的公私合营以及私人资本家退出经营管理，只按公私合营时核定的私股股额收取固定股息，公私合营企业逐渐失去了公司的特性。1966 年以后，随着定息的停止支付，此类企业转为全民所有。[2] 众所周知，自 1949 年中华人民共和国成立至 1978 年经济改革之前的近三十年中，我国建立了社会主义公有制经济，在此基础上对国民经济实行高度集中的计划经济管理，"国有国营"的全民所有制企业成为这一时期我国企业的唯一形态。

1979 年党的十一届三中全会之后，在"对外开放、对内搞活"的改革方针指引下，我国非公有制经济开始恢复。为鼓励和引导我国非公有制经济的发展，1981 年党的十一届六中全会通过的《关于建国以来党的若干历史问题的决议》提出"一定范围的劳动者个体经济是公有制经济的必要补充"；1982 年党的十二大提出"鼓励劳动者个体经济在

---

〔1〕　参见赵旭东、徐国栋：《公司法概论》，中国政法大学出版社 1987 年版，第 68 页。

〔2〕　参见《中国企业管理百科全书》，企业管理出版社 1984 年版。

国家规定的范围内和工商行政管理下适当发展，作为公有制经济的必要的、有益的补充"；1984 年党的十二届三中全会《中共中央关于经济体制改革的决定》明确指出：认可非公有制经济，坚持多种经济形式和经营方式的共同发展，是长期的方针；1987 年党的十三大进一步提出鼓励发展个体经济、私营经济的方针，明确私营经济是公有制经济的必要的和有益的补充。在党的政策方针指引下，1988 年第七届全国人民代表大会第一次会议通过《宪法修正案》，确定了私营企业的经济及法律地位，同年 6 月国务院颁布《中华人民共和国私营企业暂行条例》，该条例明确规定私营企业可以采用独资企业、合伙企业以及有限责任公司三种形式。之后至 1992 年，党的十四大明确提出我国"多种经济成分共同发展"的方针，股份制民营企业开始在我国沿海城市和地区蓬勃发展起来。1997 年党的十五大确立我国"以公有制为主体、多种所有制经济共同发展"的基本经济制度，并肯定了非公有制经济是中国社会主义市场经济的重要组成部分，对个体、私营等非公有制经济要继续鼓励、引导，使之健康发展。1999 年全国人大九届二次会议通过的《宪法修正案》明确规定："在法律规定范围内的个体经济、私营经济等非公有制经济，是社会主义市场经济的重要组成部分。"2002 年党的十六大提出"积极推行股份制，发展混合所有制经济"，"放宽国内民间资本的市场准入领域，在投融资、税收、土地使用和对外贸易等方面采取措施，实现公平竞争"，"完善保护私人财产的法律制度"。2003 年党的十六届三中全会指出：个体、私营等非公有制经济是促进我国社会主义生产力发展的重要力量；放宽市场准入，允许非公有资本进入法律法规未禁入的基础设施、公用事业及其他行业和领域；大力发展混合所有制经济。2004 年修改《宪法》时，增加了"公民的合法的私有财产不受侵犯"，并将对非公有制经济的"引导、监督和管理"改为"鼓励、支持和引导"。

在党的方针政策指引下，2005 年至今，国务院先后发布《关于鼓励支持和引导个体私营等非公有制经济发展的若干意见》（2005）、《关于进一步促进中小企业发展的若干意见》（2009）、《关于鼓励和引导民间投资健康发展的若干意见》（2010）。这标志着党和国家对非公有制经济的政策支持上升到法律制度保障层面。为消除非公有制经济迅猛发展中的隐忧，引导民营企业走向现代化，2007 年党的十七大报告进一步指出：必须毫不动摇地鼓励、支持和引导非公有制经济的发展，坚持平等保护物权，推进公平准入，改善融资推进，破除体制障碍，促进个体、私营经济和中小企业发展，以现代产权制度为基础，发展混合所有制经济；2013 年党的十八届三中全会通过《中共中央关于全面深化改革若干重大问题的决定》，再次强调支持非公有制经济健康发展，肯定了非公有制经济在支撑增长、促进创新、扩大就业、增加税收等方面具有重要作用，重申国家完善产权保护制度，保护各种所有制经济产权和合法权益，鼓励激发非公有制经济活力和创造力和有条件的私营企业建立现代企业制度；2014 年党的十八届四中全会通过了《中共中央关于全面推进依法治国若干重大问题的决定》，指出要健全以公平为核心原则的产权保护制度，加强对各种所有制经济组织和自然人财产权的保护，与此同时，国家在税收、信贷等方面密集出台了一系列对中小企业、小微企业扶持的规定。

尤其要指出，自 2013 年通过《中共中央关于全面深化改革若干重大问题的决定》开始，后陆续发布了《深改指导意见》《国务院关于国有企业发展混合所有制经济的意见》，这些文件从国有企业混合所有制改革的角度，直接涉及民营资本参与国企混改的问题，标志着国企混改向民营资本敞开了大门。在党和国家"两个毫不动摇""两个坚定不移"的方针之下，在国家一系列政策法规的指导下，民营企业不负众望，在拉动经济增长、促进社会就业、增加国家税收、繁荣市场以及创新等方面，已经并持续对我国经济改革和发展做出巨大贡献。

（二）一般民营有限公司的治理问题

笔者认为，与西方国家相同，在中国，民营有限公司目前面临的基本治理问题仍然是大股东欺压引发的股东之间利益冲突。以案例说明。[1]

2003年9月23日，张某、吴某等六位股东共同签订《合股经营项目合同书》，约定在某省设立甲公司，其中，张某出资占公司注册资本比例为40%，吴某为40%，其余4位股东共占20%。同日，股东共同制定公司章程，规定：①公司不设董事会，设执行董事1人，由张某担任，执行董事任公司法定代表人，公司设监事1人，由吴某担任；②股东会会议由股东按出资比例行使表决权，股东会对公司增减注册资本、分立、合并解散或变更公司形式、修改章程、生产经营事宜等各种事项作出决议，必须经代表50%以上表决权的股东通过。2003年12月9日，甲公司与所在地政府签订《项目合同书》，支付土地出让金2832万元，获得建设用地386亩的使用权和开发权，并在土地上建筑了部分营业用房。2004年1月1日公司成立，经营期间股东持股比例未发生变化。2005年股东吴某因经营与股东张某产生意见分歧，要求派代表进驻甲公司并修改公司章程，未果，后吴某停止向甲公司追加投资。由于股东之间的矛盾使甲公司项目开发受到影响，股东间曾多次协商，在项目建设必须统一进行的情况下，政府有关部门也多次协调，未果。为避

---

〔1〕 该典型案例来源于互联网，该案审理期间为2006—2009年，目前在互联网上仍可搜索到完整信息，笔者隐去案件当事人的姓名。

免该项目搁浅给公司和股东造成损失，2006 年 2 月 28 日，甲公司召开股东会，审议《关于将公司资产作价整体出让的议案》，全体股东均亲自或委托代表出席会议，除吴某委托的代表之外，其他股东一致同意，会议以 60% 的表决权通过决议：①统一将公司资产（经中介机构评估该资产合计 11 355 万元）以不低于人民币 11 355 万元的价格整体出让给第三方公司或者个人，公司股东在同等条件下可单独或组合对公司资产进行受让；②授权执行董事张某具体办理资产出让的谈判、签约及相关手续。2006 年 3 月 15 日，在确定乙公司为公司整体资产受让人的情况下（注：乙公司于 2006 年 3 月 21 日成立，股东均为甲公司除吴某外其他股东的亲戚，公司大股东、法定代表人张某某为张某的胞妹，张某为公司总经理），公司召开股东会，审议《公司整体资产出让合同》，全体股东均亲自或委托代表到会，除吴某委托的会议代表提出转让价格不确定、不同意转让、不表决外，其他股东一致同意，会议以 60% 的表决权通过决议：①同意乙公司受让甲公司整体资产；②同意甲公司《资产出让合同》的具体条款；③授权执行董事张某具体办理资产出让的谈判、签约及相关手续。

2006 年 3 月 20 日，甲公司与乙公司签订《资产转让合同》，双方约定，甲公司将相关 360 亩土地使用权以及该土地上的已建工程、其与当地政府签订的《项目合同书》中的权利转让给乙公司，转让价格为人民币 11 380 万元。2006 年 4 月 24 日乙公司获得土地使用证，支付价款 7756 万元，尚欠 3624 万元。吴某认为，甲公司执行董事张某操纵关联交易，导致公司整体资产以极低价格转让，自己的财产权益受到损害，要求赔偿，遂向人民法院提起诉讼。在案件审理中法院查明：①项目所在地国土资源局出具证明：2006 年当地土地拍卖价格均价为 103 万元/亩，甲公司聘请的资产评估机构对甲公司土地的评估价格为 7 万/

亩。②甲公司第一次股东会确定了公司资产转让合同的条款，但在第二次股东会审议合同时，取消了违约后将没收保证金 4000 万元的规定；将原定违约收回合同项目改为由乙公司与政府协商；将最后付款期限由 50 天延长至半年。

就上述案情，笔者认为，首先，张某和吴某各持有甲公司 40% 的股份，均为公司大股东，其中张某为甲公司的执行董事和法定代表人，吴某为甲公司监事；乙公司股东为吴某之外的甲公司其他股东的亲戚，张某为乙公司总经理，张某的妹妹为乙公司的法定代表人。显而易见，基于对甲、乙公司经营管理的控制，张某完全可以操纵甲、乙公司之间的交易，因此甲公司向乙公司整体转让资产的交易属关联交易。其次，从案件事实看，甲公司之所以整体转让公司资产，根本原因在于吴某与张某在公司经营管理中产生矛盾，在协商未果的情况下吴某拒绝交付出资，导致甲公司对土地的开发陷入僵局。但在甲公司向乙公司进行资产转让交易的过程中，张某利用我国《公司法》对关联交易管控的缺陷，通过成立关联公司实施关联交易。因此对甲公司第二次股东会决议所确定的资产转让交易的公正性进行程序审查和实质审查是案件审理的核心问题。当然，由于当时我国《公司法》以及最高人民法院司法解释没有对关联交易实质审查作出明确规定，因此法院对该案关联交易的审查只能止步于形式审查。该案中吴某作为原告所经历的漫长而复杂的诉讼历程，充分反映出有限责任公司中股东之间利益冲突关系以及纠纷处理的特殊性。时至今日，输入关键词仍然可以在互联网上搜索到本案当年被讨论的情况。这使我们不得不去思考：

首先，有限责任公司运作中传统与现代的矛盾。就其产生的背景而言，有限责任公司是一种建立在人身信任基础之上的合作经营。一方面，每个股东都有参与公司经营管理的积极性，另一方面，股东之间的关系一般建立在严格的"一股一权"以及"资本多数决"的基础之上，因此极易出现大股东欺压小股东和公司经营管理僵局的问题。而当公司股东之间的良好关系破裂时，控制股东利用其控制地位置异议股东——可能是大股东、也可能是小股东——于被动境地是大概率事件。例如，将异议股东排斥在公司管理之外，同时以不分红利、支付工资薪酬的形式变相将公司利润分配给参加经营的股东，使得异议股东的合法权益无法实现。而基于"资本多数决"规则，当公司股东或由股东担任的经营管理人员之间利益冲突严重，发生信任危机，公司的运行便会随时出现障碍，甚至导致公司经营管理僵局。例如在实践中，部分股东被排斥而无法正常行使权利、公司因此而无法召开股东会或董事会，或者会议虽能勉强举行但难以做出有效决议，从而造成公司决策和管理瘫痪的现象不在少数。更有甚者，由于有限公司股东向股东以外的人转让股权受到严格限制，被排挤的异议股东只能被迫留在公司，在无望中继续股东之间的争夺。因此，对于民营有限责任公司，其所面临的最主要、也是最常见的治理问题仍然是在公司经营管理中随时可能出现的股东之间关系的紧张化、股东权益受到严重侵犯、公司出现经营僵局甚至解散僵局。而由于有限公司的封闭性以及公司运营中所有权与经营权的合一，在股份公司以及上市公司中行之有效的公司机构制度完善、董事义务与责任的强化等方法，大多因与有限责任公司的特性相悖而不能成为解决民营有限责任公司治理问题的有效措施。

其次，基于股东转让股份困难的特性，为使有限公司能够平稳运行，继续成为适合于中、小企业使用的资产运作工具，各国公司法不断建立健全有限公司运作的规则和制度，并以此为基础构建完善的股东诉讼制度，为解决股东纠纷提供充分救济，以期通过外力打破有限公司的各种僵局。而股东诉讼的便利程度也已经成为当今世界银行对各国营商环境评估的一项指标。[1]相比之下，作为成文法国家，中国《公司法》中关于有限公司运行规则的部分显得有些粗略，这导致相当部分有限公司股东纠纷案件缺乏案件受理、审理依据，法官处于无法律可以适用的尴尬境地。笔者认为，这是导致长期以来我国法院在宽泛的自由裁量空间中，选择抛弃公司法而直接适用合同法、侵权法等民事法律规定，将商事关系作为民事关系处理的一个重要原因。而在 2019 年 11 月最高人民法院发布的《全国法院民商事审判工作会议纪要》（以下简称《九民纪要》）中，明确将民法与商法的关系定位为一般法与特别法的关系，并明确指出，关于公司纠纷案件的审理，要依法协调好公司债权人、股东、公司等各种利益主体之间的关系，解决好公司自治与司法介入的关系，这从一个侧面说明上述问题的存在。[2]当然，从解决司法审判中实际问题的层面，最高人民法院相继发布《关于适用〈中华人民共和国公司法〉若干问题的规定（三）》[以下简称《公司法司法解释（三）》]、《关于适用〈中华人民共和国公司法〉若干问题的规定（四）》[以下简称《公司法司法解释（四）》]、《关于适用〈中华人民共和国公司法〉若干问题的规定（五）》[以下简称《公司法司法解释（五）》]，对股东出资的认缴与转让、股东会和董事会议事规则、关联交易实质审查等作出了细致而相对明确的规定，其中大量内容在一

---

〔1〕"营商环境"一词来源于世界银行集团国际金融公司的"Doing Business"项目调查。该项目调查始于 2002 年，通过对各经济体营商人士进行问卷调查，评估企业生命周期内所适用的法律法规，收集并分析全面的定量数据，从而实现对各经济体营商监管环节的比较，最终发布《营商环境报告》，供政府、学术界、记者、私营部门和关注各经济体营商环境的其他人士参考。根据世界银行发布的《2020 年全球营商环境报告》，我国已连续两年跻身全球营商环境改善幅度最大经济体排名前十，在 190 个经济体中，中国 2019 年度全球营商便利度排名第 31 位，较之 2018 年度（排名第 46 位）、2017 年度（排名第 78 位）有大幅跃升。详见罗培新：《世界银行营商环境评估：方法·规则·案例》，译林出版社 2020 年版。

〔2〕详见 2019 年 11 月最高人民法院发布的《全国法院民商事审判工作会议纪要》第二部分。

定程度上弥补了我国有限责任公司制度的欠缺。但如何将有限公司运作规则的完善以及股东诉讼案件的审理上升到公司治理的高度，仍然是当下公司立法和司法必须认真思考的问题。

（三）司法介入：解决民营有限公司一般治理问题的基本途径

1. 关于司法介入与公司治理之间关系的研究

根据笔者在第一、二章的论述，处于特定环境中不同类型的公司具有不同的公司控制关系状态，产生的公司治理问题也各不相同，因此在实践中并不存在包治百病的公司治理模式。事实上，除公司机构制度之外，公司资产的司法监督、公司运行中利益冲突协调的外力介入等均被学者纳入公司治理范畴加以研究。例如，笔者在拙作《公司资本监管与中国公司治理》（知识产权出版社 2006 年版）中明确提出，公司资本制度以及对债权人的司法救济应当被纳入广义的公司治理范畴；在另一些学者的论著中，司法审判被认为在外力介入的公司治理中居于核心地位。[1]其中，徐东博士在其《公司治理的司法介入研究》一书中提出，当公司关系各方出现矛盾冲突，公司运作陷入失衡、失序甚至僵局状态，在公司自治范畴内未能解决，需要外力介入才能维持或恢复公司的平稳运行时，"司法权在公司治理的外部干预或调节中居于主导地位，公司治理的外部干预或调节呈现司法中心主义的特征。"[2]在论证这一观点的过程中，作者进一步认为：司法权在公司治理的外部干预或调节中居于主导地位，既有公司内部利益平衡方式带来的内在必然性，又有司法权的比较优势带来的外部必然性。其中，内在必然性在于，针对公

---

〔1〕　代表性论著有：刘桂清的《公司治理视角中的股东诉讼研究》（方正出版社 2005 年版）；杨勤法的《公司治理的司法介入》（北京大学出版社 2008 年版）；徐东的《公司治理的司法介入研究》（法律出版社 2016 年版）。

〔2〕　详见徐东：《公司治理的司法介入研究》，法律出版社 2016 年版，第 5 页。

司制度连接的利益各方或公司治理参与各方"平等不对等"的状态，无论是调整股权结构，还是提高弱势参与方参与公司治理程度、增加其参与机会，在改善公司治理方面的作用都极为有限，各国的公司治理实践都不约而同地回到权利救济轨道上，赋予弱势参与方诉讼救济权利，以此保护其合法权益并限制大股东或管理者的滥权行为，权利救济与司法职能之间的天然联系使公司治理的外部干预呈现出以司法为中心的特征；而外在必然性则在于，司法权相对行政权的角色优势、效力优势、资源优势、功能优势及品格优势，契合了维护公司自治、救济利害关系人权利、制衡公司内部控制、排除公司运行障碍、填补公司治理机制空白等多方面的需要。[1]

笔者认为，对于有限公司治理而言，上述观点及论证具有重要价值。以此为基础，笔者提出：基于公司法对有限责任公司的基本制度规定，司法审判介入股东之间关系的处理可以被视为民营有限责任一般公司治理的基本途径。

2. 司法介入有限公司治理的制度合理性

也许是基于 1993 年制定《公司法》的经济改革背景，长期以来国内学界关于公司机构模式的讨论中始终存在一种倾向性的观点，即以英美为代表的完善的董事会制度在中国《公司法》中并没有被完全体现，在中国公司运作实践中也没有得到规范运用，这导致股东在公司经营中居于主导地位。[2] 而一些类似文献则隐约透露出这样的信息：股东主导公司经营容易引发纠纷，导致司法审判陷入股东纠纷解决的境地。

---

〔1〕 详见徐东：《公司治理的司法介入研究》，法律出版社 2016 年版，第 27~51 页。

〔2〕 笔者认为这方面研究的代表性论著有：邓峰的《中国法上董事会的角色、职能及思想渊源：实证法的考察》（载《中国法学》2013 年第 3 期）、许可的《股东会与董事会分权制度研究》（载《中国法学》2017 年第 2 期）。

上述观点使笔者联想到中国公司立法上的一个奇特现象。自 1993 年《公司法》实施以来，最高人民法院先后发布了五个"关于适用《中华人民共和国公司法》若干问题的规定"，[1] 其内容主要集中于公司内部以及外部关系的处理。其中，《公司法司法解释（三）》（2010）的绝大部分内容涉及资本制度改革之后的公司设立中股东出资与缴纳的义务和责任、公司经营中股东出资转让效力、股东抽逃出资的责任以及相关诉讼问题。2017 年的《公司法司法解释（四）》则以大量篇幅规定了股东之间纠纷的处理，包括股东会、董事会决议无效或者撤销以及诉讼；股东知情权纠纷以及诉讼；公司利润分配纠纷及诉讼；有限责任公司股权转让及优先权行使纠纷与诉讼；股东直接诉讼与派生诉讼；等等。而《公司法司法解释（五）》（2017）尽管只有短短六条，但却涉及了关联交易的责任、法院对关联交易的实质审查、有限责任公司股东重大分歧解决机制等在司法审判实践中长期悬而未决的问题。笔者认为，最高人民法院针对《公司法》适用的司法解释在内容上主要集中于股东之间关系、股东与公司债权人之间关系的调整，这不仅意味着股东之间、股东与债权人之间关系的调整是我国公司治理长期面临的重要问题，而且同时也表明我国《公司法》规范在支撑司法审判方面存在一定缺陷。但令人费解的是，公司法司法审判实践中反映出来的问题，在我国已经进行的《公司法》修订中却并没有得到充分反映。

笔者认为，上述中国《公司法》修订与公司法司法解释在主要关注点上的错位，从一个侧面反映出中国法学界在公司治理研究中对域外信息接受具有主观倾向性。从 1932 年伯利和米恩斯提出"经理人革命"

---

〔1〕 1993 年《公司法》颁行以来最高人民法院发布的"关于适用《中华人民共和国公司法》若干问题的规定"，从（一）至（五）依次排列，业界多称为"公司法司法解释"。

开始至今英美的公司治理运动的实践，可以说公司治理起源于英美、权威的公司治理规则也来自英美，中国学者通过文献所接收的信息是：公司治理问题发生在英美的大型股份公司中，而以董事会为重心、所有权与经营权的彻底分离是这些公司的特征。学界可能忽视了，作为为中、小投资者创业服务的有限责任公司，无论立法者为其安排什么样的公司机构模式，股东都会在为我所用的思想之下，将所有关于公司机构的规定变成控制公司的工具。因此与股份公司不同，在有限责任公司中，股东会将永远是公司的核心，董事会中心主义不可能、也不会在这种公司中产生和存在，任意而宽松的公司机构制度、缜密的股东间关系规则是公司立法适应有限公司内部及外部关系调整需求的最优选择。基于此，笔者的结论是：股东间因欺压而引发的冲突协调是有限责任公司的一般治理问题，公司机构重心的调整与解决有限责任公司的治理问题是"风马牛不相及"。这意味着，在解决有限责任公司的治理问题中，中国《公司法》必须一如既往地将关注的重点置于协调平衡股东关系之上。以此为基础，司法审判介入股东之间关系的调整无疑将成为解决有限责任公司——也是大多数中国民营公司——治理问题的基本途径。

以上述结论为基础，笔者提出：我国公司立法应当在认真研究的基础上吸收既有公司法司法解释中的相关规定，进一步完善《公司法》关于有限责任股东之间关系调整的规则，以便对公司法司法审判实践在法律适用方面提供有力支持。

二、家族公司治理法律路径的思考

如同笔者在本书第三章所言，中华人民共和国成立后，于20世纪70年代末到80年代初掀起了家庭经营的第一次浪潮。随着党和国家对非公有制经济在国民经济中地位的认同，家族公司得到了长足发展，成为我国民营公司的一种重要形式。就其控制状态而言，笔者认为，目前我国家族公司的治理结构比较简单且趋于形式化，基于公司控制权稳定的需求，家族股份持有人往往直接忽视现代公司治理机制，采用传统的任人唯亲的家族化公司治理，通常情况下，公司董事长、总经理、监事会主席等关键职位被家族股份持有人占据，公司机构之间的分权与制衡流于形式。

至于我国家族公司的治理问题，笔者在第三章通过对"国美控制权之争"一案的分析提出：首先，对于现阶段的中国家族民营公司而言，即便已经上市，但公司仍然被认为归家族所有，这不仅符合公司法的传统理念，也符合中国社会的伦理道德观念，上市之后进入公司的职业经营者与家族控股人之间的对立，往往被看作是违反诚信的背叛行为，为中国道德伦理所不容。因此公司法立法者必须思考：在未来中国的家族公司向现代企业的发展过程中，公司法将如何进行制度构建，以保障家族创始人股东能够放心将经营管理权交给家族以外的职业经理人？其次，当家族公司发展到上市阶段时，家族控股股东与中小股东之间的利益冲突在所难免，因此家族控制股东应该思考：在家族公司向上市公司迈进的过程中，家族股东应该如何尊重现代公司法治理规则，通过改变自己的行为方式避免或者缓解与中小投资者之间的矛盾，保持公司的健康稳定发展？

基于对中国家族公司治理问题的上述分析，笔者在本章提出，为缓解发展壮大过程中家族股份控制引发的家族股东与职业经营者以及小股东之间的紧张关系，应当关注家族公司发展与公司治理过程的统一，在这一过程中，国家应当努力完善公司法，为家族公司的变革及治理提供充足的制度支持。

（一）家族公司发展与治理过程的统一[1]

在讨论中国家族公司的发展与治理之前，首先应当界定家族企业范围。研究文献显示，[2] 学界对家族企业的定义并不统一，归纳起来主要从三个不同角度进行：一是家族治理视角，该视角强调家族的影响力（Chrisman et al.，2003）；二是家族行为视角，该视角认为家族企业是由同一家族或者少数家族成员控制的、以一种在家族成员或家族各代之间可持续方式经营的企业（Chua et al.，1999）；三是家族价值观 - 文化视角，该视角强调家族价值观作为家族企业文化支柱的重要性（Aronoff，2004）。与此相应，对家族企业的测度也没有统一标准（Rau et al.，2018），但学者们普遍认为家族所有权和控制权是家族企业区别于其他企业的重要特征（Chrisman and patel，2012；Gómez - megía et al.，2007），在家族企业的界定标准中，家族所有权比例是至关重要的指标，基本上要求家族成员是企业最大控股股东或实际控制人（Anderson and Reeb，2003；Chrisman and patel，2012；Singla et al.，2004），但具体则依企业的规模和性质存在较大差异。总体来看，亚洲国家的企业中，家族所有权比例处于较高的水平，在界定家族企业时也要求较高的家族持股比例（Claessens et al.，2004）。笔者认为，基于中国经济发展水平以及民营经济发展的现状，家族所有权在家族企业界定中具有极其重要的地位，这对中国当下家族企业向现代企业的发展至关重要。

通常认为，西方家族企业始于 18 世纪英国工业革命时代。[3] 而关

---

〔1〕 在这一问题的论证中，笔者的学生张嘉彦（中国政法大学民商经济法学院 2020 级硕士研究生）参与了部分文献资料的收集整理。

〔2〕 以下资料来源于李新春等：《家族企业研究：理论进展与未来展望》，载《管理世界》2020 年第 11 期。

〔3〕 储小平：《家族企业研究：一个具有现代意义的话题》，载《中国社会科学》2000 年第 5 期。

于家族企业演变路径和发展趋势的研究，国内外学术界也存在不同观点，有学者将西方家族企业从资本主义经济制度和企业制度诞生之日起到当代产权和治理的制度演进概括为"古典家族企业""近代家族企业"和"当代家族企业"三个阶段，并归纳成下表：[1]

表 1　家族企业演变路径和发展趋势

	地位影响	产权关系与治理形式
古典家族企业	大约 19 世纪末之前，尽管在第二次产业革命之后，由于铁路、石油等大规模生产的出现而有所变化，但都在经济中占据统治地位。企业最初虽然都由合伙制和个人组建，但最终大量转化为家族企业。	早期的典型形式是家族企业所有者同时又是生产管理者和销售人员。企业的核心生产技术甚至分销关系网络都在家族成员间继承，学徒制的生产培训方式也影响着家族企业的传承方式。后期也开始逐步引入职业经理人。但家族企业主仍能发挥很大的影响力，作为重大决策者所需要的专业知识有限。
近代家族企业	现代化管理开端于此时期，家族企业与经理式企业分庭抗争。家族垄断财团的统治达到了顶峰。	这一时期即使是股份公司，大量的仍是个人股东。家族企业在这一时期开始大量采用公司制形式。制造企业内的层级制和功能化单位开始出现。家族企业保持控制权的方式开始多样化，利用股份公司制度的创新采取少数股控制。
当代家族企业	二战后，家族企业在经济主体的公众企业中虽占据相对少数比例，但即使是在大型企业中也远未消失。	法人机构持股大量出现，大型家族企业主虽然拥有企业重大决策权，但企业发展的复杂化，使得所有者更多退出管理层，仅把持董事会或甚至派出代言人。

----

〔1〕　李春磊：《西方家族企业的制度分析》，载《商业时代》2006 年第 14 期。

也有学者将家族企业发展历程划分为"企业家族化""家族企业化"和"公共型家族企业"三个阶段。第一阶段是企业家族化,企业在组织管理和利益分配上都服从于家族的利益,企业的兴衰与家族及其个人的人事变动密不可分,还会出现由于家庭分家而分企业的现象,削弱了企业发展的能力,尤其在组织上的狭隘性使其很难招到和留住杰出人才,技术技能在企业内的累积也很困难。当家族企业规模达到一定程度时,就向第二阶段转化。在第二阶段,家族企业化,家族服从和服务于企业,企业进一步制度化,家族中人服从于企业规章制度,由人治走向法治,血缘关系的作用开始弱化,但企业的组织、经营、管理大权仍牢牢控制在某一个或若干个家族手中。在第三阶段,家族除了掌握或者拥有部分企业的股份,已基本上从经营管理领域退了出来,这时它已经不属于典型的家族企业而具有公众企业的特征。[1]

由上可见,尽管存在不同观点,但在总体上,"家庭式企业—企业家族化—家族企业化—公众公司"是家族企业演进的基本路径。从具体情况看,全球范围内,尤其是西方发达市场经济国家,家族企业发展表现出以下三个方面的趋势:首先,所有权和经营权分离。当企业的创立和发展需要大量外来资金时,所有权和管理权就需要分离,家族式的公司会转变为经理式的公司。这个过程是通过两条途径实现的:一是家族小企业在各种压力下,因自身的财务资本不足不得不通过兼并、合并的方式扩展企业规模;二是引入非家族的专业经理人员进入企业,逐步使他们掌握经营控制权,使企业成为支配主要经济活动的现代意义上的经

---

〔1〕 石明虹、张喜民:《日、美家族企业制度演变及对中国民营企业制度变革的启示》,载《工会论坛(山东省工会管理干部学院学报)》2003 年第 1 期。

理式企业。[1] 因此，市场竞争中企业规模的不断扩大以及市场竞争的日益加剧，家族经营表现出其难以适应后工业社会发展的弊端，企业管理现代化程度的提高以及职业经理人阶层的兴起，使得家族企业的经营权逐渐落入管理专家手中，这从根本上动摇家族经营的血缘关系根基。其次，泛家族主义管理的盛行。家族企业走向公众化并不代表着家族控制的消失。在西方市场经济发达国家，家族企业提倡带有家庭主义色彩的团队精神；在东方（例如日本），命运共同体平等主义精神正逐渐取代封建效忠主义和家族恩情主义的家长式管理，员工和经理一样，是家族企业中的平等一员。如作为东亚典型代表的韩国，通过家族交叉持股的手段，可以用不足10%的股份控制企业集团，[2] 它们通过股权金字塔及横向持股等形式实现控制。[3] 最后，家族企业进一步社会化。在家族企业的发展中，通过向社会发行股票和债券融资，向员工转让股份以及向社会公益事业投资，家族企业的所有权逐渐走向社会化，社会责任作为企业经营宗旨得到强调。例如，在欧美发达国家，在市场竞争中存活下来并发展壮大的家族企业，例如福特、杜邦、柯达、通用电气、摩托罗拉、迪斯尼等，最终都转变为成为著名公众公司。而在日本，二战后"解散财阀"改革的实施，使得一大批拥有现代经营意识和经营才华的企业家脱颖而出，在企业体制上完全摆脱了以家族为中心，"全员治厂"以及"全员参与的民主管理"等措施的实施，使得二战后新

---

　　[1]　储小平：《家族企业研究：一个具有现代意义的话题》，载《中国社会科学》2000年第5期。

　　[2]　任明、赵鹏：《韩国企业集团公司治理结构特征分析及启迪》，载《东北亚论坛》2005年第3期。

　　[3]　刘洪钟、曲文轶：《公司治理、代理问题与东亚家族企业：以韩国财阀为例》，载《世界经济》2003年第2期。

建立起来的企业组织明显带有社会化、公开化和潜化的现代企业特征。[1]

笔者认为，在家族企业向现代股份公司发展的过程中，一方面，随着现代市场经济的发展，在日益开放的经济形态和日趋激烈的竞争环境中，家族企业因其自身的内在缺陷逐步表现出对企业发展的羁绊，极大地制约了家族企业的生存和发展，因此改变自身顺应环境就成为唯一出路；另一方面，作为现代企业制度的典范，公众公司制度在为家族企业变家族管理为职业管理、有效克服家族企业的人才和文化瓶颈两大内在缺陷、适应经济环境的变迁提供制度支持的同时，也为家族控制股东与其他股东以及职业经理人之间利益冲突的协调平衡奠定了制度基础。因此可以合乎逻辑地推论：尽管努力变革自身并自觉从家族化向公众化以及社会化发展，是家族公司在市场经济中生存的根本出路，但在家族企业变革和发展的过程中，基于对企业控制权丧失的担忧，家族企业创业者或其继承者往往难以产生自觉变革的主观意愿，比较而言，客观环境对变革所形成的推动在家族企业现代化变革中具有更加至关重要的作用。而所谓的客观环境，具体而言，一是家族企业自身的发展阶段以及所处的市场竞争环境；二是政府政策以及公司法的制度供给。因此笔者的结论是，在当下的中国，家族公司治理问题的解决必然伴随着家族公司为适应现代市场竞争环境而向现代股份公司的发展，在这一过程中，为缓解发展壮大过程中家族股份控制引发的家族股东与职业经营者以及小股东之间的紧张关系，我国政府应当致力于《公司法》的不断完善，为家族公司的变革提供充足的制度支持。

---

[1] 孙世春：《论日本从战前家族企业形态到战后法人企业形态的演进》，载《日本研究》1995 年第 3 期。

（二）家族公司治理中的政府职责

笔者认为，在中国当下家族公司发展过程中，政府应当积极落实国家产权保护制度，大力改善营商环境，引导家族民营公司上市并建立规范的公司治理结构。应当指出，家族企业向现代企业制度的发展不是政府强制的结果，而是企业基于自身发展的主动选择，但在这一选择过程中需要一个有为的政府，对于转型经济时期的中国尤其如此。众所周知，由于经济发展以及市场发展水平的限制，与西方家族企业相比，我国目前虽然也有不少家族企业成为上市公司，但其数量在众多家族企业中所占比例不大，绝大多数家族企业还处于发展的初级阶段。如何使这些家族企业尽快摆脱低级形态而向高级阶段加速迈进？除了家族企业应当选择正确的可持续发展之路外，政府必须加强市场环境建设，以便使家族企业在发展变革的路上走得既快又稳。具体而言，政府应该健全法制，规范市场，为家族民营公司的制度变迁和发展提供更加完善的市场平台和良好的营商环境。结合我国的实际情况，政府首先应该完善相应的法律法规，推动国有企业的混合所有制改革，尽可能向民间开放更多的投资领域；其次应该通过《中华人民共和国民法典》的实施为包括私人产权在内的各种所有制产权提供平等的法律保护；最后，也是更为重要的，在中国家族民营公司向现代企业制度发展过程中，国家应当通过以公司法和证券法为核心的一系列法律法规的完善，引导家族公司建立规范的公司治理结构，处理好家族股东与其他股东、家族股东与职业经理人之间的关系。

（三）家族公司向现代企业发展中的《公司法》制度供给

笔者认为，在家族企业向现代股份公司发展的过程中，类别股份制度以及职业经理人信用评价制度的完善，可以为家族公司管理的现代化提供法律制度保障，进而解决家族控制人与职业经理人之间的利益冲突。

事实证明，引入职业经理人是突破家族企业人才瓶颈的重要手段，也是健全家族公司治理结构的必然要求。目前存在的问题是：首先，我国的职业经理人市场不够成熟，缺乏可靠的经理人信用评价体系，难以对经理人进行有效约束。据有关资料显示，中国家族企业的投资者将自己直接参与管理的原因归于找不到可信管理者的比例高达 67.1%。[1] 因此，在市场法治体系的建设中，政府应致力于建立一个面向市场的公开、透明、健全的经理人市场和信用评价体系，使经理人在每个阶段的行为信息公开透明，增加经理人败德行为的成本，使其从保护自身人力资本价值的角度进行自我约束，降低家族企业创始人与职业经理人签约的交易费用，促进家族公司管理水平的提高。

与此同时，基于我国家族企业发展的实际情况，对公司创始人的尊重在家族公司未来的发展以及公司治理中具有特殊的重要意义，因此在引入职业经理人的过程中，应该同时为家族公司创始人提供充分的法律制度保护。例如，近一百多年，美国的福特公司放开了管理权接纳优秀管理人才，创始人虽仅持有公司 3.3% 的股份，但该股份被设置为创始人股（B 股），拥有公司发展事项 40% 的表决权。[2] 此外资料显示，[3] 为了防止职业经理人对企业创始人利益的侵害，目前在美国公司的章程中，已经出现创始人保护条款，即创始人股东的股权无论被稀释到什么程度，都要占据董事会或由其提名的人占据董事会的多数席位。基于上

---

〔1〕 参见苏启林、邓海天：《中美私营家族企业比较》，载《中国国情国力》2003 年第 9 期。

〔2〕 何奎：《"黄金股"历史溯源及其对出版传媒业的启示》，载《中国出版传媒商报》2014 年 5 月 6 日，第 7 版。

〔3〕 参见苏启林、邓海天：《中美私营家族企业比较》，载《中国国情国力》2003 年第 9 期。

述，笔者认为，在目前的《公司法》修订中，应当大力完善类别股份制度，为家族公司通过章程规定创始人特别投票权条款以及其他创始人保护条款奠定合法性的基础，以免除家族公司在发展过程中引入职业经理人的担忧。

三、创始人经营者控制下的民营公司治理路径探寻

关于创始人经营者控制下民营公司的内部控制关系状态以及所面临的公司治理问题，笔者在第三章做了详细分析。笔者认为，总体来看，在实践中，此类公司中的小型公司一般采用有限责任公司形式，其内部控制关系与投资人在公司中所占股份比例直接相关，"股权结构决定公司内部控制状况"是此类公司内部控制关系状态的准确概括，与此相应的公司治理问题以及公司治理路径在前文已经详细讨论，此处不赘述。但对于创始人经营者控制下的大型民营公司——在当下的中国，平台企业即为此类公司的典型代表——情况则有很大不同。首先，由于发展壮大过程中上市融资的需求和控制的需求同样强烈，"双层股权结构"成为大型互联网民营公司的最佳选择，这决定了此类公司中主要的利益冲突仍然发生在股东与经营者之间。其次，尽管经营者与股东之间的利益冲突关系可以通过股东协议以及公司章程规定得到缓解，但基于公司法规则，并非全体股东都在这样的协商中具有同样的发言权以及影响力，因此准确地说，双层股权结构关系的本质是大股东与经营者协商产生的一种公司控制关系，在这种情况下，不排除大股东和经营者协商控制给其他股东以及其他利益相关者带来损害。

以上述判断为基础，笔者提出，双层股权结构公司的治理是当下创始人经营者控制下民营公司治理的关键，立法者首先应通过证券市场监管实现对中小投资者的保护；其次，由于大股东与经营者均处于公司控制地位，因此立法者还应当加强对公司章程以及股东协议的监督，防止股东与经营者在博弈过程中对中小股东的损害。

（一）双层股权结构与中国互联网公司控制关系的契合

1. 双层股权结构的产生

资料显示，在发行股票融资的过程中，为避免大股东控制权被稀释，维持控股股东对公司的控制权，1925 年美国道奇兄弟公司（Dodge Brothers, Inc.）向公众发行无表决权普通股，向其控股股东狄龙-瑞德公司（Dillon, Read and Company，一个投资银行）发行有表决权的普通股，不久该公司股票在纽约证券交易所挂牌交易，引起公众的强烈反响。[1] 由于挑战了传统的股东平等、资本民主、同股同权的基本规则，双层股权结构公司上市存在很大争议，其使用范围在美国也仅集中在传媒业以及一些特殊企业。当然，面对公司股东在实践中的创造，经过长期的争论，美国以及一些国家的立法最终认可，除上市公司之外，股东可以通过表决权设置的协商对公司控制状态做出选择。与此同时，双层股权结构也在不断发展中出现不同的形式，例如：限制大股东表决权股或者少数股东的超级表决权股并存；又例如 20 世纪 80 年代在西欧国有企业私有化过程中出现、规定政府股份在公司中特殊权利的黄金股等。因此双层股权制可以有广义和狭义的理解：广义上，是指所有将普通股份在表决权上分为两种不同类型的股权结构；狭义上，仅指某一种双层股权结构，例如，美国传媒业中双层股权、中国互联网公司中的双层股权。

作为基于股东协商产生的公司控制关系，双层股权结构在本质上是公司控制发展变化的一种结果。按照既有公司法立法理念，由于代理问

---

〔1〕 见张舫：《美国"一股一权"制度的兴衰及其启示》，载《现代法学》2012 年第 2 期。

题的存在，以保护股东权为核心，公司法将公司法人的权利区分为日常经营管理权和最终控制权，分别配置给经营者和股东，这样一来，在"一股一权"的原则之下，股份数额与表决权之间的正相关关系，就使得股权投资数额成为决定公司股东控制状态的重要因素。显然，在公司法立法者看来，"一股一权"、股份平等最有利于股东根据自己的意愿来把控公司，因此也最有利于股东权益的保护。但当我们换个角度——从股东投资最终目的的角度来看，我们会发现，"一股一权"的表决规则对股东来说，可能并不一定是最好的制度安排。虽然按照股东投资的意愿，股东可以被分为战略投资者、财务投资者，但从投资的最终目的来看，股东投资的目的只有一个，就是最大限度地获得投资回报，因此相对于获取投资报酬，"一股一权"制度对股东而言只是一个工具——一个获取投资报酬的工具。也就是说，对于股东而言，如果有其他手段可以使得投资报酬更好地实现，那么"一股一权"的表决规则是可以被改变，甚至是可以被放弃的。在这方面，最早的例子是优先股。而在当下一些特殊行业的公司中，股东表决规则通过股东之间的协商被重新安排，更是充分证明了这一点。因此笔者认为，双层股权结构是股东控制发展演变的一种结果，其产生的直接原因，是公司股东之间存在特殊关系，而其产生的根本原因，在于所有的表决规则都要服从股东投资终极目标实现的需要。

2. 中国互联网公司中股东之间关系的特殊性

能够通过协商分配公司的控制权，表明双层股权结构的使用与公司股东之间的特殊关系有直接联系。那么，互联网公司中股东之间具有什么样的特殊关系，导致双层股权结构在此类公司中被使用？笔者认为，对这一问题的回答应当从互联网公司所处的行业领域入手。正如笔者在本书第三章所分析的那样，处于信息社会中的高科技领域是互联网公司与传统公司最显著的不同，因此在互联网企业中，一方面，具有创始人身份的公司经营者对互联网技术运用的创意、理念和行为方式，对互联网公司的产生、发展、壮大具有非常重要的影响。可以这样说，不仅每个互联网公司的产生发展、公司文化的塑造，乃至公司成为国内外知名企业，都与创始人的理念和行为有直接关系，而且创始人经营者已经成为这些公司的形象甚至公司信用的一部分。在这个意义上，经营者——尤其是创始人经营者——在公司中具有绝对的控制地位。但在另一方面，经营者却并不持有股份或者持有的股份数额对控制公司而言微不足道。例如，阿里巴巴自成立之后在其成长的 16 年中多次增发新股，创始人股权被反复稀释，至 2014 年 5 月 6 日（美国时间）向美国证监会递交首次公开招股申请时，阿里巴巴公开披露的招股说明书显示，创始人马云和联合创始人蔡崇信持股合计仅 12.5%，而日本软银与雅虎持股合计达到 57%。[1] 正如笔者在第三章所言，马云及其经营管理团队对阿里巴巴的控制颇有些类似伯利和米恩斯在《现代公司与私有财产》中所言的"脱离所有权的控制"。当然不同也显而易见：互联网公司经营者既是公司创始人，也是公司的小股东，而经理人革命理论中所言"经理人"完全不具有股东身份，也不一定是公司的创始人。

按照经济学的委托代理理论，即便具有创始人身份，现代股份公司中经营者与控制股东的关系仍可还原为资本与经营者之间的委托代理关系。从公司发展历史的角度，具有创始人身份的经营者在公司成立乃至经营之后的一段时间控制公司是一种必然现象，他们希望维持控制地位也是一种普遍现象，但在实践中，不同国家由于其社会经济背景不同，具有创始人身份的经营者产生的背景也不尽相同，对公司的意义也不可

---

〔1〕 资料来源于百度知道，最后访问时间：2021 年 8 月 5 日。

相提并论。简单回顾中国的经济改革历史，当下中国民营公司的创始人
经营者，有的来自 20 世纪 80 年代中后期国有企业改革中的"承包经营
者"；[1]有的来自 20 世纪 90 年代初国家企事业单位的"下海者"；[2]
有的则来自家族企业创办人；[3]还有的来自 2000 年前后互联网经济中
的电商、互联网金融等企业的创办者。[4] 无论哪种情况，以下几点是
共同的：首先，从创办到发展壮大，在与国有资本有联系的公司中，由
于历史的原因，这些创始人经营者大多没有股份，或者只有少量股
份；[5] 其次，在民营公司中，创始人在公司上市后将陷入因股份被稀
释而可能失去控制的困境；再次，这些创始人不仅对公司的过去影响巨
大，而且对公司的现在以及未来意义非同小可，离开了创始人将可能造
成企业文化及传统的丢失；最后，在一个更加宏观的角度，这些公司的
发展在某种程度上代表着中国改革开放的成果，代表着中国经济向全面
工业化以及信息化的迈进，甚至预示着未来中国经济的新增长点。基于
上述，在国家大力提倡"万众创业"的背景下，维护具有创始人身份
的经营者对公司的持续稳定控制，对公司本身以及未来中国经济的发展
而言，重要性不言而喻。上述，构成了中国市场对双层股权结构以及其

---

　　〔1〕 例如，1987 年，宗庆后通过承包经营杭州上城区校办企业经销部开始走上自主创业
之路，该经销部即为中国最大的饮料企业杭州娃哈哈集团有限公司的前身，宗庆后为该公司
董事长兼总经理。

　　〔2〕 "下海"一词是 20 世纪 80 年代末 90 年代初以后从国家企、事业单位辞职创业的俗
称。例如，新东方教育集团董事长俞敏洪，1980 年考入北京大学西语系，本科毕业后留校任
教，1991 年从北大辞职，1993 年创办北京新东方学校，2006 年带领新东方在美国纽约证交所
上市。

　　〔3〕 例如，国内知名企业老干妈风味食品有限责任公司，就是由陶华碧 1987 年 8 月在
贵州省贵阳市创办。

　　〔4〕 例如在中国家喻户晓的马云、马化腾、李彦宏、刘强东等。

　　〔5〕 例如，在国有企业股份制改造之前，一些承包经营者曾向企业投入货币，但在企业
股份制改造时，由于政策和观念的原因，这些投入究竟是借款还是股份在认定上出现较大争
议。这无疑是影响企业创始人持股比例的一个重要原因。

他类似制度安排的一大需求，从而也构成了相关法律制度变革的基础。

综上所述，笔者这样表述互联网企业中股东之间的特殊关系：尽管作为互联网企业中的小股东，但创始人经营者对企业生存发展的特殊意义直接导致了大股东对他们的依赖，这实际上是一种建立在高科技以及信息技术发展基础之上的、股东与经营者之间的特殊关系，而双层股权结构的使用，只不过是对传统股权理念和控制方式的借用，也就是说，在经营者也成为股东的情况下，通过股东协商将属于大股东的控制权让渡给具有创始人经营者身份的小股东。这表明，互联网企业的控制权争夺，表面上虽然发生在大股东与小股东之间，但由于小股东身份比较特殊，因此，这种股权权能重新分配所体现的，实际上是互联网企业的控制权在大股东与经营者之间的重新分配。

（二）双层股权结构下民营公司治理法律路径

双层股权结构在互联网民营公司中的实践，使我国《公司法》在公司治理方面面临以下挑战和改革：

首先，根据《公司法》第126、131条的规定，同种类的每一股份具有同等权利，国务院可以对公司发行本法规定以外的其他种类的股份另行做出规定。但如前所述，直至2015年国务院发布了《关于国有企业发展混合所有制经济的意见》，才规定国有资本参股非国有企业或国有企业引入非国有资本时，允许将部分国有资本转化为优先股，在少数特定领域探索建立国家特殊管理股制度，依照相关法律法规和公司章程规定，行使特定事项否决权，保证国有资本在特定领域的控制力。因此可以说，基于国有企业公司制改革的特殊背景，我国《公司法》至今仍然严格坚持"股权平等""一股一权"的规则，已经落后于中国经济以及改革发展的实践，亟待突破。

其次，在双层股权结构的公司中，《公司法》如何平衡大股东与经营者之间的利益冲突关系？目前双层股权结构实践中存在的一个问题是：持有少数股份的经营者以及公司大股东是否可以完全抛开其他股东以及利益相关者，任意设计双层股权结构？笔者认为：其一，学界关于国外双层股权制产生发展历史的分析已经证明，是否采用双层股权结构是公司股东的选择。尽管这种选择与所有的利益相关者都有关系，但受影响最大的，是不具有经营者身份的其他股东，尤其是大股东，因此，在实践中，大股东是对双层股权结构设计起主要作用的群体。也就是说，如果大股东不接受经营者对双层股权比例的安排，那么在不上市公司中，经营者的设计将按照公司内部治理程序被否决，而在上市公司中，股东"用脚投票"也可以达到同样的目的。其二，也是最重要的，究竟多大比例的双层股权结构会构成对股东权益的损害？由于不同的公司情况不同，这一问题很难有统一的答案。笔者认为，由于双层股权结构的关键主要在于其他股东是否接受。也就是说，只有股东自己才能判断某一种双层股权比例对他的权益有没有损害，以及损害程度如何，故某种比例设计如果被接受，就表明股东忽略了所谓的损害，这种情况下，损害就完全变成了一种理论推理。因此，除上市公司之外，采用什么样的双层股权结构应该由股东协商决定，但与此同时，不能忽视或者完全排除股东之间对表决权自由协商可能产生的纠纷。

最后，证券法如何加强对双层股权结构公司上市的监管？在实践中，当公司不通过股票市场融资时，双层股权结构因其公众利益涉及面小而不需要监管，由此产生的股东与经营者之间的矛盾冲突，可以按照公司法规则来解决。但对于通过股票市场融资的上市公司而言，双层股权结构因为涉及公众投资者利益，需另当别论。在这方面，较早允许双层股权结构公司上市的美国值得关注。文献表明：证交所之间的竞争是美国允许双层股权结构公司上市的原因，即交易所之间对优质客户的竞争，促成了对双层股权结构公司上市的认可。而证交所之间之所以会形成对优质客户的竞争，关键在于美国证券法将证券市场监管权在政府与证交所之间进行划分，证交所有权制定上市标准。但在中国，由于公司上市标准由《中华人民共和国证券法》（以下简称《证券法》）统一规定，交易所之间不可能通过上市标准的制定形成对优质上市资源的争夺。而由于双股结构公司可以上市的理由主要是经济以及股市发展的需要，因此对中国而言，为了保留优质的上市资源，让人民享受到互联网经济发展的政策红利，最好的立法选择不是继续禁止双层股权结构公司上市，而是将选择权交给市场。也就是说，在强化相关信息公开以及严格责任追究的前提下，我们要相信投资者通过市场进行选择的能力：如果投资者普遍不接受双层股权结构的公司上市，此类公司就只能选择放弃或修改其双层股权协议。与此同时，在我国现行证券监管框架下，目前证交所无权决定是否允许实行双层股权制的公司上市，因此通过试点，在不修法的情况下，把认可双层股权结构公司上市的权利授予交易所，在现行监管框架不变的情况下，可以实际形成交易所之间的竞争，既满足双层股权结构公司上市融资的需求，又满足交易所选择优质公司上市的需求，更重要的是，这样的试点还可以促进我国证券交易所与监管机构之间关系的改革。

基于上述，2019 年 1 月我国证监会发布《关于在上海证券交易所设立科创板并试点注册制的实施意见》，正式提出了允许符合条件的特殊股权结构企业和红筹企业上市，同年 4 月上海证券交易所修改发布《上海证券交易所科创板股票上市规则》，对表决权差异安排进行了详细规定。这标志着中国《公司法》和《证券法》开始对双层股权结构实践问题作出了适应性变革：对于股东之间关于双层股权制度设计的协商，立法者区分上市公司和不上市公司采用不同的规制方式，基于表决权特殊安排对公众投资者的影响，政府监管介入了大股东与经营者对表决权安排的具体协商。

根据 2020 年修订的《上海证券交易所科创板股票上市规则》，我国对双股结构公司上市的监管，以投资者保护为核心，分为以下几个方面：

第一，充分的信息披露。

第二，特别股的设置及转让限制。发行人只能在首次公开发行并上市前设置表决权差异安排，并应经出席股东大会的股东所持三分之二以上的表决权通过。特别表决权股份不得在二级市场进行交易，但可以按照本所有关规定进行转让。

第三，表决权差异安排的限制。包括：①特别股股东的资格，持有特别表决权股份的股东应当为对上市公司发展或者业务增长等做出重大贡献，并且在公司上市前及上市后持续担任公司董事的人员或者该等人员实际控制的持股主体；持有特别表决权股份的股东在上市公司中拥有权益的股份合计应当达到公司全部已发行有表决权股份 10% 以上。②特别表决权的数量，公司应以章程规定，每份特别表决权股份的表决权数量应当相同，且不得超过每份普通股份的表决权数量的 10 倍；除公司章程规定的表决权差异外，普通股份与特别表决权股份具有的其他股东权利应当完全相同。股票上市后，除同比例配股、转增股本情形外，不得在境内外发行特别表决权股份，不得提高特别表决权比例。上市公司因股份回购等原因可能导致特别表决权比例提高的，应当同时采取将相应数量特别表决权股份转换为普通股份等措施，保证特别表决权比例不高于原有水平。③普通表决权的最低限规定。上市公司应当保证普通表决权比例不低于 10%；以保证少数股东能够依公司法提议召开临时股东大会。

第四，日落条款。出现下列情形之一的，特别表决权股份应当按照1：1的比例转换为普通股份：①特别表决权股东丧失本规则规定的资格和最低持股要求，或者丧失相应履职能力、离任、死亡；②实际持有特别表决权股份的股东失去对相关持股主体的实际控制；③持有特别表决权股份的股东向他人转让所持有的特别表决权股份，或者将特别表决权股份的表决权委托他人行使；④公司的控制权发生变更时，上市公司已发行的全部特别表决权股份均应当转换为普通股份。

第五，特别股表决权的除外。上市公司股东对下列事项行使表决权时，每一特别表决权股份享有的表决权数量应当与每一普通股份的表决权数量相同：①修改公司章程；②改变特别表决权股份享有的表决权数量；③聘请或者解聘独立董事；④聘请或者解聘为上市公司定期报告出具审计意见的会计师事务所；⑤公司合并、分立、解散或者变更公司形式。

第六，监事会对特别表决权股份的监督。监事会应当在年度报告中，就下列事项出具专项意见：①特别表决权股股东是否持续符合规则对股东资格的要求；②是否出现日落条款规定的情形并及时转换为普通股份；③上市公司特别表决权比例是否持续符合本规则的规定；④持有特别表决权股份的股东是否存在滥用特别表决权或者其他损害投资者合法权益的情形；⑤公司及持有特别表决权股份的股东遵守本规则其他规定的情况。

第七，兜底条款。持有特别表决权股份的股东应当按照所适用的法律法规以及公司章程行使权利，不得滥用特别表决权，不得利用特别表决权损害投资者的合法权益。

（三）创始人经营者控制下公司利益相关者保护的思考

在本书第三章，笔者明确指出，在创始人经营者控制的数字网络公司中，新经济对此类公司利益相关者关系的影响是学界必须关注的另一个重要的公司治理问题。笔者详细论述了平台盈利模式、经营者控制及其对消费者以及劳动者的影响。以此为基础，本章笔者将继续思考以下问题：基于数据网络经济对企业关系的上述影响，传统公司中的利益相关者关系正在发生或者将可能发生哪些变化？此类企业的公司治理又将走向何方？

利益相关者理论萌芽于一战后西方国家的企业社会责任思想。由于当时大型股份公司问题日益突出引发了学界争议：公司是股东赚钱的工具，还是独立的、对社会负有义务和责任的组织？在这些争议中，贝利（Berle）与多德（Dodd）之间的争论最具代表性。1963 年，"利益相关者"一词在斯坦福研究所的一份内部备忘录中首次被使用，"利益相关者"被定义为在一个公司中支持公司组织存在的成员。20 世纪 80 年代，弗里曼（Freeman）在其《战略管理——利益相关者方法》一书中将利益相关者定义为：能够影响企业目标的实现，或者能够被企业目标实现的过程所影响的任何个人和群体。[1]比较而言，该定义从利益相关者与企业之间双向的角度展开，对利益相关者定位更为具体。利益相关者理论的重要要义在于，它不仅挑战了传统公司法理论对公司本质的认知，而且还极大影响了 20 世纪 60—70 年代至今的公司治理运动，时至今日，在公司治理目标确定中，始终存在股东利益至上还是利益相关者利益至上的争议。

与经济学界不同，法学界对利益相关者理论研究关注的焦点是利益相关者范围的界定。文献显示，法学界认为公司利益相关者依次应为：

---

〔1〕 见〔美〕弗里曼：《战略管理——利益相关者方法》，王彦华、梁豪译，上海译文出版社 2006 年版。

股东、经营者、公司债权人、雇员、供应商、消费者、社区、相关政府
机构等。显而易见，这一范围涵盖了所有与公司生存和运作有关的主
体，而利益相关者排序的依据则是其与公司关系的密切程度。法学研究
者认为，传统公司法律关系主体，即股东、经营者、公司债权人居于利
益相关者关系的核心位置，而其他主体被视为公司债权人的扩展。因此
可以说，尽管利益相关者理论至今尚未被普遍接受，但公司法学研究对
此仍形成了主流观点，即由于公司所涉社会利益的广泛性，利益相关者
之间关系的平衡应该成为公司法改革的重要考量因素，至于利益相关者
的范围，应该以公司为核心，按照这些个人或者群体与公司之间的关系
被合理界定。下图为笔者对这一共识的归纳：

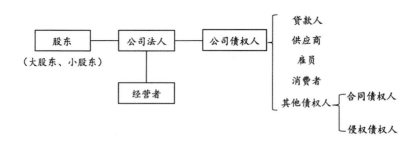

图4 公司利益相关者关系

　　图4表明，利益相关者理论对立法以及法律改革的影响，在范围上
已经超出公司法扩展到其他相关部门法，例如：消费者保护法、劳动
法、竞争法等。以上图为基准，笔者认为，以平台为连接的互联网经济
下，传统公司的利益相关者关系正在发生或者可能发生的变化，一是平
台企业对利益相关者的依赖性增强，二是利益相关者之间的界限趋向模
糊化。图示如下：

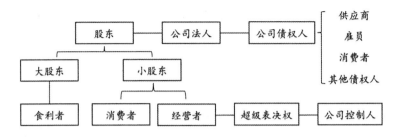

图5　互联网经济下的企业利益相关者及其相互关系

透过图5，我们可以看到：

第一，互联网经济对利益相关者关系的影响首先发生在股东群体。如前所述，在既往市场经济条件下，股东分化为大股东和小股东，以持股数额为基础形成各自在公司中的地位。但在互联网经济下，股东群体又发生了新的变化，体现在：①企业家型股东的地位显著上升。按照公司法规则，大股东应该是公司的控制者，但由于互联网企业对创始人经营者的依赖，"一股一权"的规则被放弃，双层股权结构被用于大股东与创始人经营者之间的权利重新分配，因此在互联网企业中，大股东由公司控制人变成了食利者，而出资数额微不足道的经营者作为小股东，通过股东协议享有超级表决权，成为公司的控制人。②在企业家型股东出现的同时，大股东转化为财务投资型股东，此种股东与公司债权人的地位更加接近，甚至发生混同，我们基本上可以把它们称为"财务型投资者"。③更出乎立法者意料的是，消费者在其地位更加弱化的同时并没有选择离开平台，而是以成为股东的方式与平台更加紧密地结合。综上所述，在互联网公司中，大、小股东的概念已经不具有实质性的意义，股东可以按不同标准被划分为更多的群体。而如何确定这些不同股东的法律地位，确认具体类别股东在公司控制中的地位、缓解不同股东之间的利益冲突关系，是未来互联网公司发展中的一个重要问题。

第二，互联网经济对公司其他利益相关者关系的影响主要表现在以下两个方面：

其一，消费者在利益相关者关系中的地位发生了重要变化。首先，在传统的公司利益相关者排列中，位置并不居核心地位的消费者，在互联网经济中上升成为一个重要的利益相关者，但与此同时，由于大数据的应用，消费者的地位却更加弱势，例如平台在发展初期利用各种手段吸引消费者，之后则利用大数据对消费者实施价格的区别对待。基于此，消费者权益保护成为互联网时代一个重要的公司治理问题，立法者应当考虑，与一般消费者相比，线上消费者的权利具有什么特殊性？在现行规定的基础上，平台企业是否应当对线上消费者承担更多的信息披露义务？由于消费者在大数据时代更加弱势的地位，反垄断法理论与实践应当如何在消费者保护中发挥更加重要的作用？其次，由于平台对消费者的依赖，股东与消费者共享企业利润可能成为未来的一种发展趋势，加之消费者线上投资，互联网经济下消费者可分为参与利润分配的消费者以及线上投资的消费者。[1]而基于某些平台企业中消费者与股东在身份上的重叠，消费者可能从外部利益相关者变成股东进入企业。在这种情况下，立法者应该考虑，为保障消费者股东获得平台利润的分享，应该如何将合同法与公司法结合起来，对平台经营行为进行规范？换言之，在双方关系中居于主导地位的平台企业是否应该对线上消费者承担更多的法定义务？由于这些消费者股东参与公司治理的积极性大大提高，立法者还要考虑，我们是以增加经营者义务的方式，还是仍然以股东身份为基础对这些具有股东身份的消费者进行保护？而对于线上金

---

〔1〕 即指随着众筹平台的兴起，以及与支付宝、余额宝等服务捆绑在一起的互联网金融服务提供中，消费者与投资者的身份发生模糊，例如给支付宝或者余额宝充值的用户，往往是淘宝购物的消费者。

融消费者，立法者则应当考虑，如何在支持金融创新的同时完善政府监管，保护线上金融消费者的合法权益。

其二，雇员的外部化对传统劳动关系的颠覆。与传统公司中的雇员相比，在互联网经济中劳动者与公司的关系正在发生以下变化：一是劳动者的外部化，二是劳动者与经营者混同。关于前者，与传统公司中劳动者作为公司固定员工不同，互联网经济中劳动者的主流以"短期合同"或者"自由职业"为特征，例如物流司机、外卖员等。这些劳动者不再以内部人的身份，而是以外部利益相关者的身份为公司提供劳动。企业劳动关系的变化带来了劳动关系认定方面的争议。例如，在我国近年的司法审判实践中，法院普遍认为网约车平台公司与司机之间不存在劳动关系；而利用互联网平台从事代驾服务，法院一般将其归入B2C的经营模式，认为平台公司与代驾之间存在雇佣关系；对于平台注册司机利用自有或者租赁轿车从事客运服务所导致的损害，法院大多认为其属于P2P经营模式。[1]在上述情况下，立法者面临的最重要问题是：如何准确界定这些劳动者的权利和义务，以完善相关法律制度为他们提供保护？至于劳动者与经营者的混同。据互联网报道，近年在中国有一种受到关注的企业管理模式——"阿米巴管理模式"，[2]一个阿米巴由5~50人组成，有明确的利润目标和提高工作效率的指标体系，是一个相对独立的经营管理系统。由于一个管理单位的人数只有几个至几十个人，所以在一个大的公司中可以有多个独立经营的阿米巴。因此与一般公司相比，在采用这种管理模式的公司中，更多的雇员有机会参与

---

〔1〕　见宋紫薇：《网约车平台公司与驾驶员用工关系之法律认定——以网约车经营服务管理相关规定为切入点》，载《工会理论研究》2017年第3期。

〔2〕　参见稻盛和夫官方网站，https：//www.kyocera.com.cn/inamori/management/amoeba/.

到经营管理中，这在一定程度上导致了劳动者与经营者的混同。如果这种管理模式在互联网企业中得到发展，那么在劳动者参与公司治理意愿大大提高的同时，劳动者在公司治理中的地位将可能被重新定位。

综上所述，笔者认为，基于数字网络经济对公司利益相关者关系的影响以及这种关系变化的实际情况，公司社会责任法律化程度的提高，应该作为创始人经营者控制下互联网公司治理的重要路径而受到关注。而目前中国法学界对数字网络经济下的平台反垄断问题、消费者权益保护问题的极大关注也充分表明，学界正在将对民营公司治理的范围从公司法扩展至消费者保护法、劳动法、竞争法等领域。囿于主题和篇幅，本书对此不展开讨论。

本章小结

行文至此，笔者论证了以下观点：尽管民营股份公司的治理问题在总体上可以用"股东控制权争夺"来概括，但由于不同控制状态下公司治理问题的不同，公司治理法律路径也存在差异。对于民营有限责任公司而言，在总体上，基于其规模和股权结构与大型股份公司的差异，以司法介入调整股东之间的关系应当成为此类公司治理的基本路径。而对于其中的家族公司，治理问题与其向现代股份公司的发展密切联系，当下，为缓解发展壮大过程中家族股东与职业经营者以及小股东之间的紧张关系，我国政府应当不断完善《公司法》，为家族公司的变革提供充足的制度支持。至于创始人经营者控制下的民营公司，基于双层股权结构的采用，尊重股东协商以及政府监管的并行，成为解决此类公司治理问题的基本路径。此外，基于数字网络经济对公司利益相关者关系的影响以及这种关系变化的实际情况，公司社会责任法律化程度的提高，应该作为创始人经营者控制下互联网公司治理的重要路径而受到关注。

第八章 资本信用：
中国公司治理的特殊问题

如前所述，建立在股东有限责任和公司独立人格基础之上的公司，将毕生谋求建立两个信用：一是对股东的信用，一是对公司债权人的信用。前者的根本在于平衡股东与经营者之间的利益冲突关系，解决代理成本问题；而后者的目标则在于协调股东与公司债权人之间的利益冲突关系，实现公司生存的价值。因此，笔者始终认为，在公司法中，公司资本制度与公司机构制度的地位同等重要。在中国，公司资本制度不仅是1993年以来的《公司法》修订中最为重要的内容，而且在《公司法》颁行以来最高人民法院发布的司法解释中，资本制度及相关内容的篇幅也独占鳌头。如此立法现象无疑表明中国社会长期存在公司资本信用问题。笔者认为以下问题值得学界认真思考：首先，作为《公司法》颁行以来法律改革的焦点，公司资本制度改革与中国公司治理之间具有何种关系？其次，中国未来公司资本制度改革将向何处去？

关于第一个问题，笔者认为：平衡股东与公司债权人之间的利益冲突，是公司资本制度的基本价值所在，基于公司控制对公司法人财产的影响，公司资本制度为债权人参与公司治理提供了基本途径，而在实践中，对公司资本，尤其是对流转中公司资本的管控是当今公司治理的重要内容，公司治理立法正在与解决公司财务问题结合，呈现出新的发展态势。这表明在公司法层面，当下公司治理的法律改革实践并不局限于公司内部组织机构的调整，也包含了对公司资本管控制度的改革。

关于第二个问题，笔者认为：无论何种法系，公司资本制度都是一个由资本形成制度和资本维持制度构成的完整体系，在立法目标和控制手段上，两者有所不同，但在追求资本制度总体价值目标的过程中，两者相辅相成——资本形成的管控方式在很大程度上决定了资本维持的制度内容，而资本维持制度的发展完善，则为资本形成制度提供了宽松化改革的空间，此即公司资本制度及其改革的整体性。基于此，公司资本制度改革的规律或者路径应当是资本形成与资本维持两个制度的联动。以此为基础，笔者提出，未来中国公司资本制度改革的走向，不是从"法定资本制"到"授权资本制"，而是在整体性层面使改革由"单兵突进"转向"制度协同"。

在展开论述之前，笔者对本章以下概念的使用做如下说明：本章使用的"公司资本"在具体制度论述中是"公司注册资本"的简称，由于在广义上"公司资本"也可泛指"公司资产"，因此在非特指情形下，"公司资本"与"公司资产"同义；本章使用的"公司资产"是我国《公司法》对"公司财产"的规范表达，在论述中"公司资产"与"公司财产"可以互相替代。

一、资本制度的公司治理价值探寻

（一）公司控制视阈下股东与公司债权人之间的利益冲突

我们为什么需要资本制度？这是探讨资本制度的公司治理价值的首要问题。在公司法理层面，平衡股东与公司债权人之间的利益冲突关系，避免债权人与公司交易的非正常风险，使公司取信于社会，是公司资本制度的基本价值目标所在。那么，在公司法人独立责任基础上，股东与公司债权人之间是否存在利益冲突？存在怎样的利益冲突？笔者将其归纳如下图：

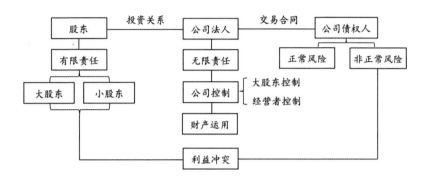

图6　公司运作中股东与公司债权人的利益冲突

由图6可见：

首先，在公司财产聚集以及使用的过程中，公司制度结构本身即存在产生股东与公司债权人利益冲突的可能性。由于公司法对公司关系中各主体的财产权保护采用了不同的方式，以公司财产所进行的清偿，在顺序上首先取决于该主体的法律地位。因此股东和公司债权人从公司财产中获得清偿的顺位是不同的：债权人优先、股东次位。而这一看似有利于公司债权人的制度安排，其基础在于公司法人具有自主支配的财产、能够真正对以其名义进行的交易承担无限责任。因此，在以公司为债务人的交易中，股东与公司债权人所追求的利益目标完全相反：股东的目标是以对公司最少的金钱投入获取最大的交易利益；而公司债权人的目标则是希望股东尽可能多的对公司投资，以形成对交易的优质担保，此即公司财产形成和运用中股东与公司债权人之间天然存在的利益冲突。由于公司财产的形成及运用不仅涉及股东之间、股东与经营者之间的关系，而且也涉及了公司与债权人之间——实际上是股东与公司债权人之间的关系，并且随着社会经济以及公司自身的发展，股东与公司债权人之间的利益冲突还会演化为公司与社会之间的冲突。因此，通过强制性规范在股东和公司债权人之间进行权利义务的重新分配，以协调平衡两者之间的利益冲突，必然成为公司制度不可或缺的内容。[1]

其次，在与公司交易的过程中，由公司控制所导致的公司债权人弱势地位，将加剧股东与公司债权人之间的利益冲突。公司制度结构的分析表明，公司是一个存在控制、并依赖控制运行的组织，大股东和经营者可以利用控制地位，通过转移公司财产来减少公司的价值、为自己谋取利益。例如：在经营中不恰当地增加企业的负债、通过关联交易进行利益输送等。此即学者们所说的"公司内部机会主义"或者"股东缔约后机会主义"，[2]而公司债权人基于其既定的法律地位，无法通过插手公司财产的运用去阻止公司内部机会主义行为的发生，因此我们看到，债权人在与公司交易的过程中面临两种风险：一是正常的商业风险，二是因公司恶意控制而产生的非正常风险。这意味着，由于公司内部控制的存在，在与公司交易的全过程中债权人都将处于明显的弱势地位，而传统合同法的平等原则对这种关系调整的失灵，最终使得股东与公司债权人之间的利益冲突从可能变为现实。因此，基于平等原则的失灵而将合同当事人身份抽离出来，通过在公司法中增加控制一方的法定义务，成为公司法对公司债权人合法权益保护的基本方式。

综上，笔者认为，股东与公司债权人之间的利益冲突关系是公司法

---

〔1〕 随着社会经济以及公司的发展，当股东分化为大、小股东之后，股东之间在财产运用问题上也存在利益冲突，换言之，大股东对公司的控制所导致的机会主义行为，也增加了小股东投资的非正常风险。但在公司制度建立之初，由于股东群体的分化不明显，所以这一问题并不突出。

〔2〕 详见傅穹：《重思公司资本制原理》，法律出版社2004年版，第22~23页。

人拟制基础上公司控制的必然产物，是公司关系的重要组成部分。而平衡股东与公司债权人之间的利益冲突关系，避免债权人与公司交易的非正常风险，使公司取信于社会，是公司资本制度的基本价值目标所在。

（二）资本信用危机：股东与公司债权人关系的紧张化

笔者在第二章明确提出：如果按照对公司法功能及其演进逻辑的通常理解，随着社会经济的发展，现实中需要公司法调整的利益冲突关系将由于与既有法律调整框架的不协调而出现紧张状态，笔者将"公司治理对象"定义为"处于紧张状态的股东与公司（经营者）之间、公司（股东）与债权人（或者利益相关者）之间的利益冲突关系"。那么，现代公司中股东与公司债权人之间利益关系的紧张化是不是一种真实存在？笔者以中国公司为样本展开分析。

自1993年中国《公司法》颁布以来，在立法及研究中有两个现象引发了笔者的关注：一是在《公司法》先后进行的五次修订及修正中，涉及最多的内容是公司资本制度改革；二是在公司法司法审判实践中，公司担保成为法院以及商法学界关注最多、讨论时间最长的问题。而上述现象的共同点在于它们都涉及了公司资本信用问题。那么，这一问题何以成为耗费中国学界和司法审判大量资源的问题？对此，笔者认为应当从1993年《公司法》颁行至今中国公司资本信用状况及其发展变化的历史中去寻求答案。[1]

何为"信用"？按照《简明不列颠百科全书》的解释，"信"是中国传统道德规范之一，指诚实不欺，言行一致。《左传·僖公二十五年》："信，国之宝也，民之所庇也。"《论语·为政》："人而无信，不

---

[1]　以下资料来自本人拙作《公司资本监管与中国公司治理》第六章（知识产权出版社2006年版）。

知其可也。"[1]《汉语大词典》将信用做以下四种解释：一曰"以诚信使用人"；二曰"相信和采用"；三曰"以能履行跟人约定的事情而取得的信任"；四曰"不需要提供物质保证，不立即支付现金，而凭信任所进行的"。[2]而根据《简明经济学词典》，信用是指"货币的借贷和商品买卖中的延期付款活动"。[3]由上述解释可知，就一般而言，信用有狭义和广义两种理解：在狭义上，信用仅指货币的借贷和商品买卖中的延期付款活动，它反映了从属于商品交换和货币流通的一种经济关系，在这个意义上，信用也即信用制度，如商业信用、银行信用；在广义上，信用是指市场经济背景下交易主体在交易过程中诚实不欺及信守承诺的主观心理和客观能力的结合，它同时也是由商业道德规范和一系列法律规范结合而成的一个体系。由于在节约交易成本、便捷交易、创新交易方式和手段等方面的作用，信用被认为是现代市场经济的基础。

基于上述，公司信用是一个由多种因素组成并共同作用的体系。作为建立在股东有限责任与法人制度基础上的营利性组织，公司将穷其一生去追求两个信用的建立：一是公司对股东的信用，二是公司对第三人（债权人）的信用。前者解决的是有没有人肯向公司投资的问题，即公司能否从市场上筹集到资本，这直接关系到公司能否成为市场主体；后者解决的是有没有人肯与公司交易的问题。随着公司自身的发展以及股东群体的分化，公司对股东及交易相对人的信用在很多情况下被理解为公司对社会的信用。而为了取得投资人和第三人（债权人）乃至社会的信任、解决公司作为独立法律主体生存的基础问题，早期的公司法就已经采用最节约成本的办法，在公司制度中设置了对公司资本管控规

〔1〕《简明不列颠百科全书》（第8卷），中国大百科全书出版社1985年版，第655页。

〔2〕 罗竹风主编：《汉语大词典》（第1卷），上海辞书出版社1986年版，第1417页。

〔3〕 林白鹏主编：《简明经济学辞典》，山东人民出版社1985年版，第89页。

则。因此，在公司法意义上，资本被看作是公司成为具有独立财产信用的法律主体的基础，它就像一条纽带，将股东有限责任制度和公司独立法律人格连接在一起，离开这条纽带，公司的信用就将回到自然人信用，而公司也就失去了作为独立法律主体的意义。在这个意义上，将资本看作公司信用的核心是恰如其分的。

正因为如此，尽管自其产生至今，资本管控在方式上已经发生了诸多变化，尽管由于公司信用是一个由法律及法律以外的其他诸种因素构成的体系，我们不能说公司资本是公司信用的唯一评价指标，但只要股东有限责任仍然一如既往地与公司法人资格结合在一起，我们就无法否认公司资本在评价公司信用中的重要地位。因此，在公司法的意义上，所谓公司信用，是由公司资本制度建立和维护的公司对股东、第三人（债权人）乃至社会的诚实不欺和信守承诺的主观心理及客观能力的结合。股东依法履行出资义务、公司依法运作公司资本，以此取得社会对公司作为独立交易主体的认可，亦即法律的认可，并在此基础上建立起以公司作为独立主体的市场交易秩序。

自 1993 年《公司法》颁布之后，"公司资本信用"一词在中国就被频繁而广泛使用。从中，我们固然能感受到中国经济的发展及市场化程度的提高而导致国民对公司财产信用的重视，但笔者同时也认为，这可能意味着转型经济的中国正在经受着公司财产信用危机的考验。关于中国公司资本信用状况的研究，笔者认为，由于中国公司资本制度的先天缺陷，加之市场经济体制不够健全，中国的严格法定资本制貌似消灭了"无财产公司"，但注重管制的严格法定资本制却因为政府管制的缺陷而在实践中变得"宽松"，导致 1993 年《公司法》实施之后中国公司即出现了资本信用危机。

首先，股东虚假出资及抽逃出资现象极其普遍。20 世纪 90 年代前后，中国出现了全民办公司的浪潮，经历过那个年代的人们不仅对无资金、无场地、无人员的"三无公司"或"皮包公司"印象深刻，而且至今对国家工商行政管理部门几次大规模清理仍然记忆犹新。1994 年，为了解决在公司清理整顿中的债权债务纠纷以及执行难的问题，最高人民法院以批复的形式做出司法解释，[1] 其中的两个重要条款，分别涉及企业出资人对出资不足的填补责任，以及出资人完全不履行出资义务导致企业资金严重不足时对企业法人人格的否认。尽管只适用于企业被撤销的情形，但事实上在《公司法》实施之后的十余年中，这一司法解释在解决类似问题时已经被扩展适用，公司人格否认现象在法院审判中频频出现，以至一些学者担心它会动摇股东有限责任这一公司法根基。

其次，上市公司出现严重的资本信用危机。一是公司利用关联交易占用或转移公司财产。[2]2000 年前后一系列的上市公司（如猴王公司、棱光实业、三九药业等）因为其母公司大额担保而破产或者濒临破产的案件轰动一时，暴露出集团通过关联交易长期大量占用其上市子公司的资金的事实，致使上市公司一度被称作"圈钱机器"或"母公司的提款机"，情况之严重令国人震惊。二是上市公司提供虚假财务报告欺骗社会公众。20 世纪末，中国上市公司提供虚假财务报告、欺骗社会公众的丑闻就频频曝光。1998 年中国证监会处罚的民源海南公司违反证券法规案、2002 年中国证监会处罚的"银广夏"案、2002 年成都市中级人民法院判决的红光实业集团欺诈发行股票案等，充分证明了这一点。

最后，有限公司不偿还到期债务，利用公司注销逃避债务清偿。20世纪最后十年是中国公司大发展的时期，与此同时，也是公司债权债务

---

〔1〕 该批复为《最高人民法院关于企业开办的其他企业被撤销或者歇业后民事责任承担问题的批复》（1994 年 3 月 30 日，法复〔1994〕4 号）。

〔2〕 相关案例参见黄湘源：《十大"掏空"案例》，载《资本市场》2001 年第 11 期。

纠纷案件急剧上升的时期。研究数据显示：自 1949 年至 2009 年的六十年间，全国法院共审结民事案件 1.17 亿余件，占各类案件总数的 58.50%，在全部民事案件中，债务纠纷占据了较大比例，尤其是 1978 年改革开放以来，债务纠纷数量更是明显增加，在人民法院审结的民事案件中，合同纠纷案件占一半以上。与此同时，"执行难"也成为长期困扰各级法院的问题：从 2008 年到 2012 年，执行案件的收案数量一直在上升，而民事案件在其中占较大比例，例如，2010 年在申请执行的案件中，自动履行、执行和解占执行结案的 51.02%，不予执行的占 0.35%，没有财产或财产不清无法执行裁定终结的占 18.72%，采取强制执行措施的占 21.48%。执行案件实际执行率（自动履行、执行和解和强制执行的比例）为 72.50%，其中因拒不执行采取司法措施拘留 11 488 人，罚款 693 件。[1]此外，在实践中，一些有限公司一度通过不参加年度检查而被登记机关注销的方式来逃避债务履行；由于财产信用的严重缺失，一些企业在交易中甚至只能以货易货、现金交易。

时至今日，中国公司财产信用状况如何？在 2015 年的一篇文献中笔者看到这样的表述："民案中合同纠纷居高不下、'三角债'屡清不绝、关联担保盛行，以及近年来 P2P 网贷公司频频卷款跑路等现象，都映射了中国社会私人信用不好，社会诚信滑坡，当事人自我解决纠纷能力较弱的状况——这从一个侧面反映了中国社会商业信用不佳的现实。"[2]结合以下两个现象，笔者对此深以为然。一个是在 2005 年公司资本制度宽松化改革之后至今，公司对外担保问题迅速成为司法审判实践以及学界关注的焦点，其涉及范围之广、争议时间之长实属罕见。另

---

〔1〕 以上数据来源于蒋大兴：《质疑法定资本制之改革》，载《中国法学》2015 年第 6 期。

〔2〕 见蒋大兴：《质疑法定资本制之改革》，载《中国法学》2015 年第 6 期。

一个是解决"执行难"问题仍然是中国各级法院工作的重点。基于此笔者认为，自 1993 年《公司法》颁行至今，中国公司的资本信用问题距离根本性解决还有较长的路要走。

那么，中国公司信用问题是不是公司治理问题的表现？笔者对此予以肯定的回答。首先，中国公司信用问题与中国公司的特殊控制状态具有直接的因果关系。由于国有资产管理体制改革相对滞后，在国家股份控制的公司中，无论是国家股东控制还是经营者控制都呈现非效益控制的特性，这必然导致公司行为不受信用机制的约束，在《公司法》《证券法》对资本流转缺乏管控的情况下，国家股份控制的公司不仅"上市冲动"强于"经营冲动"，而且作为母公司的大型国有企业频频将上市公司作为"提款机"，甚至弄虚作假欺骗公众就不足为奇。其次，在中国，1993 年的严格法定资本制严重依赖政府管制，而 2005 年改革后的认缴资本制虽然放松了政府管制，但却忽略了对公司债权人的法律救济，显而易见，严格法定资本制一方面放大了政府管制的弊端，另一方面又使债权人求告无门；而认缴资本制则既无政府管制也无法律救济，因此直接导致公司大股东、经营者在公司财产运用中行为失控，公司最终陷入资本信用危机。

综上所述，笔者认为，基于中国经济改革的特殊背景，在中国《公司法》颁行后出现的公司资本信用问题，是公司恶意控制之下股东与公司债权人之间的关系紧张化的基本表现。

（三）公司资本管控与现代公司治理

那么，公司恶意控制所导致的股东与公司债权人关系的紧张化是不是公司治理的对象？这一问题的回答最终决定着我们是否应当将对公司资本的管控纳入公司治理范畴。笔者认为，在将公司治理问题产生的根源归结为因公司控制发展而导致的公司关系紧张化的基础之上时，一方面，为解决治理问题而进行的公司法改革已经不再局限于公司内部关系的调整，而是远远超出公司机构制度改革的范畴；另一方面，资本制度所体现出的保护公司债权人以及社会利益的价值目标，意味着我们可以从公司法现有的制度资源中找到解决公司治理问题的新途径。英美国家公司治理实践证明了这一点。

让我们再来回顾一下英美公司治理运动的历史。1991年5月一系列公司倒闭事件促使英国的财务报告委员会、伦敦证券交易所等机构成立了一个由有关方面的12名权威成员组成的委员会。作为世界上诞生的第一个公司治理委员会，其任务是考虑与公司财务报告及其责任有关的问题，[1] 该委员会发布了题为《公司治理的财务方面》的报告，注重公司的内部财务控制和相应的风险管理，注重董事会的控制与报告职能和审计人员的角色。在笔者看来，这是一个加强对流转中公司资本监管的报告。尽管该报告对公司法改革的影响主要体现在强调外部非执行董事在内部控制和审计中的关键作用，但由于该报告所提出的问题不仅指向股东权益保护，而且通过对董事在公司财务信息方面的义务和责任的强调，也产生了对公司债权人以及其他利益相关者保护的后果，因此可以说，从一开始，不仅公司的实际控制人对社会利益损害的问题就已经蕴含于公司治理的法律范畴之中，而且加强对流转中的公司资本的监管也已经成为解决公司治理问题的重要途径。

早在1992年5月，美国法律协会经过十年的认真研究，发表了题为《公司治理的原理：分析和建议》的报告。该报告由公司的组织及其作用、大型公开公司中董事及执行职员的职务与权限、监督委员会等董事

---

〔1〕 胡汝银、司徒大年、谢联胜：《全球公司治理运动的兴起》，载《南开管理评论》2000年第4期，第15~19页。

委员会、董事及执行职员、控股股东等的公正交易义务、通过代表诉讼等手段的救济等七个部分组成，该报告的一个重心是强化监督机制，建议引进具有独立性的外部董事（超过董事会成员的一半），在董事会内组成监督委员会作为董事会的下位机关。[1]但也就是在如此公司治理之下，2001 年 12 月，排名美国第七、全球第十六位的大公司安然突然破产，其后，世界通讯、环球电讯等大公司在财务问题上弄虚作假的丑闻相继暴露，美国的大公司陷入了空前的信誉危机。针对安然、环球电讯、世界通讯、施乐公司等会计造假丑闻，2002 年美国总统布什签署《萨班斯法案》，从加强会计信息披露和财务处理的准确性、保证审计人员的独立性、完善公司治理等多方面对现行的有关会计、证券和公司的法律作了较多修改：①成立一个由非政府人士组成的独立的监督委员会以监督会计行业，并禁止会计公司为其审计对象提供咨询业务；②规定首席执行官和首席财务官对财务报表的书证责任；③要求所有的上市公司必须设立审计委员会；④加强 SEC 对上市公司信息披露义务的审查权；⑤加大对违法行为的处罚力度。毫无疑问，这一重大的法律改革不仅重新强化了美国自过去 20 年来通过改革被放松的监管，而且使政府对公司财务会计信息及其公开的监管成为美国自 20 世纪 30 年代以来最为严格的政府监管。

通过比较我们可以得出以下结论：

首先，1992 年美国法律协会的《公司治理的原理：分析和建议》强调通过公司组织机构调整所形成的监督机制在公司治理中的作用，与之相比，《萨班斯法案》的一个重要内容则是注重以强制性规范的形式对流转中的公司资本进行直接监管。这从一个侧面表明，对公司财务会

---

〔1〕 王保树：《是采用经营集中理念，还是采用制衡理念——20 世纪留下的公司法人治理课题》。转引自王保树教授向 2001 年 2 月 12 日中国国家经济贸易委员会、日本经济产业省主办的"中日公司法国际研讨会"提交的论文，第 3 页。

计的监管，或者说对流转中的公司资本的监管，是美国在十年的公司治理之后所面临的新问题，公司治理的研究和立法正在与解决公司财务问题结合，呈现出一种新的发展态势。这足以证明，在公司法框架内，公司治理的法律改革实践并不局限于公司内部组织机构的调整，也包含了对公司资本的管控。

其次，自英国于 19 世纪中叶建立公司信息强制公开制度起，直到 20 世纪 30 年代美国证券监管法律制度全面贯彻信息公开原则，公司信息强制公开制度一直被认为是一项保护小股东权益的举措。但今天的公司信息公开制度，不仅仅是单纯的信息强制公开，而且包含了对公司财务信息真实性的监管，这些监管在 2002 年美国的新法案中，发展成为公司的董事及高级管理人员（CEO 和 CFO）对公司资本维持的强制性义务。而这些强制适用规范在公司债权人及其他社会利益保护方面所发挥的重要作用，使得我们很难简单地将公司资本制度在究竟是保护债权人还是保护公司股东之间作出一个清晰界分，而且笔者认为，这种界分在许多情况下也失去了实际意义。

二、系统（整体）性层面公司资本制度结构的再分析

在 2000—2005 年间《公司法》修订的讨论中，国内学界提出"取消注册资本最低限额制度"。改革建议论证中的主流观点认为：从实际作用的角度，如果注册资本数额与公司信用无关，或者说如果注册资本数额并不反映公司财产信用，那么注册资本最低限额制度完全可以被取消。由此，在学界引发了旷日持久的"注册资本与公司信用之间关系"的争论。[1] 笔者认为：尽管注册资本信用价值的否定在事实上对学界

---

〔1〕 当时国内这方面的文献中，尤以赵旭东教授的《从资本信用到资产信用》（载《法学研究》2003 年第 5 期）一文最具代表性。另有资料显示，类似的争论也曾在国外出现过。详见邓峰：《普通公司法》，中国人民大学出版社 2009 年版，第 306~322 页。

以及我国公司资本制度改革实践都产生了重要的影响，但"注册资本信用价值的否定"与"注册资本最低限额制可以被取消"之间是否具有直接的因果关系仍然值得商榷。为论证这一命题，笔者将从系统（整体）性角度展开对公司资本制度结构的再分析。[1]

在展开论述之前，有必要对下文使用的"系统性"或"整体性"概念做简单说明。笔者认为，由于公司资本制度不是一个单独的规范，而是一系列规范的集合，因此从研究方法的角度，在立法目标一致、制度价值一致的情况下，公司法关于公司资本的诸多规范可以被视为一个完整体系，故使用"系统"这一概念。而从系统性角度的研究，将使我们对两大法系公司资本制度的认识从"区别"转向"联系"，进而发现公司资本制度的"系统性"特征。因此在逻辑上，笔者下文要提出的公司资本制度的"整体性"是以"系统"的分析方法对公司资本制度结构分析的结果。

笔者认为：公司资本制度是一个由不同类型规范构成的完整体系。笔者将其概括为下图：

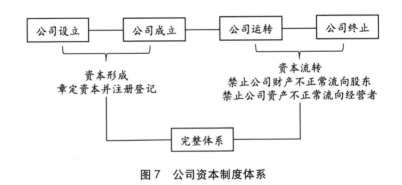

图7 公司资本制度体系

显而易见，根据现实中公司资本的流转情况，法律对公司资本的管控分为两个阶段：资本形成与资本流转阶段，因此要使公司具有独立可支配的法人财产，公司法的管控必须区分资本在这两个阶段运转的不同特点、有针对性地进行，公司资本制度也因此成为一个由资本形成制度和资本维持制度构成的完整体系。

（一）章定资本并注册登记：资本形成制度的核心

在资本形成阶段，立法者对资本管控的核心是章定资本并注册登记，此即所谓资本确定。在公司法上，章程确定资本数额意味着股东自由，而资本注册登记则是政府管制。这表明：在公司资本形成阶段，立法关注的焦点就是公司资本数额注册。那么，公司资本注册有何实际意义呢？这是理解资本形成阶段法律管控目标以及管控方式的难点问题。笔者认为：章定资本通过注册登记所确定的公司注册资本数额，是股东承担有限责任的法律基础。这可以从两个方面理解：①通过注册资本数额，我们可以确定股东对公司以及公司债权人承担责任的载体以及责任的最高限度，由此在资本层面奠定公司对债权人信用的基础。②股东在章程中确定资本数额虽然是一个自主行为，但由于该资本数额被国家强制登记注册，因此这个自由确定的数额就成为股东必须履行的法定义务，以此为基础，可以产生资本填补、虚假资本、抽逃资本、公司人格否认等法律责任制度。而这些法律责任制度被构建的目的，既是对股东履行出资义务的监管，也是对公司依法运用财产行为的监控。而所有以注册资本数额为基础建立的股东责任制度，都构成了公司对债权人的信用。换言之，由于交易关系的建立与交易结果之间存在时间差，在未知交易风险下所产生的恐惧催生了公司债权人对交易结果确定性的渴望，而基于公司注册资本以及与此相关的一系列制度，公司债权人可以对交易结果产生相对稳定的预期，防止由股东恶意控制引发的非正常风险，而由此构建起来的交易秩序是交易得以迅捷进行的重要原因。这就是"公司注册资本"与"公司信用"之间的关系。

由上，我们涉及"（注册）资本信用"与"资产信用"这两个概念的区别与联系。所谓资产信用，是指公司在经营中某一时刻对其债务的清偿能力，即公司资产在公司信用中的地位是偿还意义上的。由于在具体构成上公司资产包括注册资本、负债及其他财产，因此可以说，公司注册资本首先因其被包含在公司资产范围内而具有偿还意义上的信用作用。但笔者认为公司注册资本的信用作用还不止于此。如前所述，从公司取信于社会的层面，由公司章程确定并经注册登记的资本数额，是股东对公司（债权人）承担财产义务的基础，即通过资本数额我们首先可以界定股东对公司（实际上是对公司债权人）财产责任的具体限度，其次，由股东确定并经注册登记的资本数额意味着股东必须承担的法定义务，以此为基础，公司法得以建立股东虚假出资、抽逃出资的一系列法律责任制度，进而形成对股东履行出资义务以及使用公司财产的管控。在这个意义上，所有以注册资本数额计量的股东义务，都将通过股东不履行义务的责任承担，成为公司财产信用的重要组成部分。

综上所述，笔者的结论是，由于其在股东法定义务配置中的基础性地位，注册资本的信用作用不仅仅表现在偿还层面，更表现在为股东向社会承诺（依法出资并使用公司财产）提供法律保障的层面。也正是在这个意义上，注册资本可以被视为公司法向公司债权人乃至全社会提供的判断公司财产信用的公共产品。基于此，笔者认为对资本信用与资产信用之间关系的更加准确的表述应当是：公司注册资本与公司资产在不同层面上构成了公司财产信用的内容，而学者所言"从资本信用到资产信用"，其意义不在于否定注册资本的信用作用，而在于提醒学界和立法者——在公司财产信用问题上，不要过于迷信"注册资本信用"

而忽略了"公司资产信用"。[1]

（二）可能的误读：注册资本最低限额制度的价值

行文至此，公司资本形成管控中的另一个重要问题浮出水面：注册资本与注册资本最低限额关系如何？笔者的以下分析将证明：尽管同处公司资本形成阶段，但注册资本制度与注册资本最低限额制度是两个不同的制度，在价值追求上各有其侧重。

全球范围内公司资本制度发展演化的历史已经证明，尽管对资本管制的程度发生了由严格到宽松的变革，但无论是在大陆法系国家还是英美法系国家，注册资本制度却并未被取消。笔者认为根本原因就在于其生存的制度基础依然存在，即基于公司制度的固有结构，在公司资本运作中始终存在的公司控制给公司债权人带来了非正常风险，而以注册资本制度为基础所构建的股东对公司财产形成以及维持的义务和责任，形成了公司债权人对与公司交易的稳定预期，进而缓和了公司资产形成和运用过程中股东与公司债权人之间的利益冲突。但注册资本最低限额制度则不同，自公司法产生至今，这一制度经历了从无到有、又从有到无的巨大变化。制度发展演化的差异使笔者大胆猜测：注册资本最低限额制度可能因其特殊的产生背景而具有区别于注册资本制度的独特价值。

从域外情况看，在股份公司产生的早期，由于这种新的企业组织形式打破了市场交易的一般规则，有限责任曾经一度被股东滥用并导致市场交易秩序的混乱，例如，从1720年的《泡沫法案》到1855年英国国会通过"有限责任议案"为止的一百多年间，有限责任在英国被禁止

---

[1] 在《从资本信用到资产信用》一文中，作者在对注册资本信用价值有所否定的同时，仍然认可了注册资本作为公司资产重要组成部分的地位，就充分说明了这一点。

使用。[1] 而当认可股东有限责任成为大势所趋之后，基于对交易规则以及市场秩序的维护，几乎所有制定公司法的国家在当时都规定了注册资本最低限额制度，即便是实行授权资本制的英国，也在其 1855 年《有限责任法》中明确规定，享有有限责任的特权需以四个条件为前提：①公司股东必须不少于 25 个，每个持面值不少于 10 英镑的股份，并且支付股款的 20%以上；②公司 3/4 的批准股本已被认购；③公司的审计师经贸易部批准；④公司名称含"有限"字样。另外，公司损失3/4 资本时必须进行清算，[2]时至今日，仍然有许多国家公司法保留了注册资本最低限额的要求，[3] 通过政府管制来抑制大量设立股份公司的行为，以克服滥用股东有限责任所带来的弊端。因此笔者大胆推论，就产生原因看，注册资本最低限额制度与围绕注册资本建立起来的股东义务和责任制度体系没有直接关系，它只是立法者用来阻止公司大量成立、防止有限责任被滥用的一个监管工具。

再看注册资本最低限额制在中国产生的背景。众所周知，中国1993 年制定《公司法》时，大陆法系国家公司资本制度的宽松化改革早已完成，注册资本最低限额制在一些国家已经成为一种并无实际意义的规定，在许多国家则已经被取消。那么，是什么原因导致中国 1993年《公司法》选择了注册资本最低限额制度？笔者认为以下三个因素最值得关注：

第一，1990 年前后中国"三无公司"泛滥并产生严重后果。20 世纪 80 年代末 90 年代初是中国经济改革的重要时期，国有企业刚刚开始

---

〔1〕 "南海泡沫"是经济学上的专有名词，指 1720 年春天到秋天之间，脱离常规的投资狂潮引发的股价暴涨和暴跌，以及之后的大混乱。

〔2〕 见何美欢：《公众公司及其股权证券》，北京大学出版社 1999 年版，第 49 页。

〔3〕 详见蒋大兴：《质疑法定资本制之改革》，载《中国法学》2015 年第 6 期。

股份制试点，《中华人民共和国私营企业暂行条例》的颁布使得在国内贸易中掘到第一桶金的个体工商户们开始以公司的形式扩大经营规模。但正从高度集中计划经济体制中走出来的中国，无论是政府还是民间都对公司设立以及运作规范毫无准备。在这样的背景下，全民大办公司的热潮导致出现了大量无资金、无场地、无人员的"三无公司"，这些公司一度造成了中国市场秩序的混乱。

第二，公司债权人风险意识的极度缺乏。在市场交易中债权人并不担心债权落空，这种在今天看来匪夷所思的现象，在经济改革初期的中国却很正常。众所周知，改革开放初期我国市场经济的主体主要是国有企业，而国有企业之间在计划经济时期并不存在商品交易，企业之间可以进行财产的无偿划拨。因此在宏观经济改革滞后的情况下，改革初期国有企业虽然在独立核算基础上开始进行商品交易，但其财产信用的基础却并不在于企业资产而仍然在于国家财政，这导致市场交易中国企经营者不仅缺乏了解交易相对方信用状况的习惯，而且也不了解公司与传统国企在交易责任承担上有何不同。因此，当国企成为公司债权人时缺乏风险意识也就不足为奇了。

第三，1990 年前后中国市场经济的法律不健全。正如学者所描述的那样："在一个没有担保和责任保险机制可以'做大信用'，在一个欠缺公司治理结构可以'确保信用'，在一个没有完善的会计制度可以'记载信用'，在一个没有公正信用机构可以'评估信用'，在一个计划经济环境下欠缺'珍视信用'的社会经济、文化、制度背景下，立法者以'注册资本最低限额'为信，是一个无奈的选择。"[1]其时国家企业登记管理机构对注册资本最低限额制度的高度关注可以为此佐证。作

---

〔1〕　详见傅穹：《重思公司资本制原理》，法律出版社 2004 年版，第 89 页。

为工商行政管理的重要内容，我国企业设立登记事项中本不存在资本注册的规定，更无所谓注册资本最低限额制度。但当时全国范围内对"三无公司"的清理整顿，却使工商行政管理部门很快关注到这两个概念，最终促成注册资本及其最低限额制度在《公司法》中同时被确立。如此的产生背景，直接导致中国公司法立法理论与实务都将注册资本的信用作用完全归结为资本数额，最低注册资本额也就由一种限制公司设立的手段被误读为公司对外交易的担保，由此造就了以注册资本最低限额为公司信用衡量标准的所谓"资本信用神话"。

综上，笔者的结论是：从产生的原因看，注册资本最低限额制度与市场经济不完善背景下股东有限责任和公司制度被滥用有直接关系，注册资本最低限额制是政府避免既有市场交易秩序受到冲击而阻止公司大量设立的监管工具，因此在立法目的上，注册资本最低限额制度与公司信用并无直接关系。而当注册资本和注册资本最低限额这两个概念被区别开来之后，我们很容易发现：当年改革中"取消注册资本最低限额制度"的命题，其论证的关键应当是"政府严格管制公司设立的背景是否发生变化"，而不是"注册资本是否具有信用作用"。笔者认为，正是既往改革建议在论证中存在的逻辑问题，不仅使学界对注册资本与公司信用的关系在认识上陷入了一定程度的困惑，而且严重忽略了对公司资本制度及其改革规律这一基础性问题的研究。

（三）整体性：资本维持与资本形成的相辅相成

在对公司资本形成制度进行深入分析之后，紧随其后的问题是：公司资本维持制度与公司资本形成制度之间关系如何？这是研判中国公司资本制度改革方向的重要问题。

在公司成立后资本即由形成阶段进入流转阶段。针对流转中公司财产的特点，公司法专注于解决两方面的问题：一是对公司资产不正常流向股东的监控；二是对公司资产不正常流向经营管理层的监控，管制的目标在于最大限度地减少公司控制人在公司资产运用过程中通过恶意控制谋取私利、损害公司以及公司债权人的行为，维持公司对债权人的财产信用。具体制度包括：禁止股东以各种方式抽回出资、禁止股东个人对公司财产的直接支配、对股东与公司关联交易的限制、对董事高管与公司交易的限制、对管理层薪酬的限制、对公司利润分配的限制、对公司对外投资与担保的限制、对公司回购股份以及减资的限制，等等。笔者认为，在结构上，公司资本制度是一个由资本形成制度和资本流转制度构成的完整体系。其中，资本形成与资本维持的具体立法目标和控制手段有所不同，但两者之间具有密切联系：在资本制度整体立法目标不变的情况下，资本确定与资本维持互相依存，表现为资本确定所采用的管制手段，在很大程度上决定了资本维持制度的内容；反之，资本维持阶段各种制度的发展完善，可以为资本确定阶段的宽松化改革提供空间，这就是资本制度及其改革的整体性。全球范围内公司资本制度改革历史的分析充分证明了这一点。

自 20 世纪以来，尤其是二战以后，随着经济的恢复，大陆法系国家严格的公司资本管制开始了宽松化改革：大陆法系国家借鉴英美法，完全吸收了资本分期交纳制，部分采纳了分期发行制；在美国的一些州，法定资本制则被放弃。笔者认为，面对以大陆法吸收英美法为主要特征的所谓"两大法系资本制度的融合"，我们首先应该思考：为什么英美法系国家公司法对公司资本形成采用宽松的控制方式？而大陆法系国家则相对比较严格？

笔者认为，就总体而言，法律对公司资本形成的态度是严格还是宽松，归根到底是一个立法者根据实际需要对法律控制方式的选择问题。而具体选择什么样的控制方式，又是由一个国家经济、社会、政治制度以及法律文化传统等因素共同决定的。仅以政治制度为例进行简单分析，我们不难发现：就资本形成制度的作用机制来看，严格的资本形成制度采用了较多的政府管制手段，监管机构执法对制度实施具有很大作用，因此选择这一制度模式需要有一个强有力的政府；而宽松的资本形成制度则主要通过向公司债权人提供强有力的司法救济，以形成对公司股东出资行为的监督，因此需要有一个强大而灵活的司法审判机构。如我们所见，从早期公司法开始，大陆法系国家和英美法系国家根据各自的国情选择了适合的资本管控制度：由于大陆法系国家在历史上具有中央集权的传统，立法机关和政府力量比较强大，司法机构则相对比较呆板，因此法定资本制是一种适合国情的选择；而英美法系国家历来不崇尚中央集权，尤其是美国，在中央和地方关系的处理上比较注重对联邦政府权力的限制，但与此同时，英美法系国家拥有一个集立法和执法功能于一身、强大而灵活的司法审判机构。这样，英美法系国家以授权资本制为基础所形成的宽松资本控制方式在公司运营中所产生的诸多问题，就留待公司运营中通过法院的审判活动、对债权人提供强有力的法律救济来解决。美国的《统一欺诈交易法》（Uniform Fraudulent Conveyance Act，UFCA）佐证了这一点。

文献显示，作为世界上第一部反欺诈专门立法，美国《统一欺诈交易法》适用于破产、商业交易、可能发生债务的人、故意欺诈、合伙财产等多种场合。[1] 该法以撤销权为核心构建了规制欺诈转让行为的系统性司法救济，有力地推动了对债权人利益的保护，美国哈佛大学教授克拉克（Clack）认为：该法不仅与公平居次规制、股息分配限制规制、刺破公司面纱规则之间存在密切联系，甚至公平居次规则与刺破公司面

---

〔1〕 详见邓峰：《普通公司法》，中国人民大学出版社 2009 年版，第 200 页。

纱原则可以被看作是《统一欺诈交易法》中关于债务人向债权人承担道德义务理念的具体应用。[1] 在《公司法则》一书中，克拉克教授分析指出，美国法院在欺诈性产权交易法的适用中形成了以下基本规则：一是真实原则，即在公司负债情况下，公司向他人转让财产时，如果具有妨碍、拖延或者欺骗债权人的实际意图，就是欺诈性产权转让，此时交易为法律所禁止，可以通过债权人起诉被撤销；二是首位原则，即在公司负债情况下，公司向他人（家族成员、朋友、股东等）转移财产时，有责任首先考虑已经负有的法律义务（合同债务、侵权债务），否则转让交易可以被撤销；三是公正原则，即在公司负有多项债务情况下，当其资产不足以满足所有债权人时，应当公平对待所有债权人，避免通过转让财产造成优先偿还，否则转让交易可以被撤销；四是不妨碍原则，即在公司负债情况下，其向他人转让财产不得妨碍债权人债权的实现，否则交易将被撤销。[2] 由上可见，对公司而言，所谓"欺诈性产权交易"，即无论股东是否实际缴纳出资，公司都可能在经营中恶意转让其财产，从而使公司债权人的债权落空，因此法律赋予公司债权人不承认此类交易的权利，债权人可以请求法院撤销此类交易，使自己的债权得到偿还。

　　基于上述，笔者将两大法系国家对公司资本管制的方式归纳如下图：

---

　　〔1〕　Robert Charles Clack，"The Duties of the Corporate Debtor to ti's Creditors"，*Harvard Law Review*，1977，p. 3.

　　〔2〕　见［美］罗伯特·C. 克拉克：《公司法则》，胡平等译，工商出版社1999年版，第34~38页。

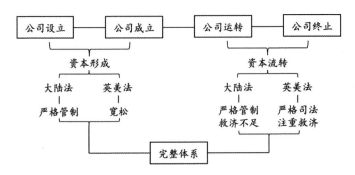

图8 两大法系国家对公司资本管制方式

根据图8，笔者合乎逻辑地推导出大陆法系国家严格资本制度改革的规律，并图示如下：

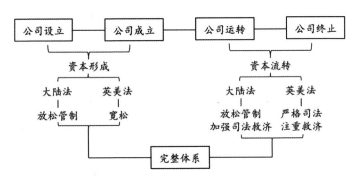

图9 大陆法系国家资本制度改革的整体性

通过图8与图9的对比，我们不难得出以下结论：

首先，我们不能简单认为英美法系国家从来不注重对公司资本形成的监控，甚至由此得出注册资本与公司信用无关的结论。事实上，英美法系国家根据国情和公司发展的需求，在舍弃严格政府监管的同时，采取适合于发挥司法审判作用的方式实施对公司资本的管控，最终这些措施所形成的对严格管制的替代，在总体上确保了公司资本制度价值目标的实现。

其次，根据上述对美国法律制度的分析，笔者推论，在世界范围内，公司资本制度改革呈现以下规律：一方面，为适应经济发展需求对公司资本管制的宽松化改革主要集中在资本形成阶段；另一方面，为了防范资本形成管制宽松化对公司债权人的威胁，在放松管制的同时，通过扩大和强化控制股东以及公司经营管理层的资本维持义务加强对公司债权人的保护，从而平衡股东与公司债权人之间因公司资本形成制度宽松化改革而产生的利益冲突关系，此即公司资本制度改革的整体性。在这个意义上，笔者认为将公司资本制度改革定义为"放松管制"并不十分准确，事实上，公司资本制度改革从来都是"放松管制"与"严格司法"的并行。

最后，法定资本制与授权资本制各有其不同的生存环境，由于新制度建立需要巨大的成本，因此尽管法定资本制存在明显的缺陷，但对一国而言，不引进授权资本制也将是一种合理的选择。基于此笔者大胆预测：在可以预见的未来，法定资本制国家不会完全采用授权资本制度，中国也不会。

在上述基础上，笔者提出：基于公司资本制度的整体性，无论是法定资本制还是授权资本制，其改革的规律或者路径都应当是资本确定与资本维持两个制度的联动，这也是中国公司资本制度未来改革的发展趋势。而在改革中任何将资本确定与资本维持分割的做法，都将因背离改革规律而在实践中出现问题。这已经被中国 2005 年至今的公司资本制度改革历史所证明。

三、制度改革方向：从"单兵突进"到"制度协同"

（一）"放松管制"之下公司资本制度改革的"单兵突进"

一般而言，每一次法律改革都可能由多种原因促成。自 2005 年至今，国内学界对中国公司资本制度改革的原因进行了大量研究。其中，"严格法定资本制与中国经济发展之间的冲突"被认为是改革的重要原因，[1] 但笔者认为，这与此次改革无视资本形成与资本维持之间的联动、只注重宽松化的"单兵突进"改革方式并无必然联系。相比之下，同期经济学界"放松政府管制"的思想对公司资本制度改革的影响值得认真研究。

首先，构成公司资本制度的规范是否存在政府管制因素？20 世纪 70 年代西方经济学界对政府管制（regulation）的研究形成了管制经济学理论，该理论认为，政府管制具有由专门监管机构依法对市场主体行为实施强制性限制的基本特性。[2] 以这一研究结论去分析公司资本制度，我们不难发现，为界定并计量股东权利，公司法要求公司资本注册登记，由此产生的股东法定出资义务显然限制了股东出资自由。不仅如此，为防止股东及经营者在公司财产运用中的机会主义行为，公司法以强制性规范限制公司处置其财产的自由。因此，公司资本规范是国家通过法律对股东出资自由和公司经营自由进行的强制性限制，在这个意义上，公司资本制度确实体现了政府管制，这也是公司资本制度改革总是

---

〔1〕 笔者在 2006 年出版的《公司资本制度与中国公司治理》一书中提出这一观点并进行了详细论述。详见徐晓松：《公司资本监管与中国公司治理》，知识产权出版社 2006 年版，第 153~158 页。近年来，有研究文献对此展开了专门研究。详见刘凯湘、张其鉴：《公司资本制度在中国的立法变迁与问题应对》，载《河南财经政法大学学报》2014 年第 5 期。

〔2〕 笔者曾在《管制与法律的互动：经济法理论研究的起点和路径》（载《政法论坛》2006 年第 3 期）一文中将此归纳为两点：①政府管制是市场经济背景下政府对市场主体自由决策的强制性限制；②政府管制以国家强制力为后盾，由政府机构依照一定的法律法规（规则）进行。

与政府管制的"宽松"或是"严格"紧密相关的原因。

其次，国家为什么要采用管制而不是合同的方式来控制公司资本？笔者这里所言"合同方式"是指市场主体之间通过协商确定公司资本状况，以违约赔偿方式来解决公司资本不足以及偿付能力降低的问题。目前被普遍接受的理由，一是节约交易成本、提高交易效率的需要；二是公平解决股东与公司债权人之间因法律地位不对等而产生的信息不对称问题的需要。就前者而言，如果交易双方每次交易都需要通过一对一的谈判来约定债务人的资本状况，无疑将提高交易成本，而采用法定义务的方式，强制股东在公司设立时对此作出承诺，并将出资义务的履行与否作为股东是否能够享受有限责任的前提，显然能够降低交易成本，从而便捷交易。至于公平解决股东与公司债权人之间因法律地位不对等而产生的信息不对称问题，是现代社会中法律强制市场主体信息公开的合理性解释中最为普遍的理由。就公司而言，股东与公司债权人信息不对称状态源自公司法为两者所提供的不同产权保护方式，这是公司资本制度中采用管制方式的合理性所在。此外笔者认为，从公司治理角度，在公司债权人不能以进入公司机构的方式阻止公司内部机会主义行为的情况下，借助强制性规范，通过公权力之手加重股东和经营者对资本缴纳以及维持的义务，无疑可以被视为公司债权人这一重要利益相关者参与公司治理的途径。在上述意义上，笔者认为，资本管制完全可以被理解为一种在平等协商机制失灵之下、由公司法提供的公司与其债权人之间关于公司资本状况的格式合同。

如果上述两点成立，那么经济学对政府管制的研究及其成果对中国公司资本制度改革的重大影响不容忽视。在与新自由主义经济学派的争论中，政府管制经济学派认为：由于政府管制本身的弊端，导致实践中的政府管制就像一个钟摆，在强弱、弱强之间反复变化，这种变化主要受特定经济时期、特定经济事件的影响。在二战前到二战中，为了应对经济危机和战争，这一时期的政府管制强度非常高；而在战后经济恢复时期，政府为发展经济开始持续放松管制。与此相应，二战之后大陆法系国家的严格法定资本制进入了不断宽松化的改革时期，整个改革过程充满着放松管制的自由主义经济学思想。

结合中国 2005 年的实际情况，笔者认为与 1993 年前后相比，其时中国公司的信用状况并没有发生根本性的改变，[1] 但不同在于：首先，2005 年中国进入了从高度集中的计划经济体制向社会主义市场经济体制的经济转型时期，由于改革对旧体制的路径依赖，使得如何进一步将市场从政府行政管理中解放出来成为中国经济发展面临的重大问题。其次，2005 年中国宏观经济形势发生了巨大变化：随着社会主义市场经济体制的建立及不断健全，国有企业公司制改革以及国有资产管理体制改革加速进行，与此同时，随着加入世界贸易组织，中国经济进入了高速发展时期，GDP 达到了前所未有的增速。此时，公司制度已经深入人心，不仅国有企业全面公司化改革已经成为政府和民间的共识，而且公司也成为全民创业的基本工具。上述两个方面的因素，使得严格资本管制的弊端与中国经济发展之间的冲突成为显性问题，进一步放松政府管制的需求变得迫切。

基于上述，笔者认为，正是由于中国经济转型以及经济发展的特殊背景，使得大陆法系国家严格法定资本制改革中所蕴含的放松管制思想对中国学界的影响，在一定程度上要大大超过公司法起源国家。不仅是

---

［1］ 笔者曾在 2003 年发表的《论中国公司资本的严格监管与放松监管》［载王保树主编的《中国商法年刊》（第 3 卷）］一文中提出这一观点并进行了详细论述。另外，蒋大兴教授在其《质疑法定资本制之改革》（载《中国法学》2015 年第 6 期）一文中，对认缴资本制合约基础欠缺的分析，从另一个侧面印证了笔者的观点。

2005 年，而且在此后的 2013 年，中国公司资本制度的每一次改革都贯穿了放松政府管制的思想，相比之下，对公司资本制度及其改革规律这一基础性问题的研究反而被忽略。[1] 在这种情况下，只关注资本形成制度的宽松化改革、忽略资本形成与资本维持联动的"单兵突进"式改革成为不可避免的现象。

（二）"单兵突进"式改革的缺陷与未来改革方向

在公司资本信用总体状况并无根本性变化的情况下，2005 年中国《公司法》下调了公司注册资本最低限额，并实行资本分期缴纳制，同时保留首期出资最低限额的规定，资本维持制度则未做变动；2013 年修正的《公司法》彻底放弃了注册资本最低限额制度，实行注册资本认缴登记制，但资本维持制度仍无大的变化。应当肯定，分两步对公司资本形成制度进行渐进性改革无疑是明智的，但对一个接受法律移植的成文法国家而言，两次改革之间相隔八年之久，作为公司资本制度重要组成部分的资本维持制度却基本未发生变化，这种反常本身就表明，中国公司资本制度的"单兵突进"式改革值得反思。为此，有必要对1993 年以来我国的公司资本维持制度做一个全面的分析和评价。[2]

首先，关于 1993 年《公司法》中资本维持制度的先天缺陷，笔者认为主要表现在两个方面：其一，1993 年《公司法》在资本实缴制下对公司资本变动实施严格而僵硬的限制，而这些制度中的一部分——例如严格的验资制度和年检制度——由于其政府管制的性质本身容易被公

---

〔1〕 笔者认为，2005 年至今，关于中国公司资本制度的研究文献主要集中于认缴制实施中问题的应对，只有极少数学者对这一基础性问题展开研究。

〔2〕 笔者 2003 年曾撰文提出：在放松资本形成严格管制的同时，应当通过完善资本维持制度，弥补资本形成制度宽松化改革出现的法律调整空白。但非常遗憾，在整个改革过程中，由于"资本信用否定说"的影响，笔者几乎没有看到对 1993 年《公司法》中资本维持制度缺陷的详细分析。详见徐晓松《论中国公司资本的严格监管和放松监管》［载王保树主编的《中国商法年刊》（第 3 卷）〕一文。

司轻而易举地规避，另一部分——例如股份回购和公司减资限制——则由于缺乏相应的对债权人的救济而变成了单纯对公司经营自由的限制。其二，由于对政府管制的严重依赖，1993 年的公司立法既没有充分关注世界各国公司法中不断发展完善的资本维持制度，例如公司财务监督、公司关联交易的严格管控、公司控制人对公司资本的义务和责任等，更谈不上对这些制度的移植。而制度的缺失直接导致了现实中严重的股东虚假出资和抽逃出资情况，即严格法定资本制不仅没有实现其维护公司信用、平衡股东与公司债权人之间利益冲突关系的立法目标，反而极大地影响了公司经营自由。正是由于 1993 年《公司法》资本维持制度的严重缺陷，导致 1994 年《最高人民法院关于企业开办的其他企业被撤销或者歇业后民事责任承担问题的批复》在司法审判实践中运用范围极其广泛，公司法人人格在司法审判中一度被否认。当然，更加令人遗憾的是，上述本该在 2005 公司资本制度改革中与资本形成管制的宽松化改革被同时关注和深入研究的问题，却因为学界对公司资本制度及其改革整体性认识的欠缺而被忽略。

笔者认为：2005 年中国公司资本制度的"单兵突进"式改革，没有弥补中国公司资本制度的先天缺陷，反而使其变成了一个缺乏资本维持的畸形资本制度，在实施中很快引发了以下问题：在出资期限和出资缴纳完全由股东自治的情况下，如何确保股东按照约定履行出资义务？在出资义务未履行或者未完全履行的情况下，如何保障债权人的利益？在取消年检制度情况下，如何认定股东抽逃出资行为？如何救济债权人？为解决司法审判实践中的问题，最高人民法院不得不在 2011 年出台《公司法司法解释（三）》（该司法解释在 2014 年、2020 年修正），其内容涉及对股东履行出资义务的认定；当股东未履行、未完全履行出资义务时，在未出资范围内对其他股东的责任；当公司不能清偿债务时，股东对债权人在未出资本息范围内承担补充清偿责任；公司增资时出现上述情况，未尽义务的董事、高管承担相应的责任；股东抽逃出资行为的认定；股东抽逃出资对公司债权人以及其他股东的责任。[1] 显而易见，上述内容集中体现了 2005 年公司资本制度改革后在实践中出现的资本形成及资本维持问题。

在《公司法司法解释（三）》颁布后，在政府机构简政放权的大背景之下，2013 年《公司法》的再次修正，取消了公司注册资本最低限额制度以及对股东首期缴纳资本数额的要求。至此，中国公司资本制度实现了从实缴制向认缴制的彻底转变，在出资数额和出资期限上实现了完全的股东自治。然而，时隔六年之后，2019 年 4 月 28 日最高人民法院公布了《公司法司法解释（五）》，其中最为引人瞩目的内容是规定法院对关联交易的司法审查；[2] 2019 年 11 月 14 日，最高人民法院发布《九民纪要》，其中对股东出资加速到期、对赌协议中的资本维持、公司人格否认中资本显著不足的认定以及股权变动登记的效力等涉及公司资本维持制度的问题，明确表述了司法审判实践中的共识。[3]

显而易见，在《公司法》相关制度长期缺位的情况下，中国基本依靠最高人民法院的司法解释，在注册资本认缴基础上强化了对公司债权人以及小股东的司法救济，在一定程度上弥补了 2005 年以来公司资本制度改革的缺陷，同时也佐证了"公司资本制度及其改革具有整体性"的命题。

但笔者认为，作为一个成文法国家，仅仅依靠法院的司法解释去弥

---

[1] 详见最高人民法院 2011 年公布、2014 年修正的《公司法司法解释（三）》第 7～20、26 条。

[2] 详见最高人民法院 2019 年 4 月 28 日公布的《公司法司法解释（五）》第 1 条。

[3] 详见最高人民法院 2019 年 11 月 8 日发布的《全国法院民商事审判工作会议纪要》第二部分。

补公司资本制度改革缺陷的现象不能算正常，它只能说明，自 2005 年以来，中国公司资本制度改革仍然处于"头疼医头、脚疼医脚"的状态。由于法院的司法解释只针对审判实践中《公司法》实施产生的问题，因此仅仅依靠司法解释不可能解决资本认缴制下产生的所有问题，更不能建立起完善的公司资本维持制度。这提示我们，未来中国公司资本制度的改革，应当在整体性层面将改革由"单兵突进"转向"制度协同"，即在立足中国实际以进一步完善资本认缴制的同时，大力加强和完善公司资本维持制度，尤其要完善对公司的财务监督制度、公司资本信息的披露制度、与资本相关的公司人格否认制度以及对关联交易的管控制度，并以控制股东和经营者对公司资本的义务和责任为基础，加强对公司小股东以及债权人的法律救济，防范公司财产运用中的机会主义行为。

本章小结

行文至此，笔者论证了以下观点：

首先，平衡股东与公司债权人之间的利益冲突关系，避免债权人与公司交易的非正常风险，使公司取信于社会，是公司资本制度的基本价值所在。在利益相关者保护的层面，公司资本制度是公司法为债权人参与公司治理提供的重要途径。在实践中，对公司财务会计的监管，或者说对流转中的公司资本的监管，是公司治理发展中面临的新问题，公司治理的研究和立法正在与解决公司财务问题结合，呈现出一种新的发展态势。这充分证明，在公司法框架内，公司治理的法律改革实践并不局限于公司内部组织机构的调整，也包含了对公司资本的监督。

其次，公司资本制度是一个由资本形成制度和资本维持制度构成的完整体系。对资本监管而言，资本形成制度与资本维持制度在立法目标和控制手段上有所不同，但在追求资本制度总体价值目标的过程中，两者相辅相成：资本形成的管控方式在很大程度上决定了资本维持的管控手段，而资本维持制度的发展完善，则为资本形成制度提供了宽松化改革的空间。此即公司资本制度及其改革的整体性。基于此，公司资本制度改革的规律或者路径应当是资本形成与资本维持两个制度的联动。因此在笔者看来，未来中国公司资本制度改革的走向，既不是从"资本信用"到"资产信用"，也不是从"法定资本制"到"授权资本制"，而是在整体性层面使改革由"单兵突进"转向"制度协同"，即在根据中国实际进一步完善资本认缴制的同时，大力加强和完善公司资本维持制度，包括完善对公司的财务监督制度、完善公司资本信息的披露制度、完善与资本相关的公司人格否认制度、完善对关联交易的管控制度，并以控制股东和经营者对资本的义务和责任为基础，加强对公司小股东以及债权人的法律救济，防范公司财产运用中的机会主义行为。

第九章　中国公司治理中的政府管制与公司自由

前文各章论述已经清楚表明，无论在理论上还是在实践中，公司治理都是立法者为缓解紧张化的公司关系而采取的措施，而基于强制性规范在其中所扮演的重要角色，公司治理措施具有浓厚的政府管制色彩。正如自由主义经济学派的代表人物弗里德曼（Friedman）所言：由于政府管制对市场效率的破坏，每一个管制措施的实施都必须具备一个基本前提，即管制必须被证明是必需的。[1]这注定了公司治理中的每一个强制性规范都会充斥着关于公司自由与政府管制关系的讨论。基于这一问题对公司治理制度改革及其未来发展趋势的影响，本章将对此展开讨论，并结束本书。

笔者认为，首先，政府管制是经济学与法学研究的一个交叉地带，在整体上，公司法中的强制性规范与现代市场中的政府管制规范没有本质区别，即由于公司作为经营形式的特质，决定了国家在认可其独立市场主体地位的同时必定伴随对其组织及活动的管制，区别仅仅在于不同

---

[1] 见〔美〕米尔顿·弗里德曼、罗丝·弗里德曼：《自由选择》，张琦译，机械工业出版社 2008 年版。

国家或在同一国家的不同发展时期，管制力度会有所差异。其次，如果政府管制对公司法中强制性规范的影响是持续的、依不同国家公司的具体情况而各异，那么我们不大可能完全抛开政府管制，将解决中国公司的治理问题完全寄托于公司自治。在中国未来公司治理改革的立法政策选择中，转型经济下的中国公司、中国经济的发展以及改革的深化对公司法中强制性规范以及政府管制的影响应当成为研究的重点。具体而言，笔者认为，现阶段的中国，法律传统以及司法环境、民营公司发展现状以及国有企业公司治理等因素将加强公司法中的强制性规范适用以及政府管制，而政府管制弊端的克服、中国经济发展以及改革的深化，将对公司法中的强制性规范以及政府管制形成制约。

一、政府管制（监管）：经济学与法学研究的一个交叉地带

"管制"一词来源于英文词"regulation"，是管制经济学的基本范畴。[1]但直至 2000 年前后，我国法学界的主流研究中尚未使用这一概念。[2]那么这一概念何以被移植到法学研究中？文献检索结果显示，在我国学术界对"regulation"的诸多翻译中，使用频率最高的主要有"管制""监管"及"规制"等。从使用情况看，三种不同的翻译方式程度不同地反映了学者本人对"regulation"的不同理解。例如有经济学家认为，"管制"更多地适用于政策性讨论，"监管"则表示市场经济

---

〔1〕　政府监管是学术界研究的一个新领域，其内容因涉及经济、政治、法律等学科而具有综合性，西方经济学界对政府管制的系统研究在 20 世纪 70—80 年代形成了一个被称为"管制（监管）经济学"的分支，而中国对政府管制经济学的研究尚处于初始阶段。详见王俊豪：《政府管制经济学导论：基本理论及其在政府管制实践中的应用》，商务印书馆 2001 年版，第 1~6 页。

〔2〕　在很长时间以来的经济法学研究中，与国家宏观调控法并列的表达，经历了从"市场管理法"到"市场规制法"的变化，直到 2005 年前后，一些研究才开始将"市场规制法"表达为"市场监管法"。例如吴宏的《市场监管法的基本理论问题》以及卢炯星、丁洁的《经济法中市场监管法若干理论研究》。这两篇论文均载于徐杰主编的《经济法论丛》（第 5 卷，法律出版社 2005 年版）。

体制下基于法律规则的管理,[1]而为大多数经济法学者使用的"规制"则侧重于管制法律表现形式的研究。[2] 上述区别具有实质意义吗？笔者认为，通过对经济学界有关"regulation"不同定义的比较可以得出否定的答案。

什么是管制？维斯卡西（Viscusi）认为，政府管制是政府以制裁手段对个人或组织的自由决策的一种强制性限制，政府的主要资源是强制力，政府管制就是以限制经济主体的决策为目的而运用这种强制力。[3]丹尼尔·F. 史普博（Daniel F. Spulber）认为，政府管制是行政机构制定并执行的直接干预市场机制或间接改变企业和消费者供需决策的一般规则和特殊行为。[4]而日本学者植草益认为，政府管制是社会公共机构依照一定的规则对企业的活动进行限制的行为。[5]萨缪尔森（Samuelson）则在其《经济学》一书中写道，"为了控制或影响经济活动，政府可以用刺激或命令的办法。市场刺激，例如赋税或支出方案，可以诱使人民或厂商按政府的意志行事。政府也可以简单地命令人们去从事某项活动或停止某项活动。后一种做法是管制的职能，即指挥或控制经

---

〔1〕 高世缉：《更自由的市场、更复杂的交易、更严格的规则》，载吴敬琏主编：《比较》（第1辑），中信出版社2002年版，第95页。

〔2〕 例如在1985年满达人翻译的［日］金泽良雄的《经济法概论》（甘肃人民出版社）一书第四章中对"规制"的使用；又例如王全兴教授2002年出版的《经济法基础理论专题研究》（中国检察出版社）一书第十一章中对"规制"概念的使用。

〔3〕 W. K. Viscusi, J. M. Vemon, J. E. Harrington, Jr., *Economic of Ragulation and Antitrust*, The MIT Press, 1995, p. 295. 转引自王俊豪：《政府管制经济学导论：基本理论及其在政府管制实践中的应用》，商务印书馆2001年版，第1~2页。

〔4〕 ［美］丹尼尔·F. 史普博：《管制与市场》，余晖等译，上海三联书店、上海人民出版社1999年版，第45页。转引自王俊豪：《政府管制经济学导论：基本理论及其在政府管制实践中的应用》，商务印书馆2001年版，第2页。

〔5〕 ［日］植草益：《微观规制经济学》，朱绍文等译，中国发展出版社1992年版，第1~2页。转引自王俊豪：《政府管制经济学导论：基本理论及其在政府管制实践中的应用》，商务印书馆2001年版，第2页。

济的活动。管制包括政府为了改变或控制经济企业的经济活动而颁布的
规章或法律。"[1]

比较上述定义，笔者认为其主要区别在于：大部分学者认为，管制
是一种直接针对企业及其行为的国家干预方式；而另一些学者则认为，
管制包括所有由行政机构制定并执行的国家对市场经济的直接干预和间
接干预，即管制可以从狭义和广义两方面理解。尽管如此，上述定义的
共性仍然显而易见：首先，政府管制是市场经济的产物，这是政府管制
与计划经济体制下政府管理的根本区别；其次，政府管制直指向企业的
市场活动，其结果是企业自由决策的权利因法律强制而受到不同程度的
限制；最后，政府管制以国家强制力为后盾，由政府机构依照一定的法
律法规（规则）进行。在这个意义上，可以说法律是政府管制权产生
的依据，政府管制权的范围及权力行使程序，以及由此产生的管制主体
与被管制主体之间的关系受到相关法律法规的调整和规范。基于上述，
笔者进一步认为，直接性和强制性是政府管制最显著的特点，即面对市
场失灵，政府通过采用强制手段直接限制或禁止企业从事某种活动的权
利，以限制主体的市场行为，达到干预市场机制，使经济平稳、顺利运
行的目的。综上所述，笔者的结论是：由于"regulation"既包括管制政
策，又包括为实施管制而制定的法律和法规，法律层面上的"管制"
"监管""规制"并无本质区别，因此政府管制并不是一个纯粹的经济
学概念。

也正是由于包含了管制政策以及为实施管制政策而制定的法律，对
管制的研究形成了经济学与法学的交叉。这在经济学界的研究中已经得

---

[1] ［美］保罗·A. 萨缪尔森、威廉·D. 诺德豪斯：《经济学》（第 12 版·下），高鸿
业等译，中国发展出版社 1992 年版，第 862 页。

到了充分体现。一个典型的例证是，在定义中所体现出来的管制与法律之间的密切联系，进一步在经济学界对管制原因的研究成果中被体现出来。在文献检索和阅读中笔者发现，在经济学家的视野中，政府管制（监管）是与私人诉讼并列的一种社会控制手段。例如在 2000 年前后由伦敦经济学院的卡塔琳娜·皮斯托（Katharina Pistor）和许成钢合作完成并引起欧美法律和经济学界以及实务界广泛关注的《不完备法律在金融市场监管中的应用》一文，在对金融市场监管原因的分析中认为，法庭和监管者是国家对金融市场进行控制的两种手段，因此将二者并列进行比较："在不完备法律下，对立法及执法权最优分配的分析，集中于可能作为立法者的立法机构、监管者和法庭，以及可能作为执法者的监管者和法庭。"[1] 而詹科夫（Djankov）等人的研究也证明，社会对商业生活的控制策略主要有四种类型：市场竞争秩序、私人诉讼、监管式的公共强制，以及政府所有制，其中政府对私人的控制权力依次递增。对于商业生活的这四类控制策略不是完全互相排斥的：在同一市场中，竞争秩序、私人诉讼和政府监管可以同时并存。[2] 正如罗纳德·科斯教授所言：法律体系运转如何影响经济体系的运行？不同国家在不同时点采用不同的法律体系会产生哪些不同影响？如果同一国家采用不同的法律体系，影响又会有什么不同？采用不同类型的监管（法律），会产生什么不同的结果？[3]

显而易见，尽管受学科领域的局限，经济学家没有直接研究管制

---

〔1〕［德］卡塔琳娜·皮斯托、许成钢：《不完备法律在金融市场监管中的应用》，载吴敬琏主编：《比较》（第 3 辑），中信出版社 2002 年版，第 112 页。

〔2〕［美］安德烈·施莱弗：《理解监管》，载吴敬琏主编：《比较》（第 16 辑），中信出版社 2005 年版，第 107 页。

〔3〕［美］加里·贝克等：《圆桌会议：展望法和经济学的未来》，载吴敬琏主编：《比较》（第 19 辑），中信出版社 2005 年版，第 76 页。

（监管）所带来的法律结构变化，但他们主要从成本分析角度对管制（监管）所进行的研究已经表明，经济学研究不仅注意到了传统民事法律救济手段的弊端，而且将某些场合中政府管制（监管）的产生看作是对这一弊端防范的结果。而将监管者与立法机构和司法机构并列作为立法者及执法者的研究角度，就更加清楚地表明，经济学家将管制（监管）的法律看作是与民事法律并列的现代市场经济法律制度体系的组成部分。在本书主题范围内，笔者将继续讨论以下问题：政府管制（监管）是如何对公司法以及公司治理制度产生影响？这种影响又是如何表现的？

二、公司法中的强制性规范与政府管制（监管）

企业大量取代自然人成为交易主体，并由此导致交易规模、方式、场所乃至交易规则的变化，是资本主义生产方式产生以来生产力和生产关系方面最重要的变化，这一变化本身潜伏着个体利益与社会利益冲突的根源，对构成以往经济秩序中各个重要因素，即市场主体、政府、商业道德及规则、法律制度等产生了极为深刻的影响。作为经济及社会秩序重建的重要手段，为平衡由此产生的利益冲突，以传统民法为核心构建的市场经济法律体系发生了制度变迁。在商法体系最终形成并相对独立之后，19 世纪末以来，公共利益、诚实信用、禁止权利滥用等原则的确立，修正和补充了民法的传统理念；而从 19 世纪末至 20 世纪初，从对垄断的监管开始，政府以法律方式对企业的监管逐渐形成体系，在模糊了公法与私法传统界分的同时，促成了经济法现象的产生；当企业发展进入 20 世纪下半叶，自英国开始，层出不穷的公司问题乃至公司破产，则导致了风行全球的公司治理运动。在这个运动中，国家以平衡个体与社会之间的利益冲突为出发点，不断强化对公司的监管。这些监管在进入 21 世纪之后，在资本主义市场经济最发达的美国，随着安然公司、世界通讯、环球电讯等号称信誉最好的大公司连续发生的财务丑闻，以 2002 年 7 月美国总统布什签署"会计准则与公司治理的一揽子法案"（《萨班斯法案》）为标志，发展到一个新的阶段。

综上所述，笔者认为，公司关系是在民事关系基础上产生并发展起来、但又与之相区别的新的社会经济关系，这决定了公司法对公司关系的调整必然继承并变革传统民法规则。因此仅在逻辑层面上就可以推论，现代市场经济中政府管制因素对公司法的影响要远远超过传统民事法律，否则我们便无法解释为什么无论是在大陆法系还是英美法系，抑或在受到这两个法系影响的国家，公司自由与政府管制关系的讨论总是伴随每一次公司法改革的始终。

近几十年来随着政府管制的介入，国内外经济学界关于公司治理制度的研究频繁提到"regulation"。在一篇讨论安然事件后美国市场规则和监管的论文中，作者认为，管制主要用于对经济政策的研究，而监管则表示市场经济体制下基于规则的管理。[1] 笔者认为，所谓规则，在狭义上可以理解为法律规范，因此，基于规则的管理实际上可以理解为以法律为表现形式的管理。而在另一篇论文中，作者在谈到公司法律演进问题时指出，在过去的两百年间，"在大陆法系国家，公司法的监管伴随着法律强制规定而日益细致……相反，在追求更多授权公司法的普通法国家，补充性控制机制出现了，它包括退出权、司法追偿权以及证券市场新的监管体制的增强"，[2] 显然，该论文作者认为，不仅存在政府对公司的监管，而且这种监管既可以表现为公司法之外的监管规范，

---

〔1〕 高世楫：《更自由的市场、更复杂的交易、更严格的规则——安然倒闭引发对市场规则和监管的反思》，载吴敬琏主编：《比较》（第 1 辑），中信出版社 2002 年版，第 95 页。

〔2〕 ［德］卡塔琳娜·皮斯托：《法律演进与移植效果——六个法律移植国家中公司法发展的经验》，载吴敬琏主编：《比较》（第 2 辑），中信出版社 2002 年版，第 81 页。

也可以表现为公司法中的强制性规范。

（一）公司法中的强制性规范及其本质

国外学者对公司法规范的分类研究由来已久。爱森伯格（Melivin Aron Eisenberg）在其《公司法的结构》一文中，将公司法规范分为赋权型规则、补充型或任意型规则、强制型规则。赋权型规则是指公司参与者一旦依照法定的方式采纳，便具有法律效力的规则；补充型或任意型规则是指除非公司参与者明确采纳其他规则，否则这些规则即可规整特定问题；强制型规则是指不容公司参与者变更的仅能规整特定问题的规则。[1]柴芬斯（B. R. Cheffins）以公司法条款"是促进还是限制私人秩序"为标准，将公司法的全部规范划分为许可适用规范、推定适用规范和强制适用规范。许可适用规范是指经主体选择才能适用的规范（例如有限责任制）；推定适用规范是指可以以章程排除其适用的规范；强制适用规范是指主体不能选择即自动适用的规范。[2]其后至今，在西方国家学者的研究中，公司法规范大体被划分为三类：除任意型规则与强制型规则之外，介于两者之间的规则，则根据研究者的理解，在表达上被进一步细化为：赋权型规则、选择适用规则、缺省性规则，等等。

在国内学者的研究中，早期一般将公司法规范分为强制性规范和任意性规范，江平教授主编的《公司法教程》最早使用了这种划分方式。其后，汤欣教授在其《论公司法的性格——强行法抑或任意法?》中将公司法规范分为普通规则和基本规则，前者是指有关公司的组织、权力分配和运作及公司资产和利润分配等普通制度的规则，而后者则是指有

---

〔1〕 ［美］M. V. 爱森伯格:《公司法的结构》，张开平译，载王保树主编:《商事法论集》（第3卷），法律出版社1999年版，第390~442页。

〔2〕 ［加］布莱恩·R. 柴芬斯:《公司法：理论、结构和运作》，林华伟等译，法律出版社2001年版，第234页。

关公司内部关系（主要包括管理层和公司股东、大股东和小股东之间的关系）等基本制度的规则，两类规则是强制型还是任意型，或是以某一类规范为主，则要视不同类型的公司形式而定。[1] 其后大多数学者的研究，在分类及表达上均借鉴了国外学者的研究。

由上我们可以看到，无论是"二分法"还是"三分法"，也不论划分的标准有多么不同，学者们都认可公司法规范在性质上的复合性或混合性。由于对不同性质规范的具体适用原则和操作的讨论在根本上取决于对不同规范本质的认识，以及对政府与市场、政府与企业关系的认识，笔者在此不讨论不同性质规范的适用原则和具体操作，而将关注的焦点集中于不同性质规范所体现的法本质和法精神。笔者认为，无论学者们对公司法规范的分类和解释有多么不同，强制性规范和任意性规范反映了立法者对公司的不同态度，其中任意性规范反映出尊重公司经济自由和保护市场主体经济权利的立法精神，学术界对此没有异议，但强制性规范是否反映政府对公司组织与活动的控制和监管，则鲜见系统论证。笔者认为，根据学界对强制性规范的定义，在整体上公司法中的强制性规范与现代市场中的政府监管规范没有本质区别，即由于公司作为经营形式的特质，决定了国家在认可其独立市场主体地位的同时必定伴随对其组织及活动的管控，区别仅仅在于不同国家或在同一国家的不同发展时期，管制力度会有所差异。

（二）政府管制对公司法中强制性规范的影响

那么，政府管制或者监管对公司法中强制性规范的形成及演进具有何种影响？

---

〔1〕 江平主编：《公司法教程》，法律出版社1987年版，第4页；汤欣：《论公司法的性格——强行法抑或任意法？》，载《中国法学》2001年第1期。

首先，就其产生而言，如同笔者此前所论证的那样，[1] 以强制性规范的形式对公司的组织与活动进行管控，其制度根源在于股东有限责任与公司独立人格对传统财产占有以及交易规则的突破。由于公司独立人格与其成员的有限责任，公司作为经营形式的使用必然产生股东与经营者、公司与债权人之间的利益冲突——笔者将其称为"公司固有矛盾"，而公司作为独立市场主体的生存完全取决于公司法对上述矛盾的协调平衡，这也是公司法调整始终奉行保护公司、股东以及公司债权人利益原则的根本原因。但仅仅注意到这一点是不够的，笔者认为，在现代市场经济条件下，如同伯利和米恩斯所揭示的那样：由于公司控制（大股东或公司高级管理人员对公司的控制、公司对社会的控制）的存在和发展演化，公司固有矛盾在很多情况下表现为个体利益和社会利益的冲突。例如，在股份公司中，大、小股东之间矛盾与其说是股东之间的冲突，不如说是由大股东控制的公司个体与作为一个社会群体的小股东的冲突；而公司经营者对公司的控制，或者大股东与经营者结合对公司的控制，则使公司的小股东、债权人、雇员乃至其他利益相关者的权利面临威胁，因而导致公司个体与社会之间的矛盾。所有这些，无疑使公司法调整的关系充满着市场主体的自由权利与社会整体利益之间的冲突。为了建立一个有助于公司生存的社会经济秩序，立法者必然以公司法为框架奉行均衡调整原则：不仅要肯定和保护投资人及公司的自由权利，还要考虑股东有限责任与公司人格结合给公司债权人以及其他利益相关者带来的威胁，并因此对公司及其控制人的行为进行强制性限制甚至禁止。因此，传统民事调整手段中已经存在的强制性规范在公司法中

---

〔1〕　见徐晓松：《公司资本监管与中国公司治理》，知识产权出版社 2006 年版，"第二章"。

被大大加强，公司法因此而成为不同性质规范的复合体。在这个意义上，将公司法定位为"强制型公司法"抑或"自由型（赋权型）公司法"都只是表明这一复合体的倾向性。

其次，公司法中强制性规范的发展如何受到政府监管的影响？总体来看，强制性规范在公司法各个制度中均有体现。从产生历史看，公司设立规范中的公司登记制度主要产生于政府为防范有限责任的滥用而对公司设立实施的管制；公司机构权利配置中的强制性规范则主要以克服现代股份公司所有权与经营权分离弊端为目标；随着证券市场的发展，以保护中小投资者为目标的强制性规范迅速发展，以公司信息公开的政府管制为核心形成了政府对上市公司监管的完整体系；而在此后的公司治理运动中，政府管制更进一步深入到股份公司，尤其是上市公司内部，以强化公司大股东、经营者等控制主体的法定义务、强化以对公司控制主体的制约和监督为核心的强制性规范成为政府介入公司治理的主要手段。从现代市场中政府管制对公司法中强制性规范影响的轨迹我们可以肯定，现代公司法中强制性规范中的相当一部分在根本上就是政府管制的直接产物，这些政府管制规范与在传统民法权利义务规则基础上所形成的公司关系中各主体法定义务与责任的规范相结合，形成了公司法中强制性规范不同于传统民事强制规范的特性。

行文至此，笔者涉及的另一个问题是：在经济学家的研究中，以强制性规范对企业及公司的管制并不在其讨论范围之内，那么公司法中的政府管制与政府管制经济学中的政府管制之间具有何种关系？笔者认为，经济学界对政府管制的研究产生于 20 世纪 70 年代，其时特定的历史背景，使得政府管制被视为与传统法律不同的新的部分被研究，但在实践中，政府管制及其规则的产生和存在并不基于经济学家的研究，更不基于我们对法律的分类。因此，如同法律并不因学者对公法和私法的划分而变成两个截然不同的部分一样，笔者认为，公司法中强制性规范因其符合政府管制（监管）的本质特征而可以被视为一种与私法相结合的政府管制，与其他类型的政府监管相比具有一个突出特点，即注重公司作为市场主体的自治特性，注重强制性与任意性的结合，由此形成两种规范的交叉，这不仅使政府（监管）变得柔性，而且使管制（监管）效率大大提高。

综上所述，笔者认为，基于政府管制（监管）与公司法中强制性规范之间的密切联系以及由此产生的对公司法改革的重大影响，以公司控制为视角对中国公司治理制度的研究中，政府管制与公司自由之间的关系是一个无法回避的问题。

三、"自治型"抑或"管制型"：预先定位的误区

由于1993年中国《公司法》产生的特殊时代背景，其后在公司制度疑难问题或者法律改革引发的讨论中，以"自治型"或者"监管型"对公司法进行定位似乎已经成为学者论证自己观点一个固定思维模式。笔者承认，基于政府管制与公司自由的冲突，公司治理中政府管制与公司自由之间关系的理解确实事关重大，但以事先对公司法是"自治型"还是"管制型"的方式来论证某一项具体公司治理制度是否可行，并以此作为某项具体制度是否可以采纳或者改革的主要论据，不仅在逻辑上存在问题，而且将大大限制或者影响我们对具体制度的取舍以及我们对法律改革的判断。

（一）关于公司法性质的讨论与评析

长期以来，国内法学界对政府管制与公司法关系的研究集中表现为对公司法性质的讨论。应当说讨论是在传统法律范畴内展开，结论自然是：公司法是私法或是公法，或是公法和私法的混合体。这一结论隐含的意思是：如果公司法是私法，那么政府对公司管制的正当性就要受到

质疑；如果公司法是公法，则政府的管制就具有正当性；而如果公司法是公法与私法的融合，就是在承认政府对公司管制的正当性的同时，还必须在政府管制和公司自治之间找到一个适当的结合点。可见，学术界对公司法性质的研究，在根本上反映出学者对现代市场经济中政府以法律手段管制公司现象的不同认识，而研究的目的在于试图为主张公司自治或是主张政府监管提供理论依据，进而为法律改革奠定基础。应当说讨论还是具有理论意义和实用价值的。但是，由强制性规范而引发的对公司法性质的讨论，在论据上却主要依赖于私法和公法划分理论，导致以公司法是公法、私法抑或公私融合法来判断公司法中是否应当存在政府管制的思想方法值得质疑。

根据史料，公法和私法的划分始于罗马法时代。"按照源自乌尔比亚努斯之罗马法的经典界说，'规定国家公务的为公法，如有关政府的组织、公共财产的管理、宗教的祭仪和官吏选任等法规；规定个人利益的为私法，如调整家庭、婚姻、物权、债权、债务和继承关系等的法规。'优帝《学说汇编》中进一步解释道：公法的规范是强制性的，它'不得由个人之间的协议而变更'，而私法的规范则是任意性的，可依当事人的意志而更改，它的原则是对当事人来说'协议就是法律'"。[1]公法与私法的划分及其概念表明，在罗马法时代，法学家们已经认识到，在客观的意义上，法律规范是社会成员生存和发展所需要的秩序状态的一种表现；而在主观的意义上，法律规范则是用以确定社会成员或团体权利范围的一种工具，而之所以将全部法律划分为公法和私法，就在于两种不同的法律规范在确定主体权利范围、建立秩序的过程中，其原则和精神是不一致的。可见，公法和私法的划分是罗马法

---

〔1〕 史际春：《探究经济和法互动的真谛》，法律出版社 2002 年版，第 13 页。

学家对法律本质探究的结果。

19 世纪以来国家对经济作用的增强导致了法律本身的发展，表现在法律部门的细化、边缘法律部门的发展以及不同性质的法律部门在内容上的交叉。学者们对这些现象的研究，主要集中于对国家干预的解释。因此在后世的法律理论研究中，公法与私法的划分实际上作为一种法学理念被学者们运用，以证明他们在不同社会经济背景下对国家干预经济的合理性与非合理性的不同观点及主张，由此甚至导致对公法和私法从划分方法到概念的批判。

当代新自由主义法学派的代表人物哈耶克在其著名的《法律、立法与自由》中指出："与外部秩序相应的外部规则（或公法）尽管是人类社会所不能或缺的治理工具，但是它却不能因此侵扰甚或替代内部秩序得以生存并得以维续的内部规则（或私法），否则内部秩序或根植于其间的个人的行动自由就会蒙受侵犯并遭到扼杀。"为了论证这一点，他将法律划分为"自由的法律"和"立法的法律"，并将前者视为"普遍的正当行为规则"，将后者视为"政府组织规则"，认为："普遍的正当行为规则与政府组织规则之间的区别，同私法（private law）与公法（public law）之间的区别密切相关"，因此他认为二者可以等而视之，而且"经由立法之方法而制定出来的法律主要是公法"。可是哈耶克立刻就发现，罗马法意义上的公法所包含的法律远远超过了他的"政府组织规则"的范畴，因为他认为刑法属于私法范畴。于是他又说，尽管人们普遍使用私法和公法的划分，"然而人们就如何准确地划定区别私法与公法之界限的问题却并未达成一般意义上的共识。再者，现代发展的趋势更经由下述两种方式而使它们之间的区别变得越发模糊不清了：一种方式是使政府机构免受一般性的正当行为规则的约束，而另一种方式则是使个人和私人组织的行为受特殊的以目的为导向的规则（purposedirected rules）的约束，甚或受行政机构所发布的特殊命令或特殊许可的约束"。最后他指出："私法"与"公法"这两个术语极具误导性，因为他们与私人利益和公共利益之间的相似性很容易使人们错误地认为，私法只服务于特定的个人利益，而唯有公法服务于普遍的利益，而这"乃是对是非的完全颠倒"。[1]

德国学者哈贝马斯（Habermas）在其《公共领域的结构转型》中对公法和私法的划分进行了批判。他指出："19 世纪末，……国家的社会化与社会的国家化是同步进行的，正是这一辩证关系逐渐破坏了资产阶级公共领域的基础，亦即国家和社会的分离。从两者之间，同时也从两者内部，产生出一个重新社会化的领域，这一领域摆脱了'公'与'私'的区别。它也消解了私人领域中那一特定的部分，即自由主义公共领域，在这里，私人集合成为公众，管理私人交往中的公共事务"，"随着公共权力机关和私人之间缔结的契约数目逐次增长，私法制度最终遭到了破坏，国家从公法中'逃遁'出来，公共权力的职责转移到企业、机构、团体和半公共性质的私法代理人手中，与此同时，也出现了私法公法化的反向过程，亦即，公法之私人化。公共权力即便在行使其分配、配给与促进职能时也运用私法措施，每当此时，公法的古典标准便彻底失效了。"[2]

综上，笔者得出以下结论：首先，罗马法关于私法和公法的划分，只是罗马法时代法学家对法律认识的一种结果，这不仅决定了其只是对一定时期法律现状的反映，而且注定了其永远是落后于法律发展的。尽

---

〔1〕[英] 弗里德利希·冯·哈耶克：《法律、立法与自由》，邓正来等译，中国大百科全书出版社 2000 年版，第 42、208~209 页。

〔2〕[德] 哈贝马斯：《公共领域的结构转型》，曹卫东等译，学林出版社 1999 年版，第 171、178~179 页。转引自史际春：《探究经济和法互动的真谛》，法律出版社 2002 年版，第 25 页。

管随着罗马法的复兴，私法与公法的划分及其所体现的法律理念被大陆法系国家学者广泛运用于研究中，但随着现代社会及法律的发展，不同法律部门的边界越来越趋向模糊化，边缘化的法律部门不断出现，不同性质的法律规范在原有划分体系内交叉和组合，使法律的划分越来越困难。这必然造成：尽管在学术上我们可以用公法和私法的理念去理解现实中变化的法律，但在现实中，很多情况下我们却很难将现实的法律再置于私法或是公法的框架。

其次，学术界很难就一些由于法律自身的发展而难以确定其性质的法律部门在归属上达成一致，一个重要的原因，固然是随着社会和法律的发展，使得罗马人对法律的划分在很多方面显得不合时宜，但学者们对国家干预所持的不同立场和观点也是一个非常重要的原因。因此，用私法和公法的划分来论证现实法律的性质，往往会导致对私法和公法划分及其理念的批判。而在这种批判的过程中，很多学者实际上已经不同程度地改变或发展了罗马人对私法和公法划分的本意。

因此，笔者进一步认为，在对公司法性质的研究中，公法和私法的划分及其理念是一个可能会束缚我们思想的框架。对公司法这样一个由不同性质规范组成的集合体而言，我们的研究是实事求是，还是削足适履？不同的选择体现了不同的思维方式和研究方法。事实证明，公司法不会因为学术界将其定性为公、私法就分裂成为"公司管理法"和"公司活动法"；而政府对公司的管制也不会因为公司法被定性为私法而停止，因为法律部门并不是学术划分的结果，它只服从社会的实际需要。因此，当一个新的法律现象出现时，仍然一如既往地用已有的划分标准和框架去套它，必然导致思维的束缚，最终影响法律的实际运用。

（二）公司法意义上的公司自由

如前所述，在解决由公司控制所导致的公司个体与社会的利益冲突中，政府管制的介入追求建立一个适合于现代市场交易安全的秩序，体现出法律促进社会经济发展的正义价值，体现了现代公司法对个体与社会之间利益冲突均衡调整的精神。但作为市场主体，追求自由是公司的天性。欧洲中世纪的封建制度对自由的束缚，启蒙时期的思想家们对自由的大声疾呼，使自由理念得以广泛传播，并深刻地影响了 17—19 世纪的法律改革。但问题是：法律能给予市场主体什么样的自由？

笔者认为，迄今为止所有的法律所体现的自由，只是一个相对的概念。对于政府和人民的关系而言，法律意义上的自由是权利在两者之间的分配；对于平等个体之间的关系而言，法律意义上的自由是对每一个个体权利范围的划定，其实是对主体无限自由的限制。因此，法律意义上的自由并非主体的绝对自由。在法律主体本身就是法律限制个体自由的产物的情况下，理解法律自由价值的关键，是理解在人类社会的不同发展时期或同一发展时期的不同发展阶段，法律是如何根据现实的需要在主体之间划分权利的。在这个意义上理解个体的自由，实际上就是理解法律限制个体权利的原因和对权利限制的程度。如果对主体自由权利的划分合乎主体生存和发展需要，那么无论是限制权利还是赋予权利，个体都能够最大限度地获得自由，因为对主体自由的限制，恰恰是对主体自由发展的保障，个体因此能获得更大的自由。

因此，真正的自由建立在法律对每个个体自由限制的基础之上，而无论它表现为赋予权利还是限制权利。如果我们将所有的主体都看作是平等的，那么全部法律所表达的只是对主体权利范围的界定和保护，从根本上是对绝对自由的限制。尤其是当我们用发展的眼光去看待自由时，我们会更加深切地感受到，唯有这种限制才是实现个体自由必不可少的条件。因此，只是在辩证的意义上，我们才说自由是法律的价值。

在上述意义上，我们不难理解公司法中强制性规则所蕴含的自由价值。在自由资本主义时代产生的公司法规范，伴随公司法人成为独立的交易主体而产生，反映出政府对主体投资和交易自由的管理和限制。毫无疑问，对公司的设立和运作而言，管制（监管）规范导致了一种不自由状态：它既限制了投资人设立公司的自由，又限制了公司交易的自由。但笔者认为，由管制所产生的对股东和公司权利的限制而导致的不自由状态，恰好是公司存在和股东投资自由的前提。首先，在现代市场经济中，由于交易主体的法律形态、交易的场所、地点、方式等因素的革命性变化，财产流转自由与财产流转安全之间的关系是辩证的，即就管制（监管）规范产生的经济基础而言，安全是管制规范要达到的秩序状态，因此也是其基本的价值追求。其次，在权利交换的过程中，安全是一种预期，是一种保障，因此安全又是交易自由的前提，没有对财产流转安全的预期，就没有财产流转的真正自由。最后，个体的绝对自由将导致交易的无序状态，而最终由于每一个体都缺乏对交易安全的预期，不仅会导致其自身生存的危机，而且将彻底摧毁主体赖以生存的交易体系。这就从相反的方向证明了，管制（监管）是公司法人的重要特质，只有财产的安全投资和安全流转，公司法人才能获得真正的生存自由和发展自由。

综上所述，笔者的结论是：尽管对管制与自由之间关系的理解并不一致，但在总体上承认政府管制是现代市场经济持续发展之必须早已成为共识。因为无论我们是否喜欢，我们都将生活在一个政府管制越来越多的时代，管制给我们带来了舒适和安全。因此，面对现实中的公司关系调整，笔者认为应当关注：有哪些因素在影响着公司治理中政府管制的介入以及强制性规范的使用？

四、中国公司治理制度中政府管制的影响因素

首先让我们重新回忆本书绪论中提到的著名案例。1996 年，处于国有企业股份制改造中的俄罗斯为解决企业"内部人控制"问题，在美国著名公司法学家布莱克和克拉克曼的帮助下制定了《股份公司法》。[1]两位专家认为："在发达国家中，公司法与其他法律约束、市场约束以及文化约束一起，共同制约着公司经理和控股股东的行为，从而在这些有时彼此冲突的需求之间，达成一种合理的平衡。公司法发挥着相对小的、甚至是'微不足道'的作用。而在新兴经济体中，由于其他约束力量孱弱或者缺失，公司法在激励管理者和大股东创造社会财富、而不是仅仅把财富从别人手中转移给自己方面，就发挥着更为关键的作用。这里的'市场'无法填补美国式的'赋权型'公司法留下的监管缺口。"显然，两位专家根据美国的情况断定，发达国家公司法的发展演变与支撑它的法律机构如影随形，即公司法的实施依赖高效的法官执法，而在新兴经济体国家——例如俄罗斯——则不具备这个重要的条件。因此，他们帮助俄罗斯制定的公司法，必须考虑脱离其他法律约束、市场约束以及文化约束，甚至脱离法院执法而具有自我实施的功能。如何实现这一点？他们在帮助起草俄罗斯公司法时考虑了以下因素：一是执法方面，尽可能由公司股东、董事、经理等直接完成，主要规定投票权规则和股东优先权规则；二是注重从程序方面规定独立董事、独立股东对可疑交易的审查；三是尽可能明确规定相关主体行为的评价规则。但令人遗憾的是，在其后的实践中，俄罗斯公司企业的运作完全脱离了这部西方公司法专家精心指导制定的公司法。显然，面对公司运作的复杂环境所导致的特殊公司控制关系，两位专家高估了公司内部程序规则在调整公司关系中的作用：就当时俄罗斯的情况，公司法不

---

〔1〕 资料来源于王钧：《私有化、公司法和公司治理——评俄罗斯的私有化及其股份公司法》，载《比较法研究》2003年第4期。

仅不可能自我实施，甚至也不可能有更多的"赋权"特性。

上述案例给我们的启示是：公司并不生存在特定的公司制度之中，而生存在社会经济之中，因此，公司法是"赋权型"还是"管制型"并不取决于学者的主观意愿，而取决于使用公司制度的国家或者地区的实际情况，包括：一国的政治经济制度、市场经济所处发展阶段，同时还包括法律、司法、道德伦理等社会控制手段的运用情况等。在这个意义上可以说，无论是"赋权型公司法"还是"管制型公司法"在整体上都是不可移植的。

自 20 世纪 80 年代末起，在形成以公有制为主体、多种所有制经济共同发展的基本经济制度、建立社会主义市场经济体制的过程中，中国国有企业进行了大规模的公司制改造。在经济转型过程中，中国公司不仅暴露出其存在的一般治理问题，而且也表现出其治理问题的与众不同。在研究过程中，笔者注意到：学术界和立法界借鉴国外立法所提出的诸多公司治理措施，例如独立董事制度、累积投票制等，[1]对中国公司治理问题的解决并没有产生如同这些制度在其起源国家那样的作用；[2]同时，针对一些大公司出现的问题，国际上有加强政府监管之势；[3]而在中国，由于特殊的历史背景，宣扬公司的个性，强调公司自

---

[1]　见中国证券监督管理委员会 2001 年发布的《关于在上市公司建立独立董事制度的指导意见》；中国证券监督管理委员会与国家经济贸易委员会于 2002 年发布的《上市公司治理准则》。

[2]　自 2001 年中国证券监督管理委员会发布《关于在上市公司建立独立董事制度的指导意见》以来，独立董事制度实施中存在的形式主义问题就引起了学术界的关注，由于制度环境的缺乏，独立董事对现阶段中国公司治理的作用是一个需要认真研究的问题。

[3]　例如，学术界普遍认为，美国 2002 年的新法案表明政府对大公司监管的强化。相关研究详见吴敬琏主编的《比较》第 1、2、3 辑（中信出版社）。

治是学术界以及立法界的一种主流观点。[1]因此笔者认为，如果政府管制（监管）对公司法中强制性规范的影响是持续的、依不同国家公司的具体情况不同而各异，那么我们将不大可能完全抛开政府管制（监管），而将解决中国公司的治理问题寄托于公司自治。在中国未来公司法改革的立法政策选择中，在企业自由与政府管制之间关系处理中，转型经济下的中国公司、中国经济的发展以及改革的深化对公司法中强制性规范以及政府管制的影响应当成为研究的重点。具体而言，笔者认为，现阶段的中国，法律传统、司法环境、民营公司发展现状以及国有企业公司治理等因素将增强公司法中的强制性规范适用以及政府管制，而政府管制弊端的克服、中国经济发展以及改革的深化将对此形成制约。

（一）中国法律传统及司法环境与公司治理中的政府管制因素

为什么在一些国家（例如英美法系国家）公司法始终特别宽松，而在另一些国家则相反？笔者认为，这主要与一国的法律传统有关，即政府对公司的管制在一些国家大量借助了强制性法律规范，而在另一些国家则在公司法之外发展出强大的监管制度体系。一些学者在安然事件之后对美国公司监管体系的反思证明，[2]在美国，强大的企业监管体系补充了公司法中府监管的不足；而2001年以美国哥伦比亚大学法学院的皮斯托教授为首的一些学者（Katharina Pistor, Yoram Keinan, Jan

---

〔1〕 代表性论著有方流芳：《温故知新——谈公司法的修改》，载郭锋、王坚主编：《公司法修改纵横谈》，法律出版社2002年版，第41页；刘俊海：《中国加入世贸组织后公司法的修改前瞻》，载《中国法学》2002年第6期。

〔2〕 高世楫的《更自由的市场、更复杂的交易、更严格的规则——安然倒闭引发对市场规则和监管的反思》、黄明的《会计欺诈和美国式的资本主义》、［美］小约翰·C. 科菲的《安然公司的崩溃和守门人的责任》、［美］J. 布拉德福特·德龙的《政府与工商业的双人舞》等文章。上述论文载吴敬琏主编的《比较》第1、2辑（中信出版社）。

Kleinheisterkamp and Mark West）在一项题为"法律演进与移植效果"
的研究中，对公司决策权在包括"能影响公司作为独立实体存在的决策
权、公司治理结构、公司财务结构"等公司法核心领域内的分配进行考
察后发现，在过去的两百年间，相比英国和美国（特别是特拉华州），
法国和德国更倾向于"通过颁布法律来规定控制权的特定分配，即将控
制权分配给立法机关而非授予私人和法庭"，因此这两个国家对所遇到
的公司问题的典型回应是"增强法律的强制规定以避免将来发生类似的
不幸"（这种情况甚至极大地影响了欧盟统一公司法的发展方向）。相
反，在英国和美国，由于法院在公司法的发展中曾经起到关键作用，因
此对一系列公司问题的回应不是制定强制性公司法规范，而是法院对公
司控制权的司法审查以及在公司法之外的监管体系的加强。"虽然在大
陆法系国家，公司法监管伴随法律强制规定而日益细致，但在普通法国
家中，许多条文仍为选择性的……"，而在"追求更多授权公司法的普
通法国家"，在公司法之外出现了"补充性控制机制……"，这些补充
性机制的手段毫无疑问是强制性的。[1]

　　具体到中国情况又如何？笔者认为：首先，从法律传统角度分析。
由于清末民初公司立法对日本和德国公司法的借鉴，学界普遍认为中国
法律深受大陆法系传统的影响，中国公司法在传统上具有较多的强制性
规范。其次，从政府对社会经济的控制状况分析。由于改革开放，近几
十年来中国处于经济转型时期，尽管简政放权始终在经济改革中具有重
要地位，历届政府也一直在放权，但由于社会主义公有制的经济制度、
宏观经济改革在某些方面的滞后以及改革的路径依赖，政府管制在国家

对社会经济的控制中仍然具有重要地位。因此我们看到，中国政府对公司的管制不仅体现在《公司法》中具有较多的强制性规范，而且在《公司法》之外还存在相对独立的体系，例如政府对国有公司的管制制度体系。最后，从公司法生存的司法环境分析。众所周知，中华人民共和国成立后即废除了国民党政府的全部法律，并在公有制的高度集中计划经济体制基础之上建立起新的法律制度。而与 1979 年至今社会主义市场经济体制下建立的法律制度体系相比，改革之前的中国社会经济关系处于政府的全面计划管理控制之下，不存在今天意义上的民商事纠纷，这导致中国的司法系统不够强大。因此，缺乏一个强有力的司法制度体系的支撑，是导致"赋权型"公司法缺乏生存土壤的主要原因，强大的政府管制不仅通过强制性规范的运用渗透到公司法之中，而且某些部分还在公司法之下形成独立体系。

（二）中国民营公司的现状与公司治理中的政府管制因素

如前所述，20 世纪 80 年代中期诞生的中国民营企业，到目前为止大部分仍处于发展的初级阶段，中、小公司仍然是其主体。在这样的公司中，以为数不多的亲朋好友之间以及以家族成员为基础的合作是普遍现象。当这些具有人身信任关系的好友和家族成员打拼出一片天地，公司有了一定发展之后，他们也随之顺理成章地成为控制股东，因此人身信任关系以及血缘关系主导了公司权力的分配和实际运作。在这种情况下，无论公司法对公司内部治理机构的规定如何，创业者或者家族成员都会将其作为保持自己在公司中具有控股股东和机构成员双重身份的工具。于是，分权与制衡的公司内部治理结构在这些公司中失去了实际意义。因此笔者认为，与中国经济的发展程度相匹配，目前民营公司在中国也尚处成长初期，在其发展壮大并由家族企业向真正意义上股份公司过渡的过程中，真正值得关注的问题，一是民营公司行为的负外部性给公司利益相关者和整个社会带来的负面影响，尤其是互联网经济在中国民营经济中的发展对利益相关者关系的影响以及由此产生的法律调整空白；二是民营公司中的股东欺压对民间投资环境的负面影响。基于上述，就当下而言，尽管可以肯定国家无需通过强制性规范去"完善"这些公司的内部机构，但在与国有经济共同发展的过程中，通过政策扶持以及强有力和切实可行的管制措施，最大限度地降低民营公司发展过程中给社会带来的负面影响，例如对公司信用管制的加强、对小股东保护的加强、对包括劳动者、消费者在内的互联网公司利益相关者保护的加强等，而所有这些都将导致《公司法》中强制性规范数量的增加以及政府管制力度的增强。

（三）中国国企公司治理中政府监管的自成体系

国有公司在中国经济中具有举足轻重的重要地位，国有企业公司治理也是中国公司治理中最重要的问题，由此展开的研究与实践也比传统公司要困难得多，这可能是法学界长期以来对一般公司制度的研究精耕细作，而对国有公司治理的研究却退避三舍的一个原因。那么，在解决国家股权控制下的公司治理问题的过程中，政府管制是如何表现、并对《公司法》中的强制性规范产生影响？笔者认为，如前所述，为避免对公司的直接干预，国家股东与国有公司董事会的关系应采用"强董事会"模式，即国有公司董事会应当享有大于一般股份公司董事会的权利，这将导致在公司机构权利配置过程中强制性规范数量的增加。而在实践中，由于国家股东的特殊性，目前"强董事会"的立法意图通过国有资本授权经营的方式加以贯彻，使得与此相关的规范在《公司法》之下相对独立，以国务院国资委部门规章的方式自成体系。

正是基于上述，中国《公司法》修订中一直有学者提出，将《公司法》中关于国有公司的规定，尤其是国有独资公司制度整体移出

《公司法》，另行单独立法。笔者认为，这种思路实际上与国内学界长期以来对国有企业公司制改革的认识有关，即认为由于国家所有权与私人所有权的根本不同，国有企业与公司制之间存在较大的不兼容，国有企业公司制改革可能使国有企业徒具公司之名而无公司之实。笔者对此持不同看法：首先，尽管对公益性国企单独立法确实在国际上不乏先例，但在实践中，由于相当一部分商业类国企也采用了国有公司形式，因此目前我国的国有公司并不完全等同于公益类国企，由此缺乏单独立法的基础。其次，随着国有企业混合所有制改革的展开，目前国有独资公司中的一部分将会变更为国家股权控制的股份有限公司，政府施加于国有股权的监管仍然会在这些公司中存在，因此将国有独资公司单独立法，不会使中国《公司法》变得更单纯，除非将国有独资公司和国有控股公司全部移出公司法，但这样一来，中国的《公司法》将分裂为"国有公司法"和"民营公司法"，《公司法》将失去其基本法的地位。笔者认为，这不符合我国经济改革的目标，也不利于建立统一的社会主义市场经济体制，还有可能给国际社会对中国市场经济地位的认可带来负面影响。

因此，在将公司法作为中国企业基本法的层面，国家股权制度与私人股权制度的不同将使得政府管制规范在中国《公司法》中的存在具有刚性，不仅中国《公司法》中的强制性规范数量将大大增加，而且政府对国有公司的管制将成为公司法中相对自成体系的分支。

（四）公司法中政府管制的制约因素

那么，哪些因素会对中国《公司法》中的政府管制形成制约？笔者认为，一是由政府管制弊端导致的政府管制改革，二是中国经济发展以及经济改革的不断深化。

1. 政府管制的弊端及其克服

在历史上，股份公司的设立由皇家特许到行政许可的变革过程，清楚地表明认可公司市场主体地位在本质上是国家对民间贸易自由权利的认可。与此同时，凡采用股份公司形式经营的企业，均受到股东有限责任和公司法人制度的强制约束，这直接导致股东自由以及公司自治在公司法人制度构建的一开始就是立法者面临的问题。而在 20 世纪初全球性经济危机中产生并延续至今的政府对自由市场经济的管制，以及这些管制对企业和市场带来的负面影响，更是引发了学界的争议。

在经济学家的研究中，政府管制已经被证明至少具有以下主要弊端：一是政府管制对企业自由的强制性限制；二是政府管制本身存在成本问题；三是由于信息传递的问题导致政府管制不能面面俱到。以此为基础，经济学界对政府管制的必要性展开研究。在这方面，笔者认为新自由主义经济学派最著名的代表人物弗里德曼的观点值得关注。在《自由选择》一书中，弗里德曼通过分析 20 世纪美国诸多政府管制措施的弊端，明确表达了这样的思想：[1]政府管制与市场自由一样具有缺陷。20 世纪以来，美国的许多建立在弥补市场缺陷理论基础上的政府管制一方面没有完全解决市场失灵的问题，另一方面又产生了对新的管制的需求，结果使得政府管制不断增强。这首先提高了政府管制的成本，从效率的角度抵消甚至破坏了管制的效率，而且使得管制失去其本来的优势而变得毫无意义，进而失去存在的合理性。因此，市场的基础仍然应当是市场主体的自由选择，过多的政府管制会破坏这种选择，政府管制应当受到限制，即对于政府管制而言，适当性是其发挥作用的基本前

---

〔1〕 详见［美］米尔顿·弗里德曼、罗丝·弗里德曼：《自由选择》，张琦译，机械工业出版社 2008 年版。

提。显而易见，弗里德曼认为，市场经济在总体上需要政府管制，但由于政府管制具有压制市场主体、损失个体效益的致命弊端，因此对于具体的政府管制措施而言，被论证为"必要的"和"适当的"是其可以被实施的基本前提，而所谓"必要"和"适当"，最基本的衡量标准，应当是政府管制产生的效益大于市场失灵损失的效益。

综上所述，笔者认为，如果适当性是政府管制的底线，那么这将成为公司法中政府管制规范的制约因素，即每当公司法面临具体制度变革时，学术界和实务界对政府管制弊端的批判，客观上总能阻止非必要的政府管制随意进入公司法，并使公司法中的强制性规范保持在必需的范围之内。事实上，正是由于最大限度克服其弊端的目标，使得政府管制始终充满着"放松管制"与"严格管制"的循环改革，而政府管制也在不断改革中走向完善：政府管制权限被法律严格限制，政府对企业的管制手段也根据企业市场主体的性质不断改革，由单纯的行政强制向与企业自治、私人诉讼相结合的方向发展。就中国而言，经济转型已经使政府走出了高度集中计划经济体制下的政府管理模式，而社会主义市场经济下政府对企业的管制，也随着市场规则的不断建立健全以及法治政府的建设在发生着重大变化。

2. 中国经济发展以及经济改革的深化

关于中国的经济发展。自 1978 年至今的改革开放，使得高度集中的计划经济体制让位于社会主义市场经济体制，整个国家经济发展格局从国有企业一统天下转变为公有制基础上多种经济成分并存及共同发展，这打破了计划经济下的就业刚性，开启了改革开放以来中国第一次全民创业的高潮。直到今天，我们仍然对 20 世纪最后十年在中国出现的全民大办公司记忆犹新。此后，为消减 2008 年世界性金融危机对我国外贸的影响，党中央、国务院提出"全民创新、万众创业"，并出台了一系列放宽企业市场准入的措施，相关法律法规中大量监管规范被修改或废除——中国公司注册资本最低限额以及相关管制制度的彻底取消即发生在这一时期。基于此，笔者认为，由于政府对企业的严格监管与未来中国经济发展以及市场经济下政府职能转变的冲突，中国公司法中一些政府管制会变得不必要而被逐步取消或者弱化。

关于经济改革的深化对政府管制的制约，首先要回答的问题是：中国国企国资改革的进一步深化会不会完全消除政府监管对国有公司治理的介入？基于以下理由，笔者的回答是否定的。如前所述，从国家所有权到国家股权的变革不会改变国有企业设置的公共利益目标，也不会在根本上改变国家所有权行使中的公权因素，这在根本上决定了国家股权将会作为国家所有权的重要实现方式而长期存在。与此同时，由于国家股权与私人股权在行使方式上的不同，国家股权主体的产生以及权利行使都只能借助法律拟制工具，而法律拟制本身就是立法者基于某种需求而做出的安排。[1] 在这一层面上，可以说整个国家股权制度的存在必须以强制性规范为载体。因此笔者的结论是，只要国家股权制度存在，中国《公司法》就会受到相对较多的政府管制（监管）的影响。

尽管如此，我们仍然可以从中国国有企业体制改革的最终目标以及中国社会主义市场经济体制完善的角度，去理解国企国资改革的深化对公司法中政府监管的制约。众所周知，中国国有企业体制改革的目标是国家所有权与企业经营权的"两权分离"以及政府与国有企业的"政企分开"，最终彻底抛弃"国有国营"，使国有企业真正成为独立市场主体，提高中国国有企业的经营效益。因此可以预见，随着中国企业体制改革以及国有资产管理体制改革的进一步深化，中国社会主义市场经

---

〔1〕　［英］梅因：《古代法》，沈景一译，商务印书馆 1959 年版，第 13~25 页。

济体制将进一步健全，国有公司的自由度将会不断提升，这必将迫使政府通过职能转变，改革对国有公司的管理。毫无疑问，这将降低国有公司中的政府管制比重，减弱政府对公司监管的力度。基于上述，笔者的结论是：国企国资改革的进一步深化不会完全消除国有公司治理中政府管制的介入，但无疑将会对其形成一定程度的制约。

参考文献

一、中文文献

（一）著作

1. ［美］阿道夫·A. 伯利、加德纳·C. 米恩斯著，甘华鸣、罗锐韧、蔡如海译：《现代公司与私有财产》，商务印书馆 2005 年版。

2. ［美］R. H. 科斯著，陈坤铭、李华夏译：《厂商、市场与法律》，远流出版社 1995 年版。

3. ［美］弗兰克·伊斯特布鲁克、丹尼尔·费希尔著，罗培新、张伟建译：《公司法的经济结构》（中译本第 2 版），北京大学出版社 2014 年版。

4. ［美］玛格丽特·M. 布莱尔著，张荣刚译：《所有权与控制：面向 21 世纪的公司治理探索》，中国社会科学出版社 1999 年版。

5. ［美］罗伯塔·罗曼诺编著，罗培新译：《公司法基础（第 2 版）》，北京大学出版社 2013 年版。

6. ［美］M. V. 爱森伯格著，张开平译：《公司法的结构》，载王保树主编：《商事法论集》（第 3 卷），法律出版社 1999 年版。

7. ［加］布莱恩·R. 柴芬斯著，林华伟、魏旻译：《公司法：理论、结构和运作》，法律出版社 2001 年版。

8. ［美］克拉克著，胡平等译：《公司法则》，工商出版社 1999 年版。

9. ［美］小艾尔费雷德·D. 钱德勒著，重武译：《看得见的手——美国企业的管理革命》，商务印书馆 1987 年版。

10. ［美］柯提斯·J. 米尔霍普、［德］卡塔琳娜·皮斯托著，罗培新译：《法律与资本主义：全球公司危机揭示的法律制度与经济发展的关系》，北京大学出版社 2010 年版。

11. ［英］M. M. 波斯坦等主编，周荣国、张金秀译：《剑桥欧洲经济史：中世纪的经济组织和经济政策》（第三卷），经济科学出版社 2002 年版。

12. ［美］哈罗德·J. 伯尔曼著，贺卫方等译：《法律与革命：西方法律传统的形成》，中国大百科全书出版社 1993 年版。

13. ［美］米尔顿·弗里德曼、罗丝·弗里德曼著，张琦译：《自由选择》，机械工业出版社 2008 年版。

14. ［美］丹尼尔·F. 史普博著，余晖等译：《管制与市场》，上海三联书店、上海人民出版社 1999 年版。

15. ［日］植草益著，朱绍文译：《微观规制经济学》，中国发展出版社 1992 年版。

16. ［美］史蒂芬·布雷耶著，李洪雷等译：《规制及其改革》，北京大学出版社 2008 年版。

17. ［美］罗纳德·哈里·科斯著，盛洪、陈郁译：《企业、市场与法律》，格致出版社、上海三联书店、上海人民出版社 2009 年版。

18. ［日］青木昌彦等主编，张春霖等译：《政府在东亚经济发展中的作用：比较制度分析》，中国经济出版社 1998 年版。

19. 朱光华、陈国富等：《政府与企业——中国转型期政企关系格局演化》，中国财政经济出版社 2005 年版。

20. 吴敬琏：《当代中国经济改革》，上海远东出版社 2004 年版。

21. 张维迎：《企业理论与中国企业改革》，北京大学出版社 1999 年版。

22. 张维迎：《企业的企业家——契约理论》，上海三联书店、上海人民出版社 1995 年版。

23. ［英］约翰·维克斯，乔治·亚罗著，廉晓红、矫静等译：《私有化的经济学分析》，重庆出版社 2006 年版。

24. ［德］魏伯乐等主编，王小卫等译：《私有化的局限》，上海三联书店、上海人民出版社 2006 年版。

25. ［澳］迈克尔·温考普著，高明华译：《政府公司的法人治理》，经济科学出版社 2010 年版。

26. 陈少晖、廖添土：《国有资产管理：制度变迁与改革模式》，社会科学文献出版社 2010 年版。

27. 张文魁：《中国国有企业产权改革与公司治理转型》，中国发展出版社 2007 年版。

28. 席月民：《国有资产信托法研究》，中国法制出版社 2008 年版。

29. 罗建刚：《委托代理：国有资产管理体制创新》，中国财政经济出版社 2004 年版。

30. 甘培忠：《公司控制权的正当行使》，法律出版社 2006 年版。

31. 邓峰：《普通公司法》，中国人民大学出版社 2009 年版。

32. 傅穹：《重思公司资本制度原理》，法律出版社 2004 年版。

33. 梅慎实：《现代公司机关权利构造论：公司治理结构的法律分析》，中国政法大学出版社 1996 年版。

34. 徐东：《公司治理的司法介入研究》，法律出版社 2016 年版。

35. 何美欢：《公众公司及其股权证券》，北京大学出版社 1999 年版。

36. 赵德枢：《一人公司详论》，中国人民大学出版社 2004 年版。

37. ［美］约翰·康芒斯著，赵睿译:《制度经济学》，商务印书馆 1962 年版。

38. ［奥］凯尔森著，沈宗灵译:《法与国家的一般理论》，中国大百科全书出版社 1996 年版。

39. ［英］弗里德利希·冯·哈耶克著，邓正来译:《自由秩序原则》（上），三联书店 1997 年版。

40. ［德］哈贝马斯著，童世骏译:《在事实与规范之间——关于法律和民主法治国的商谈理论》，生活·读书·新知三联书店 2003 年版。

41. ［德］马克思·韦伯著，阎克文译:《经济与社会》，上海人民出版社 2010 年版。

42. ［英］亚当·斯密著，郭大力、王亚南译:《国民财富的性质和原因的研究》，商务印书馆 1974 年版。

43. ［英］约翰·梅纳德·凯恩斯著，高鸿业译:《就业、利息和货币通论（重译本）》，商务印书馆 2009 年版。

44. 罗培新:《世界银行营商环境评估:方法·规则·案例》，译林出版社 2020 年版。

45. 经济合作与发展组织著，李兆熙译:《OECD 国有企业公司治理指引》，中国财政经济出版社 2005 年版。

46、经济合作与发展组织著，李兆熙、谢晖译:《国有企业公司治理:对 OECD 成员国的调查》，中国财政经济出版社 2008 年版。

47. 经济合作与发展组织编，陈伟译:《OECD 国家的监管政策:从干预主义到监管治理》，法律出版社 2006 年版。

48. 龚焱、李磊、于洪钧:《公司制的黄昏:区块链思维与数字化激励》，机械工业出版社 2019 年版。

49. ［美］玛丽昂·麦戈文著，邱墨楠译:《零工经济——在新工作时代学会积累财富和参与竞争》，中信出版社 2017 年版。

50. 王俊豪：《政府管制经济学导论：基本理论及其在政府管制实践中的应用》，商务印书馆 2001 年版。

51. 茅铭晨：《政府管制法学原论》，上海财经大学出版社 2005 年版。

52. 刘小兵：《政府管制的经济分析》，上海财经大学出版社 2004 年版。

53. 国际金融公司：《家族企业治理手册》，世界银行集团国际金融公司 2009 年版。

54. 郑海航等：《国有资产管理体制与国有控股公司研究》，经济管理出版社 2010 年版。

55. ［美］络德睦著、魏磊杰译：《法律东方主义：中国、美国与现代法》，中国政法大学出版社 2016 年版。

（二）论文

1. ［日］青木昌彦著，张春霖译：《对内部人控制的控制：转轨经济中公司治理的若干问题》，载《改革》1994 年第 6 期。

2. ［日］青木昌彦著，周黎安、王珊珊译：《什么是制度？我们如何理解制度？》，载《经济社会体制比较》2000 年第 6 期。

3. 赵旭东：《中国公司治理制度的困境与出路》，载《现代法学》2021 年第 2 期。

4. 尤金·法码、迈克尔·詹森著：《所有权与控制权的分离》，载陈郁主编：《所有权、控制权与激励——代理经济学文选》，上海三联书店、上海人民出版社 1998 年版。

5. 鲁桐：《〈OECD 国有企业公司治理指引〉修订及其对中国国企改革的启示》，载《国际经济评论》2018 年第 5 期。

6. 黎娟娟：《国有企业混合所有制改革的问题及文献综述》，载《国有资产管理》2018 年第 8 期。

7. 吴高臣：《国家特殊管理股的法律性质》，载《法学杂志》2018 年第 1 期。

8. 何奎：《"黄金股"历史溯源及其对出版传媒业的启示》，载《中国出版传媒商报》2014 年 5 月 6 日。

9. 许斌龙：《关于国有股权的法理思考》，载《改革与战略》2008 年第 11 期。

10. 邵宁：《国有企业与国有资产管理体制改革》，载《中国发展观察》2010 年第 1 期。

11. 邓峰：《中国法上董事会的角色、职能及思想渊源：实证法的考察》，载《中国法学》2013 年第 3 期。

12. 许可：《股东会与董事会分权制度研究》，载《中国法学》2017 年第 2 期。

13. 蒋大兴：《质疑法定资本制之改革》，载《中国法学》2015 年第 6 期。

14. 张培尧：《论国有股权的基本属性》，载《天津商业大学学报》2012 年第 1 期。

15. 张培尧：《国有股权的行使与监管——以国有控股公司为考察对象》，载《法治研究》2010 年第 2 期。

16. 燕春：《国有股权的公权本质与私法行使》，载《安徽农业大学学报（社会科学版）》2008 年第 1 期。

17. 邓峰：《中国公司治理的路径依赖》，载《中外法学》2008 年第 1 期。

18. 白俊、王生年：《国有股权的有效性：来自中国上市公司的证据》，载《经济管理》2009 年第 5 期。

19. 邵学峰、孟繁颖：《国有资产流失与所有者主体缺位：由"公地经济"引发的思考》，载《经济与管理研究》2007 年第 4 期。

20. 李曙光：《论〈企业国有资产法〉中的"五人"定位》，载《政治与法律》2009 年第 4 期。

21. 史际春、冯辉：《"问责制"研究——兼论问责制在中国经济法中的地位》，载《政治与法律》2009 年第 1 期。

22. 冯果、杨梦：《国企二次改革与双层股权结构的运用》，载《法律科学》2014 年第 6 期。

23. 张培尧：《国有资产管理委托代理论思考》，载《政法论丛》2009 年第 3 期。

24. 魏秀丽：《股权多元化的国有控股公司治理结构特点及其构建》，载《经济与管理研究》2008 年第 2 期。

25. 周宗安、高晓辉：《国有商业银行股权结构中设置"金股"的探索》，载《金融理论与实践》2006 年第 4 期。

26. 屈宏志：《国资委的多重定位问题研究》，载《中国地质大学学报（社会科学版）》2006 年第 5 期。

27. 顾功耘：《国资监管机构的法律定位》，载《上海国资》2008 年第 6 期。

28. 赵旭东、王莉萍、艾茜：《国有资产授权经营法律结构分析》，载《中国法学》2005 年第 4 期。

29. 史际春、姚海放：《再识"责任"与经济法》，载《江苏行政学院学报》2004 年第 2 期。

30. 史际春、姚海放：《国有制革新的理论与实践》，载《华东政法学院学报》2005 年第 1 期。

31. 金晓文：《论双层股权结构的可行性和法律边界》，载《法律适用》2015 年第 7 期。

32. 蒋小敏：《美国的双层股权结构：发展与争论》，载《证券市场导报》2015 年第 9 期。

33. 李尚桦：《双层股权结构之法律评析——兼论其在我国之适用性》，载《金陵法律评论》2014 年第 2 期。

34. 马一：《股权稀释过程中公司控制权保持：法律途径与边界——以双层股权结构和马云"中国合伙人制"为研究对象》，载《中外法学》2014 年第 3 期。

35. 蒋学跃：《公司双重股权结构问题研究》，载《证券法苑》2014 年第 13 卷。

36. 陈若英：《论双层股权结构的公司实践及制度配套——兼论我国的监管应对》，载《证券市场报》2014 年第 3 期。

37. ［美］亨利·汉斯曼、莱尼尔·克拉克曼：《公司法历史的终结》，载［美］杰弗里·N. 戈登、马克·J. 罗编，赵玲、刘凯译：《公司治理：趋同与存续》，北京大学出版社 2006 年版。

38. ［美］小约翰·科菲著，郭雳译：《美欧公司丑闻差异的股权解释》，载吴敬琏主编：《比较》（第 21 辑），中信出版社 2005 年版。

39. 付宗义：《控股股东控制权制约问题研究》，载《河北青年管理干部学院学报》2006 年第 3 期。

40. 丁清光：《论公司控制权的有效配置》，载《河南社会科学》2006 年第 2 期。

41. 赤旭等：《用信托制度架构政府与国有控股公司间的关系》，载《金融理论与实践》2005 年第 1 期。

42. 刘丹冰：《论国有资产信托及法律调整》，载《中国法学》2002 年第 5 期。

43. 杨会新：《国有股权信托若干问题》，载《国家检察官学院学报》

2005 年第 5 期。

44. 徐士英、刘学庆、阎士强：《国有资产授权经营公司与政府部门关系初探》，载《华东政法大学学报》2001 年第 2 期。

45. 江平、龙卫球：《法人本质及其基本构造研究——为拟制说辩护》，载《中国法学》1998 年第 3 期。

46. 邓峰：《作为社团的法人：重构公司理论的一个框架》，载《中外法学》2004 年第 6 期。

47. 张力：《私法中的"人"——法人体系的序列化思考》，载《法律科学（西北政法大学学报）》2008 年第 3 期。

48. 金碚、刘戒骄：《美国的国有企业治理及其对中国的启示》，载《经济管理》2004 年第 16 期。

49. 吴英：《国有企业监管的国际比较及启示——国资委与国有企业的关系探讨》，载《常州工学院学报》2005 年第 3 期。

50. 贺清龙：《国外国有资产管理经验与启示之三：各国政府管理国有企业的主要方式》，载《中国监察》2007 年第 18 期。

51. 高山：《新加坡淡马锡模式的经验及对我国国有企业改革的启示》，载《现代经济探讨》2007 年第 5 期。

52. ［德］卡塔琳娜·皮斯托：《法律演进与移植效果——六个法律移植国家中公司法发展的经验》，载吴敬琏主编：《比较》（第 2 辑），中信出版社 2002 年版。

53. ［美］查尔斯·皮格特：《私有化浪潮下的法国国企治理》，载《社会观察》2004 年第 7 期。

54. ［美］安德烈·施莱弗：《理解监管》，载吴敬琏主编：《比较》（第 16 辑），中信出版社 2005 年版。

55. ［德］卡塔琳娜·皮斯托、许成钢著，黄少卿译：《不完备法律在金融市场监管中的应用》，载吴敬琏主编：《比较》（第 3 辑），中信出版社 2002 年版。

56. 魏炜、林桂平、朱武祥：《单边平台：定义、交易特征与设计步骤》，载《新疆社会科学》2016 年第 4 期。

57. 李南山：《国资授权经营体制改革：理论、实践与路径变革》，载《上海市经济管理干部学院学报》2018 年第 3 期。

58. 顾功耘、罗培新：《试论国资授权经营的法律问题》，载《甘肃政法学院学报》2005 年第 4 期。

59. 谢志华：《国有资产授权经营体系：理论和框架》，载《北京工商大学学报（社会科学版)》2016 年第 4 期。

60. 黎精明、汤群：《国有资本授权经营改革的基本范式及理论支撑》，载《财会月刊》2020 年第 9 期。

61. 储小平：《家族企业研究：一个具有现代意义的话题》，载《中国社会科学》2000 年第 5 期。

62. 冯果、李安安：《家族企业走向公众企业过程中的公司治理困局及其突围——以国美控制权争夺为视角》，载《社会科学》2011 年第 2 期。

63. 李新春、贺小刚、邹立凯：《家族企业研究：理论进展与未来展望》，载《管理世界》2020 年第 11 期。

二、外文文献

1. L. C. B. Gower ， *Gower's Principles of Modern Company Law*（*fifth edition*)，London Sweet & Maxwell，1992.

2. Robert W. Hamilton：*The Law of Corporations*，West Publishing Co. ，1996.

3. Roman Tomasic and Stephen Bottomley，*Corporations Law in Australia*，The Federation Press，1995.

4. H. Craig Peterson, *Business and Government* , Happer & Row, 1989.

5. B. Manning's, *A Concise Textbook on Legal Capital (second Edition)*, Foundation Press, 1981.

6. Robert W. Hamilton, *Supplement to Cases and Materials on Corporate Finance*, West Publishing Co. , 1996.

7. *Limited Liability and The Corporation*, edited by Tony Orhnial Crom Helm, 1982.

8. William A. Klein, John C. Coffee. Jr, *Business Organization and Finance—Legal and Economic Principles*, Foundation Press, 1990.

9. John D. Blackburn, *The Legal Environment of Business*, Irwin, 1991.

10. Kenneth Smith and Denis Keenan, *Company Law (fifth edition)*, Pitman Press, 1983.

11. R. Baxt, H. A. J. Ford, A. J. Black, *Securities Industry Law*, Butterworths, 1996.

12. Tony Mcadams, *Law Business, and society*, *Business Publications*, 1986.

13. Maria Teresa Guerra Medici, *Limited Liability in Mediterranean Trade from the 12th to the 15th Century*, *Limited Liability and The Corporation*, edited by Tony Orhnial, Croom Helm, 1982.

14. Walter E. Minchinton, *Chartered Companies and Limited Liability*, *Limited Liability and The Corporation*, edited by Tony Orhnial, Croom Helm, 1982.

15. David L. Perrott: *Changes in Attitude to Limited Liability—the Eurpean Experience*, *Limited Liability and The Corporation*, edited by Tony Orhnial, Croom Helm, 1982.

16. Philip G. Berger, E. Ofek, and D. Yermack, "Managerial entrenchment and

capital structure decisions", *Journal of Finance*, Vol. LII, No. 4, 1997.

17. LaPorta, LoPez-de-Silanes, Andrei Shleifer, "Corporate Ownership a-round the World", *Journal of Finance*, Vol. LIV, No. 2, 1999.

18. Mark J. Roe, "A Political Theory of American Corporation Finance", *Columbia Law Review*, Vol. 91: 10.

19. Mark J. Roe, "Some Differences in Corporate Structure in Germany, Ja-pan, and the United States", 102 *The Yale Law Journal*, No. 8.

20. John Farrar, *Corporate Governance in Australia and New Zealand*, Oxford University Press, 2001.

21. Thomas Lee Hazen, Jerry W. Markham, *Corporations and other Business Enterprises*, West Groups.

22. Robert Gertner and Steven Kaplan, "The Value – Maximizing Board", Working Paper, University of Chicago, 1996.

23. Lucian Arye Bebchuk, Alma Cohen, Allen Ferrell, "Does the Evidence Favor State Competition in Corporate Law", *California Law Review*, Vol. 90, 2002.

24. Marcel Kahan, Ehud Kamar, "The Myth of State Competition in Corpo-rate Law", *Stanford Law Reriew* 679, 2002.

25. Jesse H. Choper, John C. Coffee, Ronald J. Gilson, *Cases and Materials on Corporations*, 6th edition, Aspen Publishers, 2004.

26. Robert Charles Clack, "The Duties of the Corporate Debtor to ti's Credi-tors", *Harvard Law Review*, 1977.

27. Summary of Sarbanes-Oxley Act of 2002.

28. Andrea Colli, *The History of Family Business*, 1850-2000, Cambridge U-niversity Press, 2003.

后 记

随着键盘上最后一个字的输入，历时一年的写作终于完成。

呈现在读者面前的《公司控制视阈下中国公司治理法律制度研究》，其主题形成于笔者 2000 年以来发表的主要论著以及研究生课程讲稿，整个撰写过程贯穿了对中国企业改革以及公司治理历史的回顾，同时也是笔者对自己多年教学科研生涯的一个总结。

笔者于 1980 年进入西南政法学院法律系学习。期间，受中国国有企业改革的吸引而开始了对企业法律制度的研究，并且在其后几十年的教学及研究中，关注焦点从未离开这一主题。作为国有企业公司制改革的一名长期关注者和研究者，笔者始终认为：20 世纪至今股份公司出现的问题、20 世纪末中国公司生存的经济改革背景，是中国公司治理研究绕不开的两个关键点，因此立足中国实际、找到中国公司治理不同于他国的特殊性，是域外制度移植成功的基础。这一认识的确立，得益于我攻读硕、博期间导师徐杰教授的言传身教。中国经济法学科创始前辈们立足中国实际、开拓进取、大胆创新的治学精神深深影响了我。谨以此书向我的导师、向经济法学科的创始前辈们致以崇高的敬意！

笔者始终认为，对中国公司治理问题的研究，最大的难点既不在于将公司法理论烂熟于心，也不在于追踪到最新的公司治理理论，而在于如何将这些理论运用于解决中国问题。这样的思想影响了我指导的许多研究生：他们的学位论文关注中国公司治理现实，跳出四平八稳，大胆挑战改革中的法律难点——诸如公司控制理论、国有公司治理、民营公司治理、互联网经济下的利益相关者关系、公司治理的司法介入，等等。这些充满了理论联系实际的创新精神的研究生学位论文选题，其指导过程真正实现了教学相长，学生们的创新观点给予我很多启发。在此向我的学生们表示感谢！

中国经济法是一个发展中的学科，围绕经济法研究所形成的学术共同体是每一个经济法学者的精神家园。本书的撰写和出版得到中国政法大学经济法学科的大力支持，得到本校经济法专业同仁的真诚帮助，在此表示最诚挚的感谢！

感谢中国政法大学出版社对本书出版的大力支持！感谢冯琰编辑为本书出版付出的辛勤劳动！

最后，衷心感谢所有关爱我的家人和朋友，没有你们，我无法完成本书的撰写。

2021 年 8 月 28 日
于北京